Klaus Günther

Sterben neurobiologisch betrachtet

Klaus Günther

Sterben neurobiologisch betrachtet

Letzte Lebensphasen unter
Leistungs- und Heroismusdruck

Verlag Barbara Budrich
Opladen • Berlin • Toronto 2021

Bibliografische Information der Deutschen Nationalbibliothek
Die Deutsche Nationalbibliothek verzeichnet diese Publikation in der Deutschen Nationalbibliografie;
detaillierte bibliografische Daten sind im Internet über https://portal.dnb.de abrufbar.

Gedruckt auf säurefreiem und alterungsbeständigem Papier

Alle Rechte vorbehalten
© 2021 Verlag Barbara Budrich GmbH, Opladen, Berlin & Toronto
www.budrich.de

ISBN   978-3-8474-2462-8 (Paperback)
eISBN   978-3-8474-1604-3 (PDF)
DOI   10.3224/84742462

Das Werk einschließlich aller seiner Teile ist urheberrechtlich geschützt. Jede Verwertung außerhalb der
engen Grenzen des Urheberrechtsgesetzes ist ohne Zustimmung des Verlages unzulässig und strafbar.
Das gilt insbesondere für Vervielfältigungen, Übersetzungen, Mikroverfilmungen und die Einspeicherung
und Verarbeitung in elektronischen Systemen.

Umschlaggestaltung: Bettina Lehfeldt, Kleinmachnow – www.lehfeldtgraphic.de
Titelbildnachweis: Wassily Kandinsky, St. Georg III, 1911, Hinterglasmalerei, zugeschnitten.
Städtische Galerie im Lenbachhaus und Kunstbau München, Gabriele Münter Stiftung 1957.
Das Titelbild steht unter einer Creative Commons CC-BY-SA-4.0-Lizenz:
https://creativecommons.org/licenses/by-sa/4.0/deed.de
Lektorat: Dr. Andrea Lassalle, Berlin – andrealassalle.de
Satz: Bernd Burkart, Weinstadt-Baach – www.form-und-produktion.de
Druck: docupoint GmbH, Barleben
Printed in Europe

Inhalt

EINFÜHRUNG

I Die letzte Lebensphase Sterbender: Ausgewählte Beispiele 11

1 Zwei Kurzbeispiele aus der mittelalterlichen Geschichte 11
   Ein Mönch stirbt 11
   Ein Dichter stirbt 12

2 Vier Beispiele der Gegenwart 12
   Ein Politiker stirbt 12
   Ein Professor stirbt 14
   Eine Schülerin stirbt 15
   Eine alte Haushälterin stirbt 16

3 Das Grundproblem und die speziellen Herausforderungen der letzten Lebensphase 17

II Die letzte Lebensphase beschwichtigend verstehen 18

1 Sterbende und Nachlebende 18
2 Pazifizierende vs. heroisierende Beschwichtigung und Selbstbeschwichtigung 19
3 Der pazifizierende hermeneutische Zugriff 21
4 Die pazifizierte Leidensbilanz ausgewählter Sterbender 24
   Ausgeliefertsein 24
   Körperliche Beschwerden 25
   Trennung 25
   Angst 26

III Die letzte Lebensphase mit neurobiologischem Blick erkennen 26

1 Sterben als Lernprozess 27
2 Sterben als Ergebnis eines bewussten und unbewussten Lernprozesses 28
3 Sterben als Ergebnis lebenslangen Lernens 29
4 Sterben als neuronal vermittelte körperliche, gedankliches und emotionale Herausforderung 30
5 Sprachliche Äußerungen der Sterbenden – bewusst oder unbewusst? 30

IV Neurobiologisch inspirierte Analyse der letzten Lebensphase 32

1 Was nicht analysiert wird 32
2 Was in welcher Weise analysiert wird 33

KAPITEL 1
Empirie und Methodologie kommunikativen Sterbens – Eine Grundlegung . . . 37

I Wie individuelles Sterben medial beschwichtigt wird . . . 37
1 Mediologie gesellschaftlicher Prozesse und der Strukturwandel medialer Netzwerke: Zur Überformung lokaler durch globale Sterbe-Netzwerke . . . 38
2 Pazifizierende und heroisierende Beschwichtigung: Durchlässige Grenzen zwischen lokalen und globalen Netzwerken . . . 40

II Wie individuelles Sterben neuro-medial gelernt wird . . . 41
1 Theorie und Empirie nachahmenden Lernens . . . 42
   1.1 Gehirne als umweltabhängige Lernapparaturen . . . 42
   1.2 Gehirne als Lernorgane: synaptische Subjektivierung, synaptische Bahnung und die Verstärkung des synaptischen Repertoires . . . 43
   1.3 Gehirne als Apparaturen der Nachahmung und des nachahmenden Lernens . . . 44
   1.4 Der Streit um die Rolle der Spiegelneuronen beim nachahmenden Lernen des Menschen . . . 45
   1.5 Neuronale Grundlagen nachahmenden Lernens in Nah- und Fern-Kommunikation: gedankliche Empathie und emotionale Empathie . . . 47
   1.6 Die Beteiligung des Körpers an allen Prozessen der neuronalen Reizverarbeitung . . . 52
2 Theorie und Empirie nachahmenden Sterbenlernens und seine neuronalen Grundlagen . . . 53
   2.1 Lernen vom faszinierenden Ausgeliefertsein der Sterbenden . . . 54
   2.2 Lernen von Körper-, Trennungs- und Angst-Zuständen der Sterbenden . . . 55
   2.3 Sterbenlernen zwischen „Bottom-up-" und „Top-down-Signalen". . . 56

III Wie individuelles Sterben medial und neuro-medial verschränkt ist . . . 58
1 Zur unzulänglichen Metaphorik der Verschränkung von medialen (Sterbe-)Netzwerken und individuellem Handeln (Sterben) . . . 58
2 Der Ansatz kommunikativen Sterbens . . . 60

KAPITEL 2
Lernstoff des Sterbens in Geschichte und Gegenwart – Lokale Netzwerke überwiegend pazifizierender Beschwichtigung . . . 63

I Pazifizierende Beschwichtigung des Sterbens beim lokalen Abschied . . . 64
1 Zwei lokale Sterbeszenen . . . 64
   Ein Bauer stirbt . . . 64
   Ein tödlicher Unfall . . . 65
2 Abschiedszeremoniell . . . 66
3 Materiell-monetäre Vorsorge in Erwartung des Abschieds . . . 67
4 Verlustanzeigen . . . 68
5 Erfülltes Leben guter Menschen . . . 69

6	Pazifizierende Beschwichtigung nach „christlichen Schema"	.70
7	Pazifizierende Beschwichtigung nach „säkularem Schema"	.71
8	Das Beispiel Hanns Martin Schleyer: heroisierende an Stelle von pazifizierender Beschwichtigung beim lokalen Abschied	.74
9	Pazifizierende Beschwichtigung lokalen Abschieds im Internet	.75

II Pazifizierende Beschwichtigung als Moment von Selbstbeschwichtigung ... 76

1	Epikur – aktuell	.76
2	Der Umgang mit Leichen in der Bestattungskultur	.76
3	Kunstfiguren des Totentanzes vom Mittelalter bis zur Gegenwart	.77
4	Parodierte, hässliche und sympathische Kunstfiguren in Film und Fernsehen	.78
5	Darstellungen der Gewalt und „Leichenschau"	.80

III Pazifizierung des Sterbens in der philosophisch-theologischen Tradition ... 80

KAPITEL 3
Lernstoff des Sterbens in der Gegenwart – globale Netzwerke überwiegend heroisierender Beschwichtigung .. 83

I Heroisierende Beschwichtigung des Sterbens ... 84

1	Sterbeszenen im Krieg, in der Vorausschau auf Krieg und im Kriegs-Gedenken	.84
	Krieg in Jugoslawien (ab Sommer 1991)	*85*
	Krieg am Golf (1991)	*87*
	Aufbau einer Armee und Kriegsgedenken im Nachkriegsdeutschland	*90*
2	Sterbeszenen im Sport	.95
3	Sterbeszenen in der Politik	.99
	Lebensgefährliche Attentate auf „Staatsakteure" (Oskar Lafontaine – Wolfgang Schäuble)	*99*
	Schüsse auf „Protestakteure" (Benno Ohnesorg – Rudi Dutschke)	*101*
	Tödliche Verzweiflung (Pierre Bérégovoy)	*102*
4	Medien-Beteiligung	.106
	Reality-TV	*106*
	Fernseh-Dokumentationen	*108*
	Internet	*109*

II Instrumentalisierung heroisierender Beschwichtigung des Sterbens ... 110

1	Kalküle mit Opfertod und Kriegsgedenken	.111
	Instrumentalisierung von Opfertod und Kriegsgedenken als historisches Erbe	*111*
	Instrumentalisierung von Opfertod und Kriegs-Gedenken in der Gegenwart	*112*
2	Kalküle im Sport	.113

3	Kalküle in der Politik	115
	Instrumentalisierung von „Attentatsheldentum" (Oskar Lafontaine 1990 – Wolfgang Schäuble 1990)	116
	Instrumentalisierung von „Altersheldentum" (Konrad Adenauer 1949–1963)	117
	Instrumentalisierung tödlicher Verzweiflung (Pierre Bérégovoy 1993 – Petra Kelly / Gert Bastian 1992)	118
	Instrumentalisierung tödlicher Gewalt (Benno Ohnesorg 1967 – Rudi Dutschke 1968)	121
	Instrumentalisierung tödlicher Gewalt durch Terrorismus und Anti-Terrorismus	123
4	Kalküle in Abschiedsanzeigen und Abschiedsreden	124
	Instrumentalisierung des Abschieds von Konrad Adenauer (1967) und Willy Brandt (1992)	125
	Instrumentalisierung des Abschieds von Gerold von Braunmühl (1986) u. a.	127
5	Kalküle in Werbebranche und Bestattungsgewerbe	128
	Instrumentalisierung von „Sterbebildern": Das Beispiel der Benetton-Werbung	129
	Instrumentalisierung „sterblicher Überreste" durch das Bestattungsgewerbe	131

III Heroisierende Beschwichtigung in der Leistungsgesellschaft ...133

1 Gesellschaft mit soldatisch gefärbter „Leistungs-Religion" mit rituellem Hintergrund ...134

2 Gesellschaft mit soldatisch gefärbter Sprache ...136

KAPITEL 4
Vom lebenslangen Lernen zur letzten Lebensphase ...139

I Sterbenlernen unter sozio-medialem und neuro-medialem Heroismusdruck ...140

1 Heroismusdruck aus lokalen und globalen Netzwerken ...140

2 Heroismusdruck aus dem neuronalen Zusammenspiel von Lernfeldern der Nah- und Fern-Kommunikation ...142

II Lebensrettung oder Sterbenlassen? Die Abhängigkeit von Nah- und Fern- Kommunikation auf einer Vorstufe zur letzten Lebensphase .143

1 Hanns Eberhard Schleyers Lernstand im heißen Herbst 1977 und seine Umsetzung ...144

2 Helmut Kohls Lernstand vom Februar 1975 (Geiselnahme Peter Lorenz) ohne Umsetzung im heißen Herbst 1977 ...145

3 Helmut Schmidts Lernstand im heißen Herbst 1977 und seine Umsetzung ...146

III Bilanz der letzten Lebensphase neurobiologisch betrachtet: Heroisierte Erfolgsbilanz vs. pazifizierte Leidensbilanz ...148

1 Ausgeliefertsein ...149

2 Körperliche Beschwerden ...151

3 Trennung ...152

4 Angst ...153

IV Zusammenfassung: Kreislauf des Sterbenlernens und Sterbens mit beschränkter Top-down-Kontrolle ...154

EXKURS A
Strategien gegen den Pseudo-Heroismus der letzten Lebensphase ... 156

I Die letzte Lebensphase in der Perspektive normativ verstandener Bedürfnisforschung ... 157

1. Zwei Ansätze der Bedürfnisforschung und ihr Bezug zu den speziellen Bedürfnissen von Sterbenden ... 157
2. Diskriminierung von „pazifizierungsnahen" gegenüber „heroisierungsnahen" Bedürfnissen ... 160
3. Pseudo-Heroismus ... 161

II Kritik am Pseudo-Heroismus ... 162

1. Die Wunschvorstellung vom abrupten Sterben ... 162
2. Die Wunschvorstellung vom „menschenwürdigen Sterben" ... 163
3. Die Institutionalisierung der Kritik am Pseudo-Heroismus durch palliative Sterbebegleitung ... 166

III Begrenzte Möglichkeiten einer Korrektur des Pseudo-Heroismus ... 168

1. Weniger (Höchst-)Leistungs- und Heldenschau in den Inszenierungen des Sterbens? Weniger Schaugeschäfte? ... 168
2. Andere Abschiedsformulierungen? Andere Denkmäler und Inschriften? ... 170
3. Andere Journalistinnen und Journalisten? Andere Trauernde? ... 172

EXKURS B
Zur Vereinbarkeit von verstecktem und veröffentlichtem Sterben ... 175

EXKURS C
Zur gleichrangigen Berücksichtigung von Sterbenden und Nachlebenden im Streit um Organspenden ... 178

1. Die Durchsetzung der Zustimmungslösung (Entscheidungslösung) in der aktuellen Gesetzgebung ... 179
2. Zum diskursiven Hintergrund der Entscheidung: Der juristisch-philosophisch verengte Blick auf das Transplantationsproblem ... 179
3. Im Prozess der Organtransplantation ist palliative Intelligenz von Angehörigen und medizinischem Personal gefragt ... 180
4. Der unverzichtbare Auftrag an die Gesetzgebung ... 184
5. Zusammenfassung ... 184

EXKURS D
Der Umgang mit dem Sterben in der Corona-Krise (2020f.) 186

1 Das Szenario eines lebensbedrohenden Virus 187
2 Der „eigene Kopf" unserer Gehirne in der Corona-Krise 188
3 Der Leerlauf der heroisierenden Beschwichtigung sowie der Selbstbeschwichtigung des Sterbens und die „Einbürgerung des Sterbethemas" 189

LITERATURVERZEICHNIS

Philosophie/Psychologie/Methodologie/Theologie/Ästhetik des Sterbens 191
Theorie und Empirie des Lernens/Sterbenlernens und seine neuronalen Grundlagen 192
Theorie und Methodologie der Kommunikation 194
Sterbepraxis im Mittelalter 194
Sterbepraxis in Neuzeit und Gegenwart 195

Inszenierungen und Instrumentalisierungen des Sterbens in den Arenen: 196
Krieg, Sport, Politik und Film/Fernsehen/Internet 196
Ausgewählte Informationen in: 198

Menschliche Bedürfnisse und spezielle Herausforderungen des Sterbens
(Körperliche Beschwerden/Ausgeliefertsein/Trennung/Angst) 198

Beschwichtigung des Sterbens im Abschiedszeremoniell
(Abschiedsanzeigen/Abschiedsreden/palliative Begleitung) 199

SACHVERZEICHNIS 201
PERSONENVERZEICHNIS 207

EINFÜHRUNG

I Die letzte Lebensphase Sterbender: Ausgewählte Beispiele

Die folgende Darstellung ausgewählter Sterbeschicksale beruht auf Informationen, die teilweise auf das zurückgehen, was Sterbende in ihrer letzten Lebensphase geäußert haben. Beobachtende nehmen die Informationen auf, interpretieren sie und ergänzen sie durch eigene Beobachtungen. Auf diese Weise entstehen Sterbeberichte unterschiedlichster Art. Hinter diesen unsystematischen Beschreibungen der letzten Lebensphase steht zunächst kein Erkenntnisinteresse – speziell keine neurobiologische Inspiration. Diese bestimmt dann aber die spätere doppelte Auswertung der Beschreibungen.

1 Zwei Kurzbeispiele aus der mittelalterlichen Geschichte

Der Historiker Arno Borst hat die nachfolgenden Sterbeschicksale aus Chroniken und Briefen rekonstruiert (Borst 1980). Es geht zum einen um einen Benediktinermönch des Klosters Reichenau, Wetti, der im Jahre 824 stirbt. Zum andern kann das Sterben des Florentinischen Dichters Bocaccio nachvollzogen werden (1375). Die wenigen Informationen vermitteln einen deutlichen Eindruck von der empirischen Problemkonstellation der letzten Lebensphase, so dass ein Vergleich mit der Gegenwart angestellt werden kann. Diese Informationen liefern jedoch keine ausreichenden Einblicke in das „Sterbemanagement", so dass unter diesem Gesichtspunkt kein Vergleich mit der Gegenwart möglich ist.

Ein Mönch stirbt
Über das Ende des Mönchs Wetti berichtet Heito, der frühere Abt des Klosters Reichenau. Nach seiner Darstellung erlebt Wetti seine letzte Lebensphase als

große Krise, die er ohne ausreichenden Zuspruch seiner Mönchsgemeinschaft durchstehen muss. Er hat den Eindruck, völlig auf sich selbst zurückgeworfen zu sein. Nachdem er im Fieber durch die schlafende Abtei geirrt ist, fällt er in seiner Zelle tot ins Bett. Im Vorfeld dieses Endes hat Wetti Angstgefühle, die sich in wilden Träumen und Visionen artikulieren. Der Mönch stirbt, ohne auf sein Sterben eingestellt zu sein (Borst 1980: 1085–1089).

Ein Dichter stirbt

Dem Dichter Bocaccio sind Probleme des Sterbens dadurch vertraut, dass er als kühler Chronist von Pestepidemien berichtet und aufgeschrieben hat, wie Dante Alighieri gestorben ist (Borst 1980: 1090f.). Trotzdem erlebt er seine eigene Annäherung an das Ende als angsterfüllte Krise, hin- und hergerissen zwischen dem Wunsch zu überleben einerseits und der Bereitschaft zur Aufgabe andererseits.

Bocaccio beschreibt seine ersten Fieberanfälle selbst: „Ich wollte den Tod, wenn ihn das Schicksal verhängt haben sollte. Und ich fiel, beinahe besiegt kam ich an die Schwelle des Todes, über die ich nicht hätte zurückkehren können. Aber da schreckte der Schauder vor dem ungeheuren Abgrund" (zit. nach: Borst 1980: 1092).

Für Bocaccios leibliches Wohl sorgt eine Hausmagd. Ansonsten ist er jedoch sehr einsam. Auch als sich die Krankheitssymptome häufen (Nierenschmerz, Milzschwellung, Gallenentzündung, Keuchhusten, Heiserkeit, Dumpfheit im Kopf ...) kann er sich doch nicht auf seinen Tod einstellen (Borst 1980: 1093f.).

2 Vier Beispiele der Gegenwart

Ein Politiker stirbt[1]

Am 19. Oktober 1977 trifft im Stuttgarter Büro der Deutschen Presseagentur die telefonische Mitteilung einer Frau ein, aus der hervorgeht, dass Hanns Martin Schleyer tot ist. Damit findet eine Geiselnahme ihren furchtbaren Abschluss,

---

1 Hanns Martin Schleyer wird in einem weiteren Sinne als (Verbands-)Politiker eingestuft. Seine Zeit in der Geiselhaft lässt sich als letzte Lebensphase betrachten, weil er mit denen, die aus Alters- oder Krankheitsgründen in sie eintreten, sowohl die Sterbe-Erwartung als auch die Überlebens-Hoffnung teilt (vgl. EINFÜHRUNG, II.2.). Man könnte vermuten, dass Schleyer in Abhängigkeit von denjenigen handelt, die sein Leben bedrohen. Mit ihnen teilt er den Wunsch nach möglichst schneller Freilassung. Für ihn bedeutet sie Überleben. Für die RAF führt sie zur erpressten Befreiung von „Genossen". Wie jedoch Schleyer seinen Wunsch äußert, wie er ansonsten seine Lage einschätzt und wie er – wie sich zeigen wird – in widersprüchlicher Weise nach außen kommuniziert, gehört ins Ressort einer in sich gefestigten Persönlichkeit, die sich von niemand, gleich gar nicht von der RAF, bevormunden lässt.

die ein der Roten Armee Fraktion (RAF) angehöriges „Kommando Hausner" am 5.9.1977 begeht, um so die Freilassung von Gesinnungsgenossen zu erpressen (vgl. neben Streithofen 1978 auch: Wittke 1983; Zeitungsausschnittsammlung des Deutschen Bundestages).

Schleyer wird 43 Tage darüber im Unklaren gelassen, wie die Bundesregierung auf den Erpressungsversuch der RAF reagiert: Wird sie auf deren Forderungen eingehen und er wieder freikommen? Wird die RAF ihre Drohung, ihn zu töten, wahrmachen, wenn die Regierung die gestellten Ultimaten wiederholt verstreichen lässt? Wird sie ihre Drohung im Verlauf einer gescheiterten Befreiungsaktion wahrmachen?

Die Entscheidung fällt im Rahmen eines Befreiungsunternehmens, das indessen nicht selbst Schleyer gilt, sein Weiterleben oder Sterben aber indirekt betrifft: Um die erpresserische Forderung nach der Freilassung von RAF-Gefangenen zu unterstreichen, kapert eine arabische Terrorgruppe am 13.10.1977 eine Lufthansamaschine, die am 19.10.1977 durch eine Anti-Terror-Einheit des Bundesgrenzschutzes (GSG 9) befreit wird. Auf den Fehlschlag ihrer Freipressung reagieren die Stammheim-Häftlinge Baader, Ensslin und Raspe mit ihrer Selbsttötung. Schleyer wird daraufhin von der RAF ermordet.

Bevor es dazu kommt, scheitert in der Anfangsphase des Flugzeug-Kidnappings der Versuch des Sohnes von Hanns Martin Schleyer, Hanns Eberhard Schleyer, das Leben seines Vaters durch eine Lösegeldübergabe zu retten. In dieselbe Zeit fällt auch die Anrufung des Bundesverfassungsgerichts durch die Familie Schleyer. Das Gericht weist jedoch ihren Antrag ab, durch den die Regierung auf dem Wege einer einstweiligen Verfügung dazu gebracht werden soll, den Forderungen des RAF-Kommandos zu entsprechen und dadurch die Freilassung Schleyers zu erreichen.

Während seiner Geiselhaft lässt Schleyer immer wieder seinen Überlebenswunsch erkennen. Auf einem Tonband, das am 12.9.1977 an den CDU-Parteivorsitzenden Helmut Kohl geht, sagt er: „Ich bin nicht bereit, lautlos aus dem Leben abzutreten, um die Fehler der Regierung, der sie tragenden Parteien und die Unzulänglichkeit des von ihnen hochgejubelten BKA-Chefs zu decken." Auf solche Weise kritisiert Schleyer wiederholt die Hinhaltetaktik des Krisenstabs und fordert eine schnelle Entscheidung (Brief an Eberhard von Brauchitsch v. 9.9.1977; Brief an die Öffentlichkeit v. 14.9.1977). Als die japanische Regierung signalisiert, RAF-Gefangene aufnehmen zu wollen, ist für ihn das Zögern der Regierung „nicht mehr lange zu verkraften" (Brief an die Ehefrau Waltrude Schleyer v. 6.10.1977). Kurz nach der Kaperung der Lufthansamaschine macht Schleyer geltend, dass er sich „jahrelang für diesen Staat und seine freiheitlich-demokratische Grundordnung eingesetzt" habe. Im Hinausschieben einer Entscheidung sieht er eine „Verhöhnung dieser Tätigkeit" (Videoband v. 15.10.1977). Schleyers Exekution, mit der diese „Verhöhnung" vollendet wird, ist zugleich das Ende des Weges einer Geisel, die in der Herausforderung des Sterbens Stärke zeigen will. Diese Durchhalteposition wird als Ergebnis seiner Einbettung in Netzwerke heroisierender Beschwichtigung noch näher beschrieben.

Ein Professor stirbt

Peter Noll, ein Juraprofessor, erfährt im Dezember 1981 von seiner Krebserkrankung. Knapp ein Jahr später stirbt er. Er stirbt zuhause, hat die Zuwendung enger Freunde und kann aus seiner Sicht auf eine zwar nicht einfache, aber doch außerhalb der Klinik verbrachte letzte Lebensphase blicken (Noll 1987).

Darum geht es ihm, als er sich kurze Zeit nach der Krebsdiagnose gegen eine Operation, gegen ein Leben mit „Harnplastiksäckchen auf dem Bauch (Impotenz eingeschlossen)" (27) und gegen die „chirurgisch-urologische Maschine" (11) entscheidet: Bei hohem Rückfallrisiko möchte Noll nicht „Stück um Stück seine (eigentlich: meine) Freiheit" verlieren und „dann doch in dem bekannten Sterbezimmer" landen, dem „Vorraum des Friedhofs" (11). Er wehrt sich gegen ein Sterben, das auf „bösen leisen Sohlen" kommt, indem es „dir Stück für Stück das Leben wegnimmt und dich schließlich ins Nichts stößt, nachdem du schon ein Nichts geworden bist" (28). Stattdessen ergreift er die Chance einer letzten, verkürzten Lebensphase, in der „man keine Rücksichten mehr nehmen" muss und in der „man alles vorbereiten und abschließen kann" (27).

Zur letzten Lebensphase und zur Vorbereitung des letzten Lebensmoments gehört zunächst die Fortsetzung der „Normalität": Noll hält an seinen beruflichen Aktivitäten fest, korrigiert Manuskripte, hält letzte Vorlesungen, absolviert letzte Gremiensitzungen. Auch geht er noch zum geliebten Skifahren, ist über Intimbeziehungen mit Frauen glücklich und trifft Freunde.

Der Alltag der Krankheit inspiriert zum Nachdenken über das, was früher war: Kindheit, Entwicklung von Familie und Beruf. Zu Nolls Gedankenwelt gehört aber auch die mit fortschreitender Krankheit immer wieder hochkommende Frage, ob es richtig war, sich der „Maschine" zu verweigern. Die Bekräftigung der gefundenen Antwort wird von umfassender Lektüre begleitet, von der Nolls „Diktate" Rechenschaft ablegen. Seine Gedanken kreisen um das Problem „Gott, Sinn, Tod" (239) und richten sich – mit Hilfe von Montaigne u. a. – vor allem auf Fragen nach dem (ewigen?) Leben nach dem Tod (115).

Eine Reise nach Ägypten, die Noll im April 1982 mit seinem Freund, dem Schriftsteller Max Frisch, unternimmt, muss er wegen einer Virusinfektion nach wenigen Tagen abbrechen (176f.). Dies ist der Auftakt zu Leidenszeiten. Da die Harnausscheidung nicht mehr funktioniert, stellen sich Schmerzen ein – „stumpf und schwer" (236) –, die sich durch Morphium abschwächen lassen. Es kommt zu mehreren Notfallaufenthalten in der Klinik. Als der Primärtumor in der Blase von Metastasen überholt wird, lässt das Ende nicht lange auf sich warten.

Eine Schülerin stirbt

Die Mutter der 15-jährigen Isabell Zachert ist die Schlüsselfigur einer letzten Lebensphase, die ungefähr ein Jahr dauert und mit einer völlig unerwarteten Krebsdiagnose beginnt (Christel und Isabell Zachert 1993). Die Mutter, Christel Zachert, ist insgeheim auf solche „Schreckensnachrichten" vorbereitet, da sie auf den plötzlichen Krebstod ihrer eigenen Mutter zurückblickt (11). Isabells Korrespondenz und ein Tagebuch, das von dem Mädchen im letzten Lebensmonat geführt wird, baut die Mutter in einen Erinnerungsbericht ein. Sie kleidet ihn in die Form von Briefen an die Tochter, von der sie zehn Jahre vorher hatte Abschied nehmen müssen.

Von Anfang an ist klar, dass Christel Zachert, von ihrem Mann tatkräftig unterstützt, eine „konzertierte Aktion Isabell" ins Leben ruft. Sie arbeitet halbtags und versucht in der verbleibenden Zeit auf Isabells Bedürfnisse einzugehen. Dabei holt sie alles aus sich heraus, was sie als Mutter geben kann. Auch mobilisiert sie – neben den Geschwistern Isabells – alle sensiblen Verwandten, Freundinnen, Freunde und Ferienbekanntschaften. Auf diese Weise erhält Isabell durch Besuche, Telefonate und vor allem Briefe vielfältigen Zuspruch.

Durchzustehen sind komplizierte Untersuchungen und diagnostische Prozeduren, die ebenso zum Alltag des Mädchens gehören wie die immer wieder aufgenommenen Chemotherapien. Letztere werden durch Aufenthalte zuhause sowie durch Reisen aufgelockert und haben die bekannten unangenehmen Nebenwirkungen. Erfolgshoffnungen gründen sich auf das Zusammenwirken von Ärztinnen und Ärzten, medizinischem Personal und Eltern mit einem Mädchen, das riesige Lebensenergien entwickelt.

Besonders Isabells Briefe und ihre Eintragungen ins Tagebuch geben ihre Lage in sehr genauen Schattierungen wieder. Auffällig ist ihr dringender Überlebenswunsch, der bis in die letzten Tage hinein wach bleibt: „Ich möchte aber nicht sterben. Ich fühle mich auch gar nicht danach. Ich finde schon, dass ich sehr schwach geworden bin, aber ich will nicht sterben" (Tb. v. 2.10.1982: 149). Noch im letzten Brief, den die Todkranke an ihren Bonner Arzt, Dr. Többelius, richtet, heißt es: „Warum soll sich der Tumor nicht plötzlich geschlagen geben, wenn er meinen Lebenswillen sieht?" (Brief v. 13.11.1982: 188).

Dem stehen Isabells Zweifel am Sinn des Weiterlebens gegenüber. Dieses lohne sich nur, wie sie im selben Brief an Többelius geltend macht, wenn „die Quälereien der Therapie" aufhörten. Ihre „Angst vor Therapien" (171) und ihre körperlichen Leidenserlebnisse (153) widersprechen Isabells Vorstellung von lebenswertem Leben.

Da die Beschwerden nicht ausbleiben und die Therapien fast immer Misserfolge und allenfalls Teilerfolge bringen, wird das Leben in der Krankheit zur „Achterbahn" (153), zu einem Wechselbad zwischen „Wellen der Zuversicht" (150/162) und großer Verzweiflung. Isabell fühlt sich „abwechselnd ganz glücklich und zu Tode betrübt" (165). Sehr eindringlich beschreibt sie mit dieser Formel den Widerstreit zwischen unbändiger Lebenshoffnung und resignativer Niedergeschlagenheit.

Eine alte Haushälterin stirbt

Anne Sorlin (Sorlin 1990: 43–66; Übers. aus dem Französischen v. Verf.), die zu den vielen Pflegekindern der Haushälterin Hermine gehört, hat diese als einen Menschen in Erinnerung, der für sich nicht mehr einfordert, als „leben und nur leben zu dürfen". Zugleich erinnert sich Sorlin an Hermines Bereitschaft, ihre gewaltigen Lebensenergien großherzig an andere zu verschenken, ohne irgendeine Gegenleistung zu erwarten (44). Und ausgerechnet diese Frau durchleidet eine letzte Lebensphase, über die Sorlin in drastischen Einzelheiten berichtet. Sie fragt sich mit Untertönen der Selbstanklage, warum sie selbst und andere ein solches Sterben Hermines zugelassen haben.

Da ist eine 88-jährige Frau, die 150 kg wiegt. Die Beschaffenheit ihrer Knochen hat sich – wegen unzureichender Ernährung in der Kindheit – zusehends verschlechtert. Künstliche Gelenke an verschiedenen Stellen erfüllen ihre Aufgabe nur noch notdürftig. Um eine Knieprothese auszuwechseln, wird operiert, obwohl die Chance einer durchschlagenden Verbesserung ihrer Lage verschwindend gering ist.

Aufstehen gehört nach der Operation zum täglichen Bewegungsprogramm. Auch soll Hermine möglichst viel gehen, hat aber Angst zu stürzen und will sich nur von einem bestimmten Krankengymnasten helfen lassen. Bis zu acht Stunden sitzt sie auf einem Stuhl oder Sessel und kann ihren Rücken, ihre Schultern und ihren Hals nur mühsam gerade halten. Den Schwestern gelingt es nicht, die schwere Frau in ihr Bett zurückzulegen. Der Krankengymnast, der das kann, lässt stundenlang auf sich warten.

Auf sich warten lässt auch eine allgemeine Verbesserung ihrer Lage, die sich Hermine ebenso dringlich wünscht wie die Verwandten und Pflegekinder, die sie besuchen. Im Gegenteil verschlechtert sich Hermines Zustand immer wieder aufs Neue, als im Abstand von wenigen Wochen unglückliche Umstände dazu führen, dass ihre Knieprothese zweimal bricht und jeweils eine neue Operation erforderlich wird.

Der Chirurg der alten Frau denkt schließlich noch an eine Beinamputation, die nur durch massivsten Widerstand der Angehörigen verhindert werden kann. Die Dosis von Medikamenten, die sie braucht, um nicht unerträgliche

Schmerzen zu haben, wird ihr nur widerwillig zugestanden. Bevor Hermine stirbt, kommt es zum Kampf zwischen ihrem Eigen- und Lebenswillen einerseits sowie der Entschlossenheit des medizinischen Pflegepersonals andererseits, das den Gehorsam der alten Frau zu erzwingen sucht. Als der Chirurg in Anwesenheit von Angehörigen Hermines Zustimmung zu einer Beinamputation demonstrieren will und die leidende Frau, die am Ende ihrer Kräfte ist, anschreit: „Willst du sterben?", antwortet oder besser schreit sie selbst noch in diesem Moment ein entschiedenes „Nein" heraus (65).

Dieser unbedingte Überlebenswunsch entspricht dem Eindruck, der sich Anne Sorlin während der ganzen Leidenszeit aufdrängt. Als die alte Frau nach dem ersten, unglücklichen Bruch der Prothese weinend vom Tod ihrer Tochter erzählt und darum bittet, man möge sie neben der Tochter begraben, so ist das für die Berichterstatterin nur ein Beispiel für die Art und Weise, in der Hermine zum Ausdruck bringen will, dass der Tod für sie nicht in Frage kommt (51).

Genauso klar ist aber auch, dass sie nicht leiden will (45). Deshalb empfindet sie den ihr auferlegten Gehorsam, im Besonderen das lange Sitzen im Stuhl oder Sessel, als willkürliche Zumutung, der sie sich mit letzter Kraft entgegenstemmt. Sie gerät in rasende Wut, reißt Versorgungsschläuche heraus, weil sie spürt, dass ihr die Ablehnung der von ihr als ungerechtfertigt empfundenen Qualen als „schlechter Charakter", „böser Wille" und „Faulheit" (49) ausgelegt wird.

In diesem Klima des gegenseitigen Hasses (56) kommt es dann dazu, dass Hermine – wie Anne Sorlin berichtet – in einem Akt des Aufbegehrens und „Aufbäumens" gegen ihre Pflegerinnen und Pfleger stirbt und „ihnen ihr Blut ins Gesicht spuckt" (59). Auf der einen Seite stehen der Überlebenswunsch und der Anspruch einer alten Frau, möglichst schmerzfrei zu sein. Auf der anderen Seite beharrt das Pflegepersonal auf strikter Unterwerfung. Beides zusammengenommen führt zu einer letzten Lebensphase von Hermine, die Anne Sorlin als Mord („meurtre", 59) und sogar als Meuchelmord („assassinat", 55) ansieht.

3 Das Grundproblem und die speziellen Herausforderungen der letzten Lebensphase

Sowohl die historischen als auch die zeitgenössischen Sterbebeispiele weisen darauf hin, dass die letzte Lebensphase im Zeichen des alle anderen Herausforderungen einschließenden Problems des *Ausgeliefertseins* steht. Einerseits stehen Lebende ohne eigenes Zutun unter dem plötzlich ergehenden oder sich längerfristig ankündigenden Diktat: „Dein Leben geht zu Ende." Dazu gehört die Aussicht darauf, von anderen Menschen, speziell von ihrer medizinischen und pflegerischen Hilfe, abhängig zu sein. Diese „fürsorgliche Belagerung" ist mit dem Wunsch zu Überleben kombiniert. Der Mönch Wetti, der im Kloster Reichenau stirbt, möchte ebenso leben und überleben wie der Dichter Boccaccio, der sich gegen das Sterben sträubt. Der Politiker Hanns Martin Schleyer hofft ebenso aus der Sterbesituation herauszukommen wie der Intellektuelle Peter Noll. Die krebskranke Schülerin Isabell Zachert klammert sich ebenso an ihr Leben wie die alte Haushälterin Hermine.

Spezielle Herausforderungen der letzten Lebensphase sind *körperliche Beschwerden* sowie die Auseinandersetzung mit *Trennung* und *Angst*. Letztere fehlt allerdings bei der überblicksartigen Zusammenstellung von Informationen fast völlig. Das trügt deshalb, weil sich bei der Darstellung künstlerischer Beschwichtigung des Sterbens zeigt, dass es ein intensives Bedürfnis nach ihrer Bearbeitung gibt. Besonders Totentanzmotive belegen dies (s. hierzu KAP. 2, II.4.). Im Rahmen des problemübergreifenden *Ausgeliefertseins* werden die in ihm aufgehenden speziellen Herausforderungen (*körperliche Beschwerden, Trennung und Angst*) getrennt analysiert.

Das Informationsmaterial wurde hier bewusst überblicksartig und unsystematisch zusammengestellt. Es geht dabei um die Vorbereitung einer neurobiologisch inspirierten Analyse, die den Gegenstandsbereich überzeugender erfasst als dies dem etablierten Zugriff mitleidenden Verstehens gelingt. Der analytische Zugriff entscheidet zwar nicht darüber, was in einem Gegenstandsbereich der Fall ist. Vom Zugriff ist es aber abhängig, in welcher Breite, Differenziertheit und Präzision letzte Lebensphasen erfasst werden.

II Die letzte Lebensphase beschwichtigend verstehen

1 Sterbende und Nachlebende

Das Sterben ist *erstens* das ureigene Sterben derjenigen, die in ihre letzte Lebensphase eintreten. Diese Sterbenden haben ihnen gehörende Sterbeerlebnisse. Zum großen Teil behalten sie diese für sich. Von ihrem körperlichen, emotionalen und gedanklichen Zustand ist es abhängig, inwieweit einerseits das vor allem medizinisch helfende ärztliche und Pflegepersonal, andererseits die menschlich beistehenden Angehörigen (auch Freundinnen und Freunde) einbezogen werden.

Das Sterben ist *zweitens* das Sterben, das von diesem Umfeld, aus Perspektive der medizinisch und menschlich betreuenden Begleitpersonen, beobachtet wird. Dabei handelt es sich um nahestehend Nachlebende.

Das Sterben ist *drittens* das Sterben, an dem distanziert Nachlebende in der Weise teilnehmen, dass sie sowohl die Sterbenden als auch ihre Begleitpersonen aus der Ferne im Blick haben. Zu diesen distanziert Nachlebenden gehören insbesondere alle Autorinnen und Autoren, die sich des Themas annehmen und in der Tradition des philosophisch und literarisch interessierten Nachdenkens Kenntnisse über das Sterben haben und anderen mitteilen wollen, was in der Sterbesituation passiert. Den Publikationstiteln dieser distanziert Nachlebenden lässt sich entnehmen, dass sie – wenn sie nach dem Wir des Sterbens fragen („Wie wir sterben") – sich immer auch auf ihr eigenes Sterben besinnen.

Im Umkreis des Sterbens, so könnte man zusammenfassen, werden unterschiedliche Rollen eingenommen. Die Hauptrolle fällt den Sterbenden zu. Nebenrollen spielen nahestehend und distanziert Nachlebende. Beide haben zumindest eine Ahnung vom zu erwartenden Rollenwechsel: Unausweichlich steht ihnen bevor, dass sie aus ihren Nebenrollen in die Hauptrolle schlüpfen müssen, die für sie als Begleitpersonen der sterbenden Anderen noch in der Ferne liegt.

2 Pazifizierende vs. heroisierende Beschwichtigung und Selbstbeschwichtigung

Die Nachlebenden wissen um die Unentrinnbarkeit ihres Sterbens, auch wenn sie ihre generelle Sterbesituation nicht so kompetent umschreiben können, wie es etwa dem Philosophen Ernst Tugendhat gelingt. Was er „biologische Hypothese" nennt, stimmt prinzipiell mit der Charakterisierung einer generellen Sterbesituation überein, zu der auch viele andere Denker gekommen sind. Danach hegen die Nachlebenden, wenn sie mit dem Sterben konfrontiert werden und mit ihrem Ende rechnen müssen, zumindest im Geheimen die Hoffnung, dass sie dem Tod – wie es umgangssprachlich heißt – von der Schippe springen können: „Menschen wollen normalerweise immer weiterleben" (Tugendhat 2007: 163).[2] Dem muss hinzugefügt werden, dass in die generelle Sterbesituation die Angst davor integriert ist, dass der Überlebenswunsch nicht in Erfüllung gehen kann. Als „Fundamentalangst" ist sie in lebensweltlicher Betrachtung das „Erlebniskorrelat des Wissens um den eigenen Tod" (Schütz/Luckmann 1984: 176).

Es kennzeichnet dieses Wissen, das die Nachlebenden über ihre je eigene Sterbesituation haben, dass es sich – ein weit verbreiteter Irrtum – nicht einfach aus ihrer Lebenswelt „verdrängen" und auf diese Weise „bewältigen" lässt.

---

2 Tugendhat gehört zu den wenigen Autoren, die in ihren Texten zum Sterbethema abstrakte Überlegungen mit der Alltags-Empirie verbinden.

Dies ist die Voraussetzung dafür, dass es der Beschwichtigung bedarf. Zu beschwichtigen sind Erfahrungen, die über die Anschauung des Sterbens Anderer vermittelt sind. Da es aber an vielfältigen Primärerfahrungen mit dem Sterben Anderer fehlt,[3] bezieht sich die Beschwichtigung nur auf umrisshafte Vorstellungen, die die Nachlebenden sowohl vom angstbesetzten Sterben in der Klinik als auch von den Bedingungen haben, unter denen sie auf Palliativstationen sterben dürfen.

Die Beschwichtigung des Sterbens entfaltet sich variantenreich in einer informierenden, diskutierenden und interpretierenden Medienwelt.[4] Diese wird hier in einem Ausschnitt als mediale Sterbewelt betrachtet, die aus lokalen und globalen Netzwerken besteht. Beide sind voll von Sterbeereignissen, die untrennbar mit auf sie bezogener Beschwichtigung verbunden sind. Als „belebte Vermittler" (Debray/KAP. 1, I.1.) bringen die Nachlebenden ihre Bemühungen um Beschwichtigung in die Netze ein. Dieselben Nachlebenden sind andererseits in die Netze – es sind „leblose Vermittler" (ebda.) – eingebettet und als Sterbenlernende, wie sich zeigen wird, von ihnen abhängig.

Einführend lassen sich *zwei zentrale Formen* der Beschwichtigung unterscheiden, die in den Kapiteln 2 und 3 illustriert werden: eine *pazifizierende* und eine *heroisierende*. Die pazifizierende Beschwichtigung, die von den Nachlebenden gegenüber den Sterbenden praktiziert wird, fällt mit mitleidendem Verstehen zusammen. Die Tendenz zur pazifizierenden und zugleich verstehenden Beschwichtigung zeigt sich in Formeln wie: „So schlimm ist Sterben nicht. Du darfst schwach sein." Es besteht die Erwartung einer undramatischen, unaufgeregten und im Ganzen friedlichen letzten Lebensphase.

Demgegenüber fehlt der heroisierenden Beschwichtigung das Moment des Verstehens. Sie verbindet sich mit der Aufforderung, dem Beispiel derjenigen nachzueifern, die Stärke zeigen: „So schlimm ist Sterben nicht. Du kannst zeigen, was in dir steckt." Die Botschaft ist, dass Sterbende sich kämpferisch, tapfer und opferbereit zu verhalten haben. Die Heroisierungs-Etikette passt zu der in aktuellen Gesellschaften immer noch unverkennbar nachwirkenden Tradition des Kriegsheldentums.

Eine dritte Form der Beschwichtigung lässt sich auf den antiken Philosophen Epikur zurückführen. Er vertritt in der Geschichte des Nachdenkens über das

---

3 Das ergibt sich aus der Verlagerung des Sterbens in Institutionen (v. a. Kliniken und Pflegeheime). Dieser Unterschied zum früheren kollektiven Zuhause-Sterben lässt sich durch Meinungsbefragungen nicht zuverlässig ermitteln, weil die Befragten Schwierigkeiten haben, einzugestehen, dass sie am Pflege ihrer sterbenden Angehörigen gar nicht oder nur sehr partiell beteiligt sind. Das Ergebnis einer Befragung des „Zentrums für Qualität und Pflege" aus dem Jahr 2014 (veröff. am 20.02 2014 in: Ärztezeitung; Internetabruf am 24.02.2020), nach dem 46 % der Frauen und 33 % der Männer Sterbende gepflegt haben sollen (was ist mit den restlichen 21 %?), ist nicht nachvollziehbar (vgl. auch: Anm. 181).

4 In systemtheoretischer Perspektive formuliert Niklas Luhmann: „Was wir über unsere Gesellschaft, ja über die Welt wissen, wissen wir durch die Massenmedien" (Luhmann 1995: 5). Auf die mediale Sterbewelt übertragen heißt das: „Was wir über das Sterben wissen, wissen wir durch die Massenmedien" (K. G.).

Sterben eine wichtige Eckposition (KAP. 2, II.1; III.),von der sich ableiten lässt, was im folgenden Sinne – mit Pazifizierung überlappend – *Selbstbeschwichtigung* genannt wird: Unter dem Eindruck des Sterbens Anderer soll die eigene angstbesetzte Sterbesituation dadurch besänftigt werden, dass man ihr auszuweichen versucht. Selbstbeschwichtigung zeigt sich unter anderem in vielfältigem Voyeurismus, beispielsweise nach Unfällen und anderen Ereignissen, die tödlichen Ausgang vermuten lassen. Für sie interessiert man sich, hält sich aber möglichst fern von ihnen (vgl. nähere Erläuterungen in: KAP. 2, II.1.–5.).

Im Folgenden kann belegt werden, dass die Grenze zwischen pazifizierender und heroisierender Beschwichtigung durchlässig ist. Einerseits gibt es heroisierende Beschwichtigung innerhalb der Pazifizierung. Wie sich beispielsweise am lokalen Abschied von Hanns Martin Schleyer, insbesondere an Abschiedsanzeigen und Abschiedsreden erkennen lässt, wird seine Bereitschaft, sich seinem Sterbeschicksal zu fügen, als heldenhafte Opferbereitschaft verstanden und insoweit heroisierend beschwichtigt (KAP. 2, I.8.). Umgekehrt gibt es in den dominant von Heroisierung ausgefüllten globalen Sterbe-Netzwerken auch pazifizierende Beschwichtigung. Beispielsweise wird Kriegshelden Mitleid entgegengebracht. Im Internet öffnet sich ein weiter Raum der Kommunikation, in dem individueller lokaler Abschied möglich wird, an dem sich beliebig viele Nutzerinnen und Nutzer beteiligen können (KAP. 2, I.9.).[5]

3 Der pazifizierende hermeneutische Zugriff

Von Martin Heidegger stammt eine wichtige Weichenstellung des bis in die Gegenwart reichenden Nachdenkens über das Sterben (Weber/Nassehi: 139ff.). Sie ist mit der Formel des individuellen Sterbens als „Dasein zum Tode"

---

5   Ohne auf Einzelheiten einzugehen, lässt sich die hier eingeführte Perspektive der Beschwichtigung auf ihre neuronale Grundlage zurückführen (vgl. die detaillierte Spezifizierung mit Forschungsbezügen bei Rösler 2011: 109ff.): Es gibt eine grundlegende Eigenschaft des zentralen Nervensystems und speziell der für Lernen zuständigen Teilsysteme. Sie sind in der Weise konstruiert, dass die für bestimmte Lernbereiche zuständigen neuronalen Netze so miteinander verbunden sind, dass sie – in Abhängigkeit von unbedingten und bedingten Reizen – bestimmte Erwartungen ausbilden. Diese sind auf Belohnungen ausgerichtet. Wer sich beispielsweise an einer Universität einschreibt, tut dies, um sich auf eine für lohnenswert gehaltene Berufslaufbahn vorzubereiten. Abweichungen von Belohnungserwartungen, die auf dem Weg zum Belohnungsziel auftreten, werden neuronal registriert. Die zuständigen Nervenzellen formieren sich immer wieder neu, passen ihre Feuerungsraten der jeweils neuen Konstellation an, um damit veränderten Anforderungen zu genügen.
    Stellt man die hier unterschiedenen Formen der Beschwichtigung auf ihre „neuronale Arbeitsplattform", so ergibt sich die folgende Präzisierung der Beschwichtigung:
    1. Pazifizierende Beschwichtigung in der Erwartung der Nachlebenden, dass das Sterben der Anderen und indirekt das eigene Sterben pazifiziert verläuft;
    2. Heroisierende Beschwichtigung in der Erwartung der Nachlebenden, dass das Sterben der Anderen und indirekt das eigene Sterben heroisch verläuft.
    3. Selbstbeschwichtigung in der Erwartung der Nachlebenden, möglichst wenig mit dem Sterben zu tun zu haben.

verbunden. Heidegger geht es darum, dass der einzelne Mensch sich in sein subjektives Dasein hineindenkt und hineinfühlt. Indem die Umwelt und speziell die Mitmenschen ausgeschlossen bleiben, vertritt Heidegger eine „hermeneutische Subjektphilosophie" (Weber/Nassehi: 33–36).

Sie lässt sich im Kontrastvergleich als Gegenstück einer Version des hermeneutischen Zugriffs auf das Sterben verstehen, in dem distanziert Nachlebende und speziell die professionelle Sterbebeobachtung sich auf das Sterben Anderer einlassen. Diesen pazifizierend beschwichtigenden und zugleich verstehenden Ansatz hat Philippe Ariès in seiner bis heute einflussreichen „Geschichte des Todes" (Ariès 1982) vorgeführt. Als Ausgangspunkt dessen, was er „gezähmten Tod" („mort domestiquée") nennt, wählt er das „Chanson de Roland" des frühen Mittelalters. Hier stößt er auf eine Einstellung, die er als zeitlich übergreifende Wahrnehmung des Sterbens einordnet und vielfach zu belegen sucht. Die mittelalterlichen Ritter und nach ihrem Modell tendenziell alle Sterbenden sind mit ihrem Sterben einverstanden (14), nehmen es als „vertrauten Bestandteil ihres Alltagslebens" hin (34) und fügen sich ins „Unvermeidliche" (40ff.).

Wenn auf diese Weise das Sterben „gezähmt" (in der hier gewählten Terminologie pazifiziert) erscheint, so heißt das, dass es an der Berücksichtigung dessen weitgehend fehlt, was hier in komplementärer Begrifflichkeit heroisierende Beschwichtigung genannt wird. Diese wiederum fehlt, weil die pazifizierende Beschwichtigung des Sterbens in einen methodologischen Zugriff eingebaut ist, der von einem oft unreflektierten Vorverständnis her einen Gegenstandsbereich – hier das Sterben – in normativ verengter Perspektive analysiert.

Ariès wird hier als Schulbeispiel für die Behandlung des Sterbethemas ausgewählt, weil nach demselben methodologischen Ansatz die überwiegende Zahl nachfolgender professioneller Autorinnen und Autoren in pazifizierend beschwichtigender Einstellung intuitiv nachzuvollziehen sucht, was in den Sterbenden vorgeht. Dabei geht es um mitleidendes Verstehen, verbunden mit der Absicht, für das eigene Sterben zu lernen (Habermas 1968: 150). Gestützt werden diese Bemühungen vor allem durch das, was Sterbende sprachlich, gestisch und mimisch zum Ausdruck bringen.

Als distanziert Nachlebende befinden sich die professionellen Autorinnen und Autoren in der – zumal deutschen – Tradition hermeneutischen Verstehens, wie es in der Philosophie, der Literaturwissenschaft, der Rechtswissenschaft, der Pädagogik und schließlich auch in der Psychologie praktiziert wurde. In dieser Tradition kommt es darauf an, sich von einem offenen oder auch verdeckten Vorverständnis her in die Lage der betrachteten Menschen hineinzuversetzen. Dabei geht Letzteres in die Analyse ein. In einem vorurteilsabhängig verengten Blickwinkel bringt sich die am Anfang der Analyse investierte Position am Ende der Analyse wieder zur Geltung (= hermeneutischer Zirkel).[6]

Richtet sich der von vor allem emotional gefärbten Vorurteilen bestimmte Zugriff[7] auf die letzte Lebensphase, so versuchen die Autorinnen und Autoren sich mit den Sterbenden auf eine gemeinsame Plattform zu verständigen: Sterben wird als Leidensweg angesehen. Es besteht eine Erwartungshaltung, die einem menschlichen Grundbedürfnis entspricht, das der klinische Psychologe Abraham K. Maslow als Verlangen nach Zuwendung beschreibt.[8] Auf die letzte Lebensphase bezogen, ist es das Bedürfnis nach pazifiziertem (bei Ariès: gezähmtem) Sterben,[9] das in die Sterbebetrachtung übernommen wird.

Am selben Ansatz orientieren sich auch diejenigen, die sich dem Sterbethema mit therapeutischem Interesse nähern. Ihr Vorbild ist die amerikanische Psychiaterin Elisabeth Kübler-Ross, die für den „zähmenden Umgang" mit Sterbenden Maßstäbe gesetzt hat, an denen sich eine vielfältige Beratungsliteratur orientiert (v. a. Kübler-Ross 1969).

Es passt zu Tugendhats „biologischer Hypothese", dass diejenigen, die sich in der skizzierten Perspektive des Verstehens in die Lage der Sterbenden hineindenken und hineinfühlen, mit-leiden und das Mitleid zum Angelpunkt ihrer Analyse wird. Für die meisten Bemühungen um pazifizierend-mitleidendes Verstehen gilt die stillschweigende Annahme, dass die Einstellung, die sie an die Sterbesituation herantragen, auf den realen Sterbeablauf durchschlägt. Dabei kommt es in der Grundtendenz zu einer versteckten Beschönigung der Herausforderungen, die an die „am Leben hängenden" Sterbenden gestellt werden. Insoweit nennt der Historiker Alexander Patschkowsky Philippe Ariès' „Geschichte des Todes" (Ariès 1982) zu Recht „romantisierend". Wer die Vergangenheit als Idylle darstelle, so argumentiert Patschkowsky überzeugend, dämonisiere die Gegenwart und mache „sich und andere blind für beides".[10]

Die wenigen Informationen, die über die letzte Lebensphase des Mönchs Wetti (824 n. Chr.) und über diejenige des Dichters Bocaccio (1375 n. Chr.) vorliegen (EINFÜHRUNG, I.1.), unterstreichen eine solche Einschätzung. Erst

---

6 In der methodologischen Diskussion wird dieser Zugriff als Erste-Person-Perspektive gekennzeichnet, die in der Regel mit einer Zweite-Person-Perspektive kombiniert wird. Thomas Metzinger charakterisiert beide Perspektiven, führt sie auf ihre neurobiologischen Grundlagen zurück und versucht plausibel zu machen, dass es über sie und ihre neurobiologischen Korrelate zum Aufbau eines „Selbstmodells der Subjektivität" kommt (Metzinger 2010: v. a. 26ff.; 234ff.).

7 Als Beitrag zu einer um das Selbstverständnis von Wissenschaft geführten Diskussion, in der es um die Frage der Subjekt-Objekt-Beziehung geht, hat Jürgen Habermas in seiner immer noch wegweisenden Antrittsvorlesung den hier gemeinten Zugriff einem „praktischen Erkenntnisinteresse" zugeordnet, dem ein empirisch-analytisch fundiertes „technisches Erkenntnisinteresse" und ein „emanzipatorisches Erkenntnisinteresse" gegenüberstehen (Habermas 1968: 146ff.).

8 Auf diesen Autor und andere Autoren der Bedürfnisforschung gehen wir im EXKURS A ein.

9 Komplementär zu dem hier eingeführten Begriff der Heroisierung (heroisiert) tritt an die Stelle des von Ariès kommenden Zähmungs-Gedankens (gezähmt) der Pazifizierungs-Begriff (pazifiziert).

10 So anlässlich eines Konstanzer Symposions, in: Borst u. a. (Hrsg.), Konstanz 1995: 9.

recht gilt sie für die Gegenwart. Wendet man den hermeneutischen Zugriff auf die hier vorgestellten Sterbeschicksale an, so kommt heraus, was sich pazifizierte Leidensbilanz nennen lässt.

4 Die pazifizierte Leidensbilanz ausgewählter Sterbender

Ausgeliefertsein

Betrachtet man die zu den ausgewählten Sterbeschicksalen zusammengestellten Informationen in der skizzierten Verstehensperspektive, so wäre es die Darstellung einer letzten Lebensphase, durch die alle Menschen irgendwie hindurchmüssen. Nicht Überlebenswünsche, die zweifellos bei allen Beispielpersonen vorhanden sind, würden hervorgehoben. Die Beschreibung käme nicht an der „Maschine" der Apparatemedizin vorbei, von der sich Noll bedroht sieht, die aber genauso Isabell Zachert und im Besonderen Hermine („Foltermaschine") zu schaffen macht. Bei Schleyer sind es die Rahmenbedingungen der Geiselhaft, die an tierisches „Dahinvegetieren" erinnern (Brief an die Ehefrau Waltrude Schleyer v. 6.10.1977). Bei allem Leiden läge im Ganzen die Betonung jedoch auf der Bereitschaft der Sterbenden, sich als „gute Sterbende" in ihr Schicksal zu fügen.[11]

Wie unverhofft aufgezwungen das Arrangement des Sterbens empfunden wird, zeigen die ungebrochenen Überlebenswünsche aller hier exemplarisch vorgestellten Sterbenden:

Das Arrangement „fürsorglicher Belagerung" wird besonders dramatisch durch das Beispiel der Haushälterin Hermine illustriert. Während für sie die „Maschine" zur „Foltermaschine" wird, bleibt das Kliniksystem für Isabell Zachert bis zuletzt mit der Hoffnung verbunden, lebend wieder herauszukommen. Und doch hat Isabell jene Gefühle ohnmächtigen Ausgeliefertseins, die auch Hanns Martin Schleyer in der Geiselhaft empfindet. Das menschliche Individuum möchte sein Leben in eigener Regie führen, ist aber von Entscheidungen, undurchschaubaren und unkontrollierbaren Handlungen anderer Menschen abhängig.

---

11 Man erinnere sich an das „apostolische" Verständnis ärztlicher Aufgaben, das der Psychologe Michael Bálint vertreten hat. Er hielt es für eine „heilige Pflicht" von Ärzten, „alle Unwissenden und Ungläubigen unter ihren Patienten zu ihrem Glauben zu bekehren" (zit. nach: Esprit, November 1992: 180; übersetzt von K. G.). Unter diesen Bedingungen – es ist die Verstehensperspektive – haben Sterbende nur die Wahl, sich als „gute Patienten" zu fügen und im Stillen ausgeliefert zu sein oder sich als „schlechte Patienten" aufzulehnen und auf diese Weise demonstrativ zu leiden.

Körperliche Beschwerden

Was die Probleme körperlicher Beschwerden angeht, so zeigen sie sich in Wettis gesundheitlicher Krise ebenso wie in Bocaccios Fieberanfällen. Hanns Martin Schleyer empfindet die körperlichen Beeinträchtigungen der Geiselhaft als „Menschenquälerei" (Tonband Kohl v. 12.9.1977). Bei ihm lässt sich das körperliche Leiden – wie bei allen physisch Leidenden – nicht von der stillschweigend gestellten und über das Körperliche hinausgehenden Frage trennen: Warum muss ausgerechnet ich diese Qualen auf mich nehmen?

Auch für Peter Noll kommt der Zeitpunkt, zu dem – wie geschildert – die Beschwerden durch Morphium nur mehr unzulänglich gelindert werden können. Während Isabell Zachert quälende Chemotherapien durchstehen muss, leidet die Haushälterin Hermine an der unbarmherzigen Strenge, mit der sie vom Klinikpersonal zum Sitzen gezwungen wird.

Trennung

Zum Ausgeliefertsein gehört die Zumutung, von denen abgeschnitten zu werden, die im Zusammenhang von Familien und Freunden und in Fernbeziehungen unterschiedlichster Intensität respektiert, geschätzt und geliebt werden. Der Mönch Wetti muss mit der Zerschlagung seiner Beziehungen zur Mönchsgemeinschaft rechnen. Bei Bocaccio ist anzunehmen, dass ihm das Ende seiner Verbindungen und Freundschaften zu anderen Dichtern, speziell der Abschied von der ihn pflegenden Hausmagd, weh tut. Die besorgte Zuwendung, die Hanns Martin Schleyer, Peter Noll und Isabell Zachert von Familienmitgliedern erfahren, macht die Aussicht auf eine Zerstörung solch enger menschlicher Verbindungen umso einschneidender. Die Haushälterin Hermine fühlt sich von denen, die sie viele Jahre betreut und versorgt hat, schon zu Lebzeiten verlassen.

Zum erzwungenen Arrangement mit dem Sterbediktat gehören nicht nur die eigenen Trennungsprobleme von Schleyer, Noll, Zachert und Hermine. Ohne dass sie dies in besonderer Weise zum Ausdruck bringen, machen sie sich auch das Trennungsleid der Nachlebenden zu Eigen. Wie sehr werden ihnen die Sterbenden fehlen und welche Konsequenzen wird es für sie haben, wenn sie ihr Weiterleben in eigener Regie führen müssen – ohne die gewohnte Präsenz, den Rat und den Beistand derjenigen, die nicht mehr da sind?[12]

---

12 Von solchen Sorgen um Nachlebende, die Sterbende nicht mit ihren Angehörigen besprechen, jedoch häufig Sterbe-Begleiterinnen und -Begleitern anvertrauen, berichten Letztere in auffälliger Übereinstimmung.

Angst

Es ist unübersehbar, dass die Angst vor dem Sterben, speziell die Angst vor dem „Danach", verbunden mit dem Überlebensziel, von den Nachlebenden als für die Sterbenden besonders belastend empfunden wird. In besonderer Weise „angsthaltig" sind die verstörten Gesichter der Menschen, die in variantenreichen Darstellungen von „Totentänzen" mit „Gevatter Tod" konfrontiert sind (KAP. 2, II.4.). Speziell nach dem „christlichen Schema" der Beschwichtigung werden für das Jenseits Strafen angekündigt, die auf massive Sterbensangst verweisen. Innerhalb des „christlichen Schemas", aber auch über dieses hinaus, gibt es eine den Islam einschließende Tradition der Apokalyptik und Eschatologie, die in die Gegenwart hineinreicht. Hier werden Kontinuitäten einer angstbesetzten Fixierung auf katastrophale Endzeiten erkennbar, in denen kollektive Verdammnis und individuelles Unheil erwartet werden.[13] Was die hier vorrangig interessierende Gegenwart angeht, so kommen aus der therapeutischen Praxis Hinweise auf ein breites Spektrum von Ausprägungen der Angst, auf die Symptome unterschiedlichster Erkrankungen zurückgeführt werden können.[14]

Die prinzipielle Schwäche des Verstehens-Ansatzes besteht darin, dass es ihm an einer Klärung der folgenden Frage fehlt: Woher kommen die Einstellung und das hinter ihr stehende Vorverständnis, die den Zugriff bestimmen. Nach einer solchen systematischen Umwelt-Analyse sucht man vergeblich. Hier kann die Neurobiologie ins Spiel gebracht werden.

III Die letzte Lebensphase mit neurobiologischem Blick erkennen

Die entscheidende Anregung der Neurobiologie besteht darin, dass sie das Interesse an den Sterbenden auf die Nachlebenden verlagert. Ihr Sterbenlernen ist von Lernstoff abhängig, den sie sowohl aus lokalen Sterbeerlebnissen und mit ihnen verbundener pazifizierender Beschwichtigung (KAP. 2) als auch aus globalen Erlebnissen samt heroisierender Beschwichtigung (KAP. 3) beziehen. Vermittelt über ihr Gehirn verarbeiten sie ihn in einem lebenslangen Lernprozess, an dessen Ende je individuelles Sterben steht. Die aus der globalen Erlebniswelt kommenden und zum großen Teil unbewusst erzeugten Lerneffekte bleiben dem mitleidenden Verstehen weitgehend verborgen. Dies wird sich in Kapitel 4, II. zeigen, wenn die pazifizierte Leidensbilanz der hier

---

[13] Überblicksartige Hinweise auf die Breite dieser Tradition, die auch Angstbezüge herstellen, gibt: Wohlmuth 2005: bes. 15ff.

[14] Eine differenzierende, wenngleich unsystematische Zusammenstellung von Formen der Angst gibt: Richter 1992. Sorgfältig beschriebene Fallbeispiele bietet: Yalom 2008.

ausgewählten Sterbeschicksale mit der heroisierten Erfolgsbilanz verglichen wird, die sich über den neurobiologisch inspirierten Zugriff erschließen lässt.

1 Sterben als Lernprozess

Ausgehend von einem Mechanismus nachahmenden Lernens (KAP. 1 II.2) kann die Neurobiologie im speziellen Feld der Empathie-Forschung zeigen, was in den Gehirnen von Menschen abläuft, wenn sie mit dem Sterben konfrontiert werden und in einem „hinter ihrem Rücken" ablaufenden Lernprozess lernen.

Wie sich zeigen wird, kommen die dominierenden Sterbeerlebnisse und ihre Beschwichtigung aus Gesellschaften, in denen Leistung erwartet wird und in denen, auch noch in ihrer jüngsten Geschichte, heroisches Sterben für das Vaterland gefordert wurde. Wird nicht auch im zivilen Sterbevorgang Heroismus erwartet?[15]

Um solche Fragen aufzunehmen, bedarf es eines Zugriffs, wie er schon von Spinoza vertreten wurde, als er forderte, sich bei der Analyse nicht von Lachen, Trauer und Zorn auslösenden Eindrücken leiten zu lassen, sondern den Intellekt einzusetzen.[16]

Der Ansatz muss sich dazu eignen, individuelles Handeln – das heißt auch individuelles Sterben – in Zusammenhänge der Umwelt einzubetten. Speziell muss er zu etwas anleiten, was bislang weder die hermeneutische Betrachtungsweise noch die etablierten Sozialwissenschaften zu bieten haben: Man möchte wissen, was in den Sterbenden vorgeht, wenn sie unter Umwelteinflüssen ihren Leidensstress zu bearbeiten suchen.

Die neurobiologische Forschung hat in jüngster Zeit Untersuchungsverfahren entwickelt, die Informationen darüber liefern, welche Mechanismen in Gehirnen ablaufen und zu welchen Outputs es kommt, wenn bestimmte Inputs erfolgen. Diese Kenntnisse gilt es in etablierte sozialwissenschaftliche Ansätze einzubauen, die in der methodologischen Diskussion empirisch-analytisch genannt werden. An die Stelle hermeneutischen Verstehens tritt eine personenunabhängige Perspektive mit dem Anspruch, vorurteilsfrei zu analysieren.

---

15 In Maslows Perspektive ist dies die Frage, ob sich das immaterielle Grundbedürfnis nach Selbstentfaltung in der letzten Lebensphase als Bedürfnis nach heroischem Sterben geltend macht (vgl. Galtung 1994: 99ff.).
16 „Non ridere, non lugere neque detestari, sed intellegere" (zit. nach Taguieff 1987: 418).

2 Sterben als Ergebnis eines bewussten und unbewussten Lernprozesses

Was läuft im individuellen neuronalen Apparat ab, der bislang eine Blackbox war? Milliarden von Neuronen bilden ein riesiges Netzwerk. Es ist in kleinere Gruppen von Neuronen aufgegliedert. Diese Areale sind für spezielle Inputs zuständig. Aus ihrer arbeitsteiligen und zugleich netzübergreifenden Verwertung entsteht ein Output, beispielsweise der Auftritt eines Fußballspielers auf dem Fußballfeld.[17]

Der ganze Lernprozess – analog beim hier interessierenden Sterben – spielt sich auf der in KAP. 1, II. noch genauer zu kennzeichnenden Mikroebene ab. Beteiligt ist eine Reihe von Botenstoffen, die den synaptischen Kontakt von einem Neuron zum anderen und von einem neuronalen Netzwerk zum anderen ermöglichen. Lernende streben im Lernprozess zum einen bewusst spezielle Lernziele an. Beispielsweise bemühen sie sich darum, von bestimmten Sterbevorbildern pazifiziertes Sterben zu lernen. Dabei können sie indessen nicht im Einzelnen steuern, was die im Gehirn zuständigen Areale mit dem aufgenommenen Lernstoff machen. Zum andern werden in diesen Arealen die aus der lokalen und globalen Umwelt kommende Eindrücke – zum Beispiel Sterbeereignisse – unbewusst aufgenommen und unbewusst verarbeitet.

Es sind die unbewussten Anteile des Lernprozesses, die eine traditionell ausgetragene Kontroverse um zwei Grundeinstellungen zum Sterben, auf die wir noch zurückkommen (KAP. 2, III.), überholt erscheinen lassen. Nach der einen Auffassung ist es müßig, sich mit dem Sterben überhaupt zu befassen: Entweder sei es nicht aktuell oder im Falle seiner Aktualität komme eine Beschäftigung zu spät. Nach der anderen Einstellung empfiehlt es sich, das unausweichliche Lebensende ständig im Blick zu haben, um auf diese Weise auf das Sterben vorbereitet zu sein. Wenn nun in neurobiologischer Sicht einerseits nicht zu bestreiten ist, dass Bemühungen, das Sterbethema zu meiden, bis zu einem bestimmten Grade erfolgreich sein können, so gilt andererseits aber das Folgende: Niemand, der mit Sterbevorgängen konfrontiert ist, kann sich ihrer unbewussten Registrierung widersetzen. Ungesteuert aufgenommen,

---

[17] Angesichts des hohen Verbreitungsgrads von Grundkenntnissen in Sachen Fußball wird dieses illustrative Vergleichsbeispiel gewählt (vgl. Günther 2016). Das Beispiel bezieht sich auf das Zusammenspiel von Neuronen, das vor allem auf Bewegungshandeln gerichtet ist. Einerseits formieren sich die für Denken und Reflexion zuständigen neuronalen Areale eines Spielers absichtsvoll, überlegt – und das heißt bewusst – etwa in der Weise, dass er seinen Mitspieler durch einen langen Ball auf den rechten Flügel zu einem erfolgversprechenden Flankenlauf animiert. Andererseits werden im Training bestimmte Abläufe sorgfältig eingeübt und in den zuständigen Arealen aufgezeichnet, so dass sie auf dem Feld in bestimmten Spielsituationen unbewusst immer wieder aufs Neue abgerufen werden können. Gestützt wird das bewusste und unbewusste Agieren durch teils kontrollierte, teils unkontrollierte Emotionen, die in dafür zuständigen Arealen aufbewahrt werden. Das Gelernte wird abgerufen, wenn es zu Zweikämpfen kommt, die zu Tätlichkeiten führen können. Man erinnere sich an den in den Medien verbreiteten Kopfstoß des französischen Fußballstars Zinedine Zidane, mit dem er sich bei seinem italienischen Gegenspieler bei der Weltmeisterschaft 2006 für eine beleidigende verbale Äußerung revanchierte.

werden sie zu wichtigen Bestandteilen eines Sterbegedächtnisses, die in bestimmten Situationen abgerufen werden. Dem Sterbethema kann sich insoweit niemand entziehen.

3 Sterben als Ergebnis lebenslangen Lernens

Das Fehlen einer systematischen Berücksichtigung der Lernabhängigkeit des Sterbens führt zu einer neurobiologisch uninformierten hermeneutischen Betrachtung von Sterbeschicksalen, wie sie exemplarisch illustriert wurde. Es kommt tendenziell zur Beschreibung von gezähmtem (hier: pazifiziertem) Sterben (EINFÜHRUNG, II.4.).

Demgegenüber beruht, was in aktuellen Sterbesituationen geschieht, auf dem Lernstoff, den die Sterbenden lebenslang verarbeitet haben.[18] Dieser kommt aus zwei Bereichen: Zum ersten Bereich, dem der lokalen Sterbenetzwerke, gehören Sterbeinformationen sowohl aus der Geschichte als auch aus der Gegenwart. Dabei handelt es sich um reale Sterbeerlebnisse, vor allem aber um Sterbe-Zeremoniell und um beschwichtigende Interpretationen dessen, was der lokale Alltag den Lebenden an Sterbeeindrücken liefert (KAP. 2, I./II.). Zum zweiten Bereich, dem der globalen Netzwerke, gehören vielfach verbreitete Sterbeszenen, die – begleitet von Beschwichtigung – aus unterschiedlichen gesellschaftlichen Bereichen stammen und nach Prinzipien der Leistungsgesellschaft instrumentalisiert werden (KAP. 3, I./II./III.). Die Analyse muss das unterschiedliche Lerngewicht beider Bereiche plausibel machen.

Sieht es bei der neurobiologisch uninformierten Betrachtung der Sterbesituation so aus, als seien diejenigen, die hier nahestehend und distanziert Nachlebende genannt werden, vom Sterben weit entfernt, so verändert der neurobiologische Blick ihre Einordnung: Sie lernen lebenslang sterben. Der Unterschied zu den Sterbenden ist nur, dass die Umsetzung des Ergebnisses lebenslangen Sterbenlernens bei ihnen noch aussteht. Sie sind noch nicht ans Ende ihres lebenslangen Lernprozesses gekommen, der bei den von ihnen beobachteten Sterbenden in Sterbepraxis umschlägt.

---

18 Parallel dazu zeigt sich bei der Fortführung des Vergleichs mit dem Fußball (Anm. 17) das Folgende: Die Fußballspieler stehen unter dem Einfluss aller Faktoren, die um ein spezielles Spiel herum auf sie einwirken. Viel wichtiger ist aber, was im Gedächtnis der Spieler als Ergebnis einer längeren Fußballerkarriere aufbewahrt ist. Alles, was sie, beginnend mit ihrer Zeit als junge Straßenfußballer, danach von Spiel zu Spiel, von Training zu Training gelernt haben, ist die Voraussetzung für das, was sie im aktuellen Spiel auf dem Feld an Technik und taktischer Übersicht vorzuweisen haben. Was sie können oder auch nicht können, ist das Ergebnis ihrer bisherigen Lernkarriere.

4 Sterben als neuronal vermittelte körperliche, gedankliches und emotionale Herausforderung

Die Neurobiologie hat es, früheren Annahmen oder auch Befürchtungen zum Trotz, keineswegs zur „Leitwissenschaft" gebracht. Auch ist es im Alltagsdiskurs dabei geblieben, dass traditionsgemäß hartnäckig zwischen Geist/Seele/Mentalität auf der einen und Gehirn/Körper auf der anderen Seite unterschieden wird. Sprichwörtlich heißt es, was „man nicht im Kopf hat" (Kopf steht für Geist) habe „man in den Beinen" (Beine stehen für das Körperliche). Angesichts dessen fällt es schwer, die unbestreitbaren Belege dafür anzuerkennen, dass in den individuellen neuronalen Netzwerken entsteht, was traditionell einem gesonderten Bereich des Geistigen und Mentalen zugeordnet wird. Unbestreitbar ist, dass mit dem neuronalen Apparat einerseits bewusst gedacht und reflektiert wird, in ihm andererseits aber nur beschränkt kontrollierbare Emotionen erzeugt werden. Im Apparat ist Handlungspotential angelegt, das in einem abgestuften Spektrum vom Nachdenken unterschiedlicher Intensität und Präzision bis zur unkontrollierten Äußerung von Emotionen reicht.[19] Im Ganzen ist erkennbar, dass es sich beim Sterben um ein neuro-mentales und zugleich körperlich-emotionales Leiden handelt.

5 Sprachliche Äußerungen der Sterbenden – bewusst oder unbewusst?

Es macht Schwierigkeiten, die sprachlichen Äußerungen von Sterbenden als bewussten Eigenbeitrag zu ihrer Sterbesituation und zugleich als Ergebnis eines tendenziell unbewusst „hinter ihrem Rücken" ablaufenden Lernprozesses einzuordnen. Sprache ist ein Instrument bewussten Denkens und Handelns,[20] das es vor allem möglich macht, bewusst formulierte Gedanken mit anderen zu teilen (Dehaene 2014: 160f.).

In diesem Sinne bringt Isabell Zachert, das Mädchen aus dem einführend geschilderten Beispiel, vielfach – und zwar sehr bewusst – zum Ausdruck, dass sie weiterleben möchte (Einführung, I.2.). Demgegenüber lässt sich ihrem Sterbebericht die schon zitierte Äußerung entnehmen: „Wir sehen uns wieder in meinem Paradies." Dies ist eine in den dafür zuständigen Gedächtnisarealen aufbewahrte Formel, die aus dem katholischen Milieu stammt, in dem

---

19 Die Hinweise auf die abgestufte Ermöglichung von Abläufen bewussten sowie unbewussten Denkens und Empfindens gehen auf David Gelernter zurück (Gelernter 2016: bes. 62ff.).
20 Bei Antonio Damasio entsteht Sprache in der Evolution erst auf der Ebene des Bewusstseins, der die Stufe eines Kernbewusstseins vorausgeht, über das auch schon Tiere verfügen (Damasio 2010: 183f.). In klarer Abgrenzung von Sigmund Freud hält Gerhard Roth die Inhalte des Unbewussten „für nicht versprachlich- und verbildlichbar" (Roth/Ryba 2016: 199).

Isabell Zachert aufgewachsen ist. In Übereinstimmung mit ihrer Mutter ist sie in ein „christliches Schema" eingebettet, das vom Glauben an ein Weiterleben nach dem Tode bestimmt ist. Dieses Schema ist in den später noch zu beschreibenden lokalen Netzwerken als Lernstoff aufbewahrt, aus dem Isabell Zachert ihre Äußerungen bezieht (KAP. 2, I.6.). Der unbewusst hergestellte Bezug zu einem formelhaften Element dieses Lernstoffs steht im deutlichen Widerspruch zu ihrer bewussten Orientierung am Überleben.

Dasselbe Spannungsverhältnis zwischen bewusst eingesetztem und unbewusst verwendetem Sprachmaterial zeigt sich in den widersprüchlichen Äußerungen des Gefangenen Hanns Martin Schleyer, als er sich mit seinem möglichen Sterben konfrontiert sieht. Verschiedentlich bringt er unmissverständlich seine bewusste Überzeugung zum Ausdruck, dass er der lebensbedrohenden Geiselhaft entkommen und weiterleben möchte. In besonders spektakulärer Weise formuliert er dies auf einem schon zitierten Tonband an den damaligen CDU-Vorsitzenden Helmut Kohl: „Ich bin nicht bereit, lautlos aus dem Leben abzutreten, um die Fehler der Regierung, der sie tragenden Parteien und die Unzulänglichkeit des von ihnen hochgejubelten BKA-Chefs zu decken." (EINFÜHRUNG, I.2.)

Dem stehen mehrfache Äußerungen gegenüber, die seine Bereitschaft zum Ausdruck bringen, die Entscheidungen der formal verantwortlichen Personen und Instanzen hinzunehmen. Zur Frage, ob der Krisenstab auf die Forderungen der Geiselnehmer, von denen sein Leben abhängt, eingehen soll, teilt Schleyer brieflich schon zu Beginn seiner Geiselhaft mit: „Dies ist nicht meine Entscheidung" (EINFÜHRUNG, I.2.). Hier kommt in formelhafter Weise zum Ausdruck, was zur Lernvergangenheit von Soldaten – und analog von (Verbands-)Politikern – gehört: Man hat sich unterzuordnen (vgl. auch: KAP. 4, II.3.).

Insoweit lassen sich sprachliche Äußerungen erkennen, die zueinander im Konflikt stehen können. Nach außen hin sieht es zwar so aus, als äußerten sich sowohl Zachert als auch Schleyer in bewusst abwägender Weise zu ihrer aktuellen Lage. Das gilt jedoch nur dann, wenn beide entschieden für ihr Überleben eintreten. Demgegenüber melden sich die in ihrem Gedächtnis aufbewahrten Verhaltensmuster zu Wort und mit ihnen ihre Bereitschaft, sich mit dem Sterben abzufinden („Wir sehen uns wieder in meinem Paradies" / „Das ist nicht meine Entscheidung").

IV Neurobiologisch inspirierte Analyse der letzten Lebensphase

1 Was nicht analysiert wird

Das abrupte Ende eines Lebens wird ausgeschlossen. Beispielsweise lässt sich nichts über die Ermordung von Hanns Martin Schleyer sagen, mit der seine hier beschriebene Geiselnahme endete. Entsprechendes gilt für abruptes Sterben durch Unfälle oder nach plötzlich auftretenden Krankheiten, wenn Menschen im Verlauf weniger Stunden verlöschen. Ebenso wenig lassen sich Akte der Selbsttötung untersuchen, von denen Jean Améry sagt, sie lägen nach dem „Absprung" im Dunkeln. In der letzten Lebensphase vor dem „Hand-an-sich-Legen" komme es für die Suizidanten auf die „je totale und unverwechselbare Einzigartigkeit ihrer Situation (an), der ‚situation vécue', die niemals vollkommen mitteilbar ist, dass also jedes Mal, wenn einer stirbt, von eigener Hand, oder auch nur zu sterben versucht, ein Schleier fällt, den keiner mehr heben wird, der günstigstenfalls so scharf angeleuchtet werden kann, dass das Auge ein fliehendes Bild erkennt" (Améry 1976: 19).

Nicht weniger im Dunkel liegt die letzte Lebensphase im Falle der Tötung auf Verlangen, die Vertrauenspersonen in Anspruch nimmt (assistierter Suizid).

Auch sogenannte „Nahtod-Erlebnisse" werden hier nicht berücksichtigt. Menschen, die von ihren halluzinationsartigen Erfahrungen in vielfach übereinstimmender Weise berichten, entrinnen dem Sterben und führen ihr Leben weiter (v. a. Moody 2001).

Seit es die Transplantationsmedizin gibt, werden Sterbeprozesse mit dem sogenannten Hirntod in Verbindung gebracht. Ihm liegt ein biologisch-naturwissenschaftliches Verständnis zugrunde, von dem ein personales Sterbeverständnis abgesetzt werden muss (Wittkowski/Streng 2011: 142; vgl. EXKURS C).

Schließlich stößt die Analyse auch an Grenzen, wenn Sterbende aus Gründen des Alters und der Krankheit weder über die gedanklichen und emotionalen Ressourcen noch über die Zeit verfügen, die für einem längeren Abschied nötig ist.

Der Tod, verstanden als „letzter Augenblick" der Sterbenden,[21] gehört zum Sterben. In der Regel wird er auch in unserer Alltagssprache und in literarischen Texten mit der letzten Lebensphase – dem Sterben – identifiziert. Er hat

---

[21] Auf dieses „Augenblicksverständnis" des Sterbens lenkt der französische Philosoph Vladimir Jankélévitch sein Hauptaugenmerk. Es kommt ihm darauf an, die schwierige Erschließbarkeit des Sterbens herauszustellen und im Besonderen die Tatsache, dass sich Sterben nicht lernen lässt (Jankélévitch 2005: bes. Zweiter Teil, II.4.: 333–337). Dieser Engführung zum Trotz gehören die Betrachtungen dieses Autors, gestützt auf umfangreiche, in die Antike zurückgehende Sterbeliteratur, zum Erhellendsten und Präzisesten, was zum Sterbethema geschrieben wurde.

demnach nichts Eigenständiges, bedarf daher keiner terminologischen Abgrenzung und bildet keinen speziellen Untersuchungsgegenstand.

Es wurde schon darauf hingewiesen, dass das historische Nachdenken über das Sterben, das in die Gegenwart hineinreicht, nur in einem kurzen Abschnitt von KAP. 2 (III.) berücksichtigt wird. Es wird in die lokalen und globalen Netzwerke eingebracht und betrifft in der neurobiologisch begründeten Perspektive des Lernens aus den Netzwerken nur kleine Minderheiten von Nachlebenden mit Spezialkenntnissen.[22] Wenn die Ergebnisse dieses Nachdenkens schon aus diesem Grund nur am Rande zu interessieren brauchen, so kommt das Folgende hinzu: Aus der hier gewählten neurobiologischer Perspektive, die auf einen kommunikativen Ansatz hinweist, erweisen sich zentrale Positionen, die Sterbeprobleme aus der Vereinzelung heraus bearbeiten, als ungeeignet.[23]

2 Was in welcher Weise analysiert wird

Die Behandlung des Sterbethemas ist – auch schon historisch – auf sich in die Länge ziehende Sterbevorgänge konzentriert. In der skizzierten pazifizierend-mitleidenden Einstellung wird beschrieben, wie es Sterbenden am Ende ihres Lebens ergeht. Ihr Leben selbst kommt kaum in den Blick, obwohl bis heute der Erfahrungssatz verbreitet wird: „Die Menschen sterben, wie sie gelebt haben."

---

22 Es sind solche Minderheiten, die sich in intensiven öffentlichen Auseinandersetzungen um die Lösung moralischer Sterbeprobleme bemühen, die tendenziell außerhalb des hier erfassten Diskurs- und Lernstoffs bleiben.
Bearbeitet werden vor allem die Problemkomplexe der Abtreibung (1), der Sterbehilfe (2) und der mit definitorischen Fragen des Hirntods verbundenen Bereitschaft zu lebenserhaltenden Organspenden (3). In allen drei Problembereichen geht es nicht um die hier interessierende Frage, wie lebenslang erlerntes Sterben empirisch abläuft. Vielmehr werden auf dem Weg der Kompromissbildung schwer zu klärende moralische Dilemmata behandelt.
(1) Im Problemfeld der Abtreibung steht einer Position des unbedingten Eintretens für den Schutz des Embryos eine Auffassung gegenüber, nach der im Namen der Selbstbestimmung Abtreibungen unter bestimmten Voraussetzungen möglich sind.
(2) In der Diskussion um Sterbehilfe, die sich in der Frage des Verpflichtungsgrades von Patientenverfügungen verdichtet, soll Leben einerseits im Namen des Lebensschutzes, solange es geht, erhalten werden. Andererseits wird gefragt, ob es unter bestimmten Voraussetzungen abgekürzt und aufgegeben werden darf.
(3) In der Frage von Hirntod und Organspende, die hier im EXKURS C behandelt wird, zielt die eine Position auf eine solidarische Bereitschaft von (potentiell) Sterbenden, durch Transplantation ihrer Organe nach dem Hirntod das Weiterleben von Mitmenschen möglich zu machen. Die Zustimmung zur Transplantation wird dadurch in Frage gestellt, dass zweifelhaft ist, ob sich die Organentnahme mit würdevollem individuellem Sterben und Abschiednehmen vereinbaren lässt. Vgl. zum deutschen Abtreibungsdiskurs: Klaus Günther, Die Politik des Kompromisses, Wiesbaden 2006, S. 218ff.; vgl. zum Diskurs um Sterbehilfe und Hirntod: Werner Schneider, Der ‚gesicherte' Tod. Zur diskursiven Ordnung des Lebensendes in der Moderne, in: Knoblauch/Zingerle (Hrsg.) 2005, S. 55–79.
23 Auf die fehlende Berücksichtigung des „Sterbens Anderer" weist – ohne Neurobiologie – auch schon hin: Sternberger 1981: 112ff.

In diese Blickrichtung zielt die neurobiologisch inspirierte Betrachtungsweise. Sie bringt das Sterbethema mit dem Leben in Verbindung. Genauer geht es darum, sich mit dem Vor-Leben von Sterbenden und sich – noch präziser – mit dem zu befassen, was sie in ihrem Vor-Leben lernen. In diesem sind sie immer auch Nachlebende: Einerseits werden sie mit dem Sterben nahestehender Menschen konfrontiert. Andererseits haben sie aber auch Sterbeerlebnisse, die aus ihrem weiteren Umfeld kommen. Die Neurobiologie lenkt die Aufmerksamkeit darauf, dass die Nachlebenden, vermittelt durch ihre Gehirne, sowohl in der Nah- als auch in der Fern-Kommunikation von den Sterbenden lernen.

Darauf basiert die Generalthese:
Die letzte Lebensphase ist das Ergebnis lebenslangen Lernens.

Im weichenstellenden *KAP. 1* geht es *als Erstes* darum, dass der Lernstoff des Sterbens einerseits als breites Spektrum von individuellen Sterbe-Ereignissen und andererseits als Interpretation dieser Ereignisse präsentiert wird. Die hier gewählte Perspektive, in der individuelle Vorgänge der Realstufe mit der Beschwichtigung des Sterbens auf der Interpretationsstufe verknüpft werden, passt zum Anspruch methodologisch ambitionierter Sozialwissenschaften, nach dem alles, was geschieht und getan wird, doppelt erfasst werden muss. Komplementär zu einer Ebene roher Tatsachen gibt es immer eine Ebene interpretierter Tatsachen, die unter dem Einfluss von Autoren wie Michel Foucault und Jürgen Habermas als Diskurs-Ebene verstanden wird.[24]

Als Zweites wird in *KAP. 1* der allgemeine neuronale Mechanismus des Lernens (II.1.1–1.6) und speziell des Sterbenlernens skizziert, der in den Köpfen der Sterbenlernenden abläuft (II.2.1–2.4). Gehirne werden als Lernapparate analysiert, in denen nach dem Prinzip der Nachahmung Impulse aus der Umwelt – dies ist der (Sterbe-)Lernstoff – aufgenommen werden.

Als Drittes wird in *KAP. 1* belegt, dass die vorliegenden Konzepte, die Diskursebene mit der Individualebene zu verbinden, nicht überzeugen (KAP. 1, III.1).[25] Demgegenüber wird gezeigt, dass diese Verbindung hergestellt werden kann, indem menschliche Gehirne als Vermittlungsinstanzen ins Spiel gebracht werden. Entwickelt wird ein *Ansatz kommunikativen Sterbens* (KAP. 1, III.2), der die Mediologie (u. a. Debray 1993) mit der Neurobiologie kombiniert.

KAP. 2 zielt auf die pazifizierende Beschwichtigung lokalen Abschieds (I.) und beginnt mit zwei lokalen Sterbeszenen (1.), durch die die einführend

---

24 Eine überzeugende philosophische Begründung und Erläuterung gibt Searle 1997.
25 Dies gilt auch für Jacques Lacan, der die Zwei-Ebenen-Analyse mit dem Konzept „zweier Tode" in die Sterbeforschung einführt: Lacan 1995. (Indessen fehlt es bei Lacan an einer empirischen Ausfüllung dieser Unterscheidung.)

illustrierten Sterbe-Beispiele ergänzt werden. Im Kern geht es bei der pazifizierenden Beschwichtigung um die Ausgestaltung des Abschiedszeremoniells (2.), das sich in einzelne Komponenten aufgliedern lässt (3.–9.). Dabei ist zeigt sich, dass die pazifizierende Verabschiedung nach einem „christlichen Schema" und nach einem „säkularen Schema" ablaufen kann (6./7.). Erweitert wird die pazifizierende Beschwichtigung des Sterbens dadurch, dass sie in nicht leicht erkennbarer Form in dem enthalten ist, was hier Selbstbeschwichtigung genannt wird (II.). Es kann auf eine aktuelle Variante der zitierten Position von Epikur verwiesen werden (1.). In Anknüpfung an diese lassen sich Merkmale der Selbstbeschwichtigung in der Bestattungskultur (2.) und in Beiträgen von Kunst, Film und Fernsehen (3.–4.) erkennen. Über Epikur hinaus wird schließlich noch auf eine philosophisch-theologische Tradition verwiesen, die den Hintergrund pazifizierender Beschwichtigung bildet (III.).

In *KAP. 3* – dem empirischen Hauptkapitel – wird exemplarisch der in globalen gesellschaftlichen Netzwerken angesammelte Lernstoff illustriert. Es ist der Stoff überwiegend heroisierender Beschwichtigung (I.). Dabei kann an aktuelle Publikationen angeknüpft werden. Analysiert werden muss eine „Neue Sichtbarkeit des Todes" (Macho/Marek 2007), die vor allem in den Arenen des Kriegs und Kriegs-Gedenkens (1.), des Sports (2.) und der Politik (3.), daneben auch im Film, Fernsehen und Internet hergestellt wird (4.).

Mit den in den Abschnitten I.1.–4. beschriebenen Beschwichtigungen ist ihre Instrumentalisierung verknüpft (II.). Sie wird zu Zwecken der Analyse getrennt dargestellt (1.–3.) und durch Instrumentalisierungen ergänzt, die sich mit Abschiedsanzeigen und Abschiedsreden (4.) sowie mit Praktiken der Werbebranche und des Bestattungsgewerbes (5.) verbinden.

Hinzugefügt werden muss, dass die Beschwichtigungen, begleitet von ihrer Instrumentalisierung, in die Rahmenbedingungen der Leistungsgesellschaft eingefügt sind (III.).

Auf der Grundlage der *KAP. 1/ 2/ 3* lässt sich dann im zusammenfassenden *KAP. 4 die folgende* **Spezialthese** formulieren:

Am Ende lebenslangen Lernens unter Heroismusdruck steht eine letzte Lebensphase, die den Sterbenden leistungs- und erfolgsorientierten Sterbeheroismus abverlangt (I./II. III.).

Zusammenfassend wird ein Kreislauf des Sterbenlernens und Sterbens erkennbar (III.), in dem, was Sterbeheroismus genannt wird (1.), ohne wirksame „Top-down-Kontrolle" bleibt (2.).

In normativer Perspektive ist Sterbeheroismus Pseudo-Heroismus. Ausgehend von Ergebnissen der Bedürfnisforschung, wird in einem EXKURS A gefragt, ob es und wenn ja welche Möglichkeiten es gibt, den pseudo-heroischen Merkmalen der letzten Lebensphase entgegenzuarbeiten. In einem EXKURS B wird überlegt, woran es liegt, dass Sterbevorgänge versteckt („verdrängt"), zugleich aber auch sichtbar gemacht werden. In einem EXKURS C werden Probleme der lebensrettenden Organtransplantation bearbeitet. Der Blick wird auf diejenigen gelenkt, die als Nachlebende palliative Hilfestellung brauchen, wenn sie als Angehörige auf Intensivstationen Organentnahmen zustimmend begleiten sollen und diese als ärztliches sowie pflegerisches Personal durchführen müssen.

Im EXKURS D wird schließlich in gebotener Kürze der Versuch gemacht, in der hier gewählten neurobiologischen Perspektive einen Bezug zur aktuellen Corona-Krise (2020f.) herzustellen.

KAPITEL 1

Empirie und Methodologie kommunikativen Sterbens – Eine Grundlegung

I   Wie individuelles Sterben medial beschwichtigt wird

Es lässt sich kulturübergreifend und über zeitliche Epochen hinweg beobachten, wie erfolglos versucht wird, das Sterben zu überlisten und zu verleugnen. Da ist beispielsweise Jesus von Nazareth, ein Mensch, der einen schweren Leidensweg (Kreuzweg) geht, sich – vergeblich – gegen seinen Tod aufbäumt, dann – wider alle Erwartungen – in rätselhafter Weise aufersteht und „überlebt". Diese Erzählung, ein Kernstück der jüdisch-christlichen Religionstradition, gehört in eine lange Reihe vielfältiger Mythen, Metaphern und Legenden, die „sagenhaftes Überleben" oder „wunderbare Rückkehr" von Toten konstruieren (Bito 2008: 70).

Insoweit ist die einführend betrachtete Beschwichtigung des Sterbens (EINFÜHRUNG, II.) in Sonderheit mediale Beschwichtigung. Sie gehört in den Zusammenhang gesellschaftlicher Prozesse, die der französische Sozialphilosoph Régis Debray als Mediologe untersucht hat (Debray 2000). Um die Beschwichtigung des Sterbens mit Hilfe von Debrays Zugriff zu erschließen, muss zunächst gezeigt werden, wie die Medien beschaffen sind, von denen die Beschwichtigung getragen wird. Es müssen die lokalen und globalen Netzwerke und die zwischen ihnen bestehenden Kräfteverhältnisse skizziert werden, in denen sich die Medien artikulieren (I.1.). Zudem muss überlegt werden, inwieweit sich die Netzwerke gegenseitig durchdringen (I.2.).

1 Mediologie gesellschaftlicher Prozesse und der Strukturwandel medialer Netzwerke: Zur Überformung lokaler durch globale Sterbe-Netzwerke

Debrays mediologischer Zugriff auf gesellschaftliche Prozesse baut auf dem einleuchtenden Grundgedanken auf, dass menschliche Selbstverwirklichung durch Prozesse der Vermittlung „hindurch muss, um zu werden, was man ist, denn nichts existiert unmittelbar [...]" (Debray 2000: 141f.). Um diese Einsicht auf den strukturellen Wandel medialer Netzwerke und speziell auf Prozesse des Sterbenlernens zu übertragen, lässt sich ergänzend Michel Foucaults Diskurs-Ansatz heranziehen.[26]

Die Beteiligung der Medien an gesellschaftlichen Prozessen wird bei Debray auf ihre materielle Grundlage zurückgeführt. Die Medien sind zum einen „leblose Vermittler" im Sinne beispielsweise von Papier, Druckmaschinen und Büchern (Debray 2000: 149). Zum andern agieren einzelne Menschen und Menschengruppen als „belebte Vermittler", die im Rahmen bestimmter Institutionen, etwa in Verlagshäusern, Schulen und Kirchen, bestimmte Botschaften formulieren (Debray 2000: 150f.; bes. tabellarische Darstellung: 151). Botschaften mit besonderer Breitenwirkung werden durch die sogenannten Massenmedien und die hinter ihnen stehenden „lebenden Vermittler" in Umlauf gebracht. Sie werden in Debrays Mediologie nur am Rande behandelt (Debray 2000: 154), verdienen aber als zentrale Medien der sogenannten Mediengesellschaft besondere Aufmerksamkeit.

Debray nennt die Summe aller Medienkomponenten „discours" (Debray 2000: 161), so dass begrifflich eine Verbindung zu Foucaults Diskurs-Konzept besteht. Dieses hat für die präzise Erfassung medialer Zusammenhänge, die in der deutschen Forschung vor allem Öffentlichkeit – auch öffentliche Meinung – genannt werden, eine dreifache Bedeutung: Erstens zielt es auf eine innere Aufgliederung lokaler Öffentlichkeiten, die in globale Öffentlichkeit eingefügt sind. Zweitens konzipiert Foucault einen Diskurs, zu dem neben den zentralen sprachlichen und schriftlichen Symbolen auch nicht-sprachliche Rituale und Symbole, darüber hinaus auch Symbole greifbarer Art, beispielsweise Artefakte der Architektur (bei Debray: „leblose Vermittler"), gehören. Drittens verweist Foucault auf die innere Dynamik von Diskursen und Öffentlichkeit, die gegenüber ihren Produzenten Eigenständigkeit gewinnen.

Es ist diese „Eigenwilligkeit", die dazu anregt, an Stelle des Diskurs- und Öffentlichkeitsbegriffs die Terminologie des Netzwerks zu verwenden. Sie verweist auf akteursübergreifende Zusammenhänge, wogegen Diskurse und Öffentlichkeit von einzelnen Produzenten her gedacht werden. Für die Perspektive des Netzwerks spricht darüber hinaus und vor allem, dass sie einen

---
26 Vgl. zur konzeptuellen Erläuterung vor allem: Foucault 1987.

begrifflichen Anschluss an jene neuronalen Netzwerke ermöglicht, von denen im Folgenden gezeigt wird, dass in ihrem Innern neuro-mediale Lernprozesse stattfinden, in denen die aus den sozio-medialen Netzwerken kommenden Impulse verarbeitet werden.

Was die von Foucault angeleitete innere Differenzierung medialer Netzwerke betrifft, so erschließt er vielfältige Materialien in je unterschiedlichen gesellschaftlichen Mikrobereichen (u. a. Klinik, Sexualität, Armee, Universität, Kirche), vor allem aber im Komplex des Straf- und Gefängnissystems. Nach diesem Vorbild lassen sich von übergreifenden globalen Netzwerken der Gesellschaft, in die globale Sterbe-Netzwerke eingelassen sind, lokale Sterbe-Netzwerke abheben.

Was die von Foucault herausgearbeiteten Botschaften globaler Netzwerke angeht, so fasst er sie in der Kategorie des Wissens, das er bereichsspezifisch erforscht. Es wird vornehmlich von der Wissenschaft aufbereitet und mit Wahrheitsansprüchen ausgestattet.[27] Versucht man Foucaults Konzept auf Sterbe-Netzwerke zu beziehen, so wird das einschlägige Wissen u. a. von Ärztinnen und Ärzten, von Repräsentanten der Kirchen sowie von Leichenbestatterinnen und -bestattern bereitgestellt („belebte Vermittler"). Die (Massen-) Medien („leblose Vermittler") sorgen für Verbreitung. Mit wissensfundierten Botschaften verbinden sich Werte, Normen und Regeln, die im Umkreis je besonderer gesellschaftlicher Mikrobereiche einen genau umrissenen, jedoch wandelbaren Verpflichtungsgrad haben. In Sterbe-Netzwerken geht es dabei um Erwartungen und Anforderungen, die an Sterbende und an Nachlebende gerichtet werden.

Was schließlich Foucaults Analyse der Eigendynamik von Netzwerken auszeichnet, so beobachtet er ein „wildwüchsiges" sowohl Mit- als auch Gegeneinander von „belebten Vermittlern" und „leblosen Vermittlern" (Debray). Indem nun in den sozialstaatlichen Massendemokratien Letzteren in Gestalt der elektronischen Medien (Rundfunk, Film und Fernsehen) und des digitalen Internets ein überragendes Gewicht zukommt, wird die Eigendynamik dieses Prozesses noch deutlicher. Was bei einem Massenpublikum Aufmerksamkeit

---

27 Vgl. bes. den zweiten Band (Der Gebrauch der Lüste) und den dritten Band (Die Sorge um sich) in: Foucault 1989. Im Folgenden wird Foucaults Kategorie des Wissens an Stelle der geläufigen Kategorie des Bewusstseins übernommen. Mit Letzterer wird sowohl in der Psychologie als auch in der Neuropsychologie gearbeitet, obwohl es ihr in der schillernden philosophiegeschichtlichen Tradition an Schärfe mangelt. Im Besonderen hat Bewusstsein, im Sinne der in ihm enthaltenen Erlebnis- (Qualia-) Komponente, etwas Rätselhaftes (vgl. Bieri 2005: 61–77). Demgegenüber bedeutet Wissen ganz einfach, dass den Akteuren bestimmte Fakten und Faktenbereiche bekannt sind. Parallel dazu heißt Nicht-Wissen, an Stelle des in der Freud'schen Tradition benutzten Begriffes des Unterbewusstseins, dass den Akteuren bestimmte Faktenkenntnisse fehlen. Zu diesem Verständnis von Wissen und Nicht-Wissen gehört auch, dass die Akteure sowohl bis zu einem bestimmten Grad wissen, was ihnen unmittelbar zugänglich ist, als auch möglicherweise wissen, was sie sich auf mittelbare Weise erschließen können. (Bieri verwendet den Begriff des „reflexiven Wissens"; ebd.: 62)

erzeugt, wird zum Medienereignis, das die beteiligten Medien konkurrierend interpretieren. Als Interpretationsmedium kommt der Sprache besondere Bedeutung zu.[28] Dabei gewinnt das mediale Arrangement, das in globalen Netzwerken entsteht und sich immer wieder neu formiert, gegenüber lokalen Netzwerken ein Übergewicht. Zu registrieren ist eine – empirisch überblicksartig zu belegende – Überformung von lokalen durch globale Netzwerke, ein struktureller Wandel, in den die hier interessierenden Sterbeprobleme einbezogen sind.

Zu den Stoffen, die in globalen Netzwerken verarbeitet werden, gehören neben Inzest, Promiskuität, Homosexualität und Sadomasochismus im Besonderen auch „Probleme todkranker Menschen" (Postman 1987: 97). Die Inszenierungen des Sterbens und ihre Instrumentalisierung, die in KAP. 3 belegt werden,[29] stehlen dem Sterbediskurs der lokalen Netzwerke (KAP. 2) die Schau. Lokale Beschwichtigungen des Sterbens werden durch globale Beschwichtigungen überformt.

2 Pazifizierende und heroisierende Beschwichtigung: Durchlässige Grenzen zwischen lokalen und globalen Netzwerken

Wie einführend schon belegt, kennzeichnet es die von Philippe Ariès mit dem Zähmungs-Gedanken verbundene Strömung, hier pazifizierend genannt, dass das Sterben herabgespielt wird. Demgegenüber geht es bei der von Ariès unbeachteten Strömung um heroisierendes Hochspielen des Sterbens (EINFÜHRUNG, II.2.). Erstere folgt hauptsächlich einem „christlichen Schema" (Ariès) und wird vom Glauben daran bestimmt, dass es eine Auferstehung der Toten und ein Wiedersehen im Jenseits gibt: „Ist es denn so schlimm, wenn jemand stirbt, wo doch das Leben nach dem Sterben weitergeht?" Demgegenüber versucht die bei Ariès fehlende heroisierende Strömung – nach „säkularen Schema" (der Verf.) - dadurch zu beschwichtigen, dass auf persönliche und berufliche Erfolgsbilanzen, auf „Heldentum der Arbeit" hingewiesen wird: „Ist es denn so schlimm, wenn jemand stirbt, wo doch die Toten sowohl in der Erinnerung als auch in den Taten der Nachlebenden weiterexistieren?" Nach dem „christlichen Schema" geht das Leben heldenhafter Märtyrer im Jenseits

---

28 Vgl. zum Gewicht von (Massen-)Medien im Politikprozess und zur besonderen Bedeutung der Vermittlungsleistungen von Sprache: Jäger 2004: 332ff.

29 In einer frühen Untersuchung hat Jürgen Habermas die Überformung lokaler Öffentlichkeit durch globale Öffentlichkeit für den Bereich der Politik untersucht: Habermas 1965. Dabei geht es in normativ-demokratietheoretischer Sicht um die Ablösung „bürgerlicher Öffentlichkeit", charakterisiert durch ein „Publikum räsonierender Privatleute" (Habermas), durch einen Strukturwandel hin zu medial „hergestellter Öffentlichkeit" (Habermas). Dabei wird der „Wildwuchs" der massenmedialen Öffentlichkeit unterschätzt und werden die manipulativen Möglichkeiten „hergestellter Öffentlichkeit" möglicherweise überschätzt.

weiter. Nach dem „säkularen Schema" wirken die Erinnerung an den Heldentod und das Vorbild heldenhaften Sterbens im Diesseits fort.[30]
In Verbindung mit den Kräfteverhältnissen zwischen den lokalen und globalen Netzwerken ist für die Wirkung der Medien auf individuelles Sterbenlernen das Folgende wichtig: Da die massenmedial forcierten globalen Sterbe-Netzwerke mit ihren überwiegenden Merkmalen beschwichtigender Heroisierung gegenüber lokalen Netzwerken die Oberhand haben, steht individuelles Sterben vor allem im Zeichen von Bemühungen um heldenhafte „Tapferkeit", „Unbeirrbarkeit" und „Durchhaltefähigkeit". Bei der Frage, inwieweit sich die in beiden Netzwerken gesetzten Impulse der Beschwichtigung und das daraus ergebende Lernangebot gegenseitig durchdringen, muss – neben den traditionellen (Massen-)Medien – vor allem auf die Bedeutung des Internets hingewiesen werden. Es hat auf beiden Netzwerk-Ebenen zu einer beträchtlichen Erweiterung des Sterbe-Lernstoffs gesorgt. Sein Beitrag wird punktuell reflektiert (KAP. 2, I.9./KAP. 3, I.4.). Der Anteil von Printmedien, Film und Fernsehen wird in der Zusammenschau betrachtet.[31]

Wie sieht nun aber der neuronale Lern-Mechanismus aus, über den die sozio-medial erzeugten, aus globalen und lokalen Netzwerken kommenden Impulse der Beschwichtigung in individuelles Sterben transformiert werden?

II Wie individuelles Sterben neuro-medial gelernt wird

Im Überblick wird die neuronale Apparatur des Lernens skizziert (1.), in die der Mechanismus des Sterbenlernens eingeordnet werden kann (2.).[32] Gehirne werden als umweltabhängige Lernapparate vorgestellt (1.1). Ein Blick auf die mikrozellularen Eigenschaften von Gehirnen zeigt ihre „synaptischen Strukturen", die sich durch immer neue Bahnung (Priming) in einem Prozess ständiger Veränderung befinden (1.2). Besonders hervorzuheben ist, dass die neuronale Lernapparatur nachahmendes Lernen ermöglicht (1.3). Diese Fähigkeit beruht beim Menschen auf breiteren neuronalen Grundlagen, als dies für tierische Primaten erforscht wurde (1.4) Eine Schlüsselstellung beim nachahmenden Lernen fällt den gut erforschten empathischen Fähigkeiten zu. Im Besonderen lässt sich belegen, dass es neuronale Areale gibt, die einerseits auf Empathie-Lernen in kommunikativen Nah-Beziehungen und andererseits auf

---

30 Die in lokalen Netzwerken überwiegende Pazifizierung wird empirisch in KAP. 2 in ihrer Komplexität illustriert. Dasselbe gilt für die Heroisierung, die in globalen Netzwerken überwiegt (KAP. 3).
31 Ihr Beitrag lässt sich nicht getrennt untersuchen. Der spezielle Beitrag des Rundfunks ist nicht erschließbar.
32 Es wäre eine Überforderung dieser Grundlegung, eine neurobiologisch angeleitete Lerntheorie zu erwarten. Wichtige Bausteine einer solchen Theorie werden jedoch einführend geliefert.

Empathie-Lernen in kommunikativen Fern-Beziehungen spezialisiert sind (1.5).

Mit den grundlegenden Einsichten der allgemeinen und speziellen Empathie-Forschung kann dann nachfolgend der Vorgang des Sterbenlernens verknüpft werden (2.)

1 Theorie und Empirie nachahmenden Lernens

1.1 Gehirne als umweltabhängige Lernapparaturen

Als Grundinformation zum Funktionieren von Gehirnen, die hier als Strukturen der Vermittlung medialer Beschwichtigung des Sterbens ins Spiel gebracht werden, muss ihre Ausrichtung an der Umwelt bedacht werden. Diese liefert die Impulse, von denen neuronale Mechanismen in Gang gesetzt werden, auf die auch das „Sterbemedium" Gehirn angewiesen ist. Es ist diese neuronale Abhängigkeit von Außenreizen, die es gebietet und zugleich rechtfertigt, die mit Gehirnen ausgestatteten Individuen in einem wörtlichen Verständnis des Lateinischen „subicere" (= unterliegen; sich unterwerfen) als Subjekte zu betrachten. Dabei besteht die Abhängigkeit dieser Subjekte in der Hauptsache darin, dass sie sich in der Interaktion mit anderen Individuen (=Subjekten) in einem Unterwerfungsverhältnis befinden.[33]

Die Umweltabhängigkeit von Gehirnen wird durch Neuronen und Neuronengruppen vermittelt, die netzwerkartig miteinander verbunden sind. Das gilt speziell für die Verbindung neuronaler Areale, die für körperlich-emotionale Reizverarbeitung zuständig sind, und für solche, die der gedanklichen Reizverarbeitung dienen. Auf diese Weise müssen Körper und Geist – entgegen einer traditionell dualistischen Betrachtungsweise – als Einheit behandelt werden müssen, worauf als Erster in großer Ausführlichkeit und mit Entschiedenheit Antonio Damasio hingewiesen hat (Damasio 2006/I; vgl. EINFÜHRUNG, III.4.). In neueren neuro-empirischen Untersuchungen konnte das körperlich-emotional-gedankliche Zusammenspiel neuronaler Areale vielfach belegt werden.[34]

Was die übergreifenden Mechanismen angeht, muss hervorgehoben werden, dass es in einzelnen Feldern des neuronalen Netzwerks, die hier als Lernfelder verstanden werden, lokale Spezialisierungen gibt. Auf einer Landkarte von Zuständigkeiten übernehmen bestimmte Neuronen und Neuronengruppen Sonderaufgaben, beispielsweise die Verarbeitung spezieller Sinneseindrücke. Durch diese sind sie jedoch mit bestimmten, möglicherweise weit entfernt

---
33 Vgl. dazu auch im Folgenden: KAP. 1, II.1.2/III.1.
34 Pessoa 2008: 148ff.

liegenden neuronalen Arealen verknüpft, die etwa für Bewegungsfunktionen zuständig sind. In der verdichtenden Formulierung von Sapolsky ist die „Funktion einer speziellen Gehirnregion in den Kontext ihrer Verbindungen eingebettet" (Sapolsky 2011: 706). Bei solch pauschaler Umschreibung bleibt die schwer zu beantwortende Frage nach der Erregungskraft (Salienz) der im Gehirn eintreffenden Impulse unklar. Die im neuronalen Netzwerk ausgelösten Bottom-up-Signale, von denen in der etablierten neurobiologischen Terminologie die Rede ist, setzen Automatismen von unterschiedlicher Reichweite in Gang. Noch ungenügend erforscht ist, inwieweit „von oben" in diese Automatik eingegriffen werden kann. Bis zu welchem Grade lassen sich die von außen einfließenden Impulse verstärken, modulieren oder aufhalten? Auf diese Steuerungsproblematik muss im Folgenden Bezug genommen werden, wenn gefragt wird, ob sich die vorliegenden Ergebnisse der Empathie-Forschung, im Besonderen die Einsichten im Bereich der Verarbeitung von Angstzuständen, auf das Sterbenlernen übertragen lassen (KAP. 1, II.2.3).

1.2 Gehirne als Lernorgane: synaptische Subjektivierung, synaptische Bahnung und die Verstärkung des synaptischen Repertoires

Zur Darstellung der wichtigsten Merkmale von Gehirnen gehört, dass alles, was in ihnen vorgeht, minutiös aufgezeichnet wird. Die Sorgfalt, mit der in den meisten Überblicksdarstellungen unterschiedliche Arten von Gedächtnis unterschieden werden,[35] verweist auf die Bedeutung, die Gehirnen als Lernorganen zukommt. In dieser Eigenschaft sind sie auch Organe nachahmenden Lernens, auf das es für die Untersuchung des Sterbenlernens ankommt.

Die mikrozelluläre Ebene wurde zum zentralen Feld der Erforschung von Prozessen der Gedächtnisbildung. Gestützt auf eine einheitliche genetische Grundausstattung menschlicher Gehirne werden Lernvorgänge als elektro-chemische Prozesse synaptischer Plastizität erforscht. Damit ist gemeint, dass die synaptische Struktur neuronaler Areale unter der Einwirkung von Außenreizen immer wieder neu formiert und transformiert wird. Für Joseph Ledoux bilden Menschen auf diese Weise ein „synaptisches Selbst" aus.[36] Da Lernprozesse – in Übereinstimmung mit der schon skizzierten Arbeitsweise menschlicher Gehirne – weitgehend „outside of conscious awareness" ablaufen, scheint es angemessen, das immer wieder modifizierte Ergebnis dieser Prozesse nicht „synaptisches Selbst", sondern „synaptische Subjektivität" zu nennen. Auf

---
35 Vgl. etwa Roth 2003: KAP. 5. Vgl. aus philosophischer Sicht: Searle 2006: KAP. 9.
36 Vgl. für das neurobiologische Lernverständnis von Joseph Ledoux und für seine hier eingeführten Begriffe besonders Ledoux 2002: 9f.

diese Weise kommt zum Ausdruck, dass Lernprozesse im Sinne des schon erläuterten wörtlichen Verständnisses von Subjektivität als Vorgänge der Unterwerfung zu verstehen sind. Dies ist – wie hier vermerkt werden muss – die neurobiologische Version des von Foucault entwickelten Konzepts der Subjektivierung, das als zentraler Bestandteil der Mediologie des Sterbens und seiner Beschwichtigung vorgestellt wurde.

Die synaptische Plastizität, auf der Lernen auf mikrozellulärer Stufe beruht, kann zum einen in einer Veränderung der Übertragungskanäle bestehen, über die bestimmte Areale einzelner Gehirne und die zu ihnen gehörenden Synapsen durch elektro-chemische Prozesse miteinander verbunden sind. Lernen kann um zweiten im Wachstum einzelner Synapsen und zum dritten darin bestehen, dass bestimmte Lernprozesse auf eine breitere Grundlage gestellt werden, d. h., die Zahl der beteiligten Synapsen wird größer.[37] Zusammenfassend ausgedrückt, handelt es sich beim Lernvorgang um Veränderungen der Synapsenstärke, die sich aus drei Komponenten zusammensetzt: Durch ein immer wieder neues Arrangement von Synapsen verändert sich das synaptische Repertoire einzelner Subjekte. Es wird ein immer wieder neuer Lernstand hergestellt, der im hier interessierenden Lernbereich des Sterbens über das je individuelle Sterben einzelner Menschen entscheidet. Die Nachlebenden erreichen durch den Mitvollzug des Sterbens anderer einen Lernstand, der darüber befindet, wie sie künftig einmal sterben werden.

1.3 Gehirne als Apparaturen der Nachahmung und des nachahmenden Lernens

Es ist auffällig, dass sich die Lern- und Lehrforschung den Einsichten der Neurobiologie noch kaum geöffnet hat.[38] Das gilt vor allem für die als Grundmerkmal erwähnten Leistungen des Gehirns als „Unterwerfungsorgan". Die Berücksichtigung von Nachahmung und speziell von nachahmendem Lernen richtet sich gegen einen allgemeinen Trend in den Sozialwissenschaften. Dieser steht unter dem weitgehend ungebrochenen Einfluss von Max Webers Herrschafts- und Machtsoziologie, die sich auf autonom entscheidende Akteure konzentriert. Nachahmung wird als „nur reaktiv verursachtes oder mit verursachtes" Handeln verstanden, dem es an klarer „Sinnbeziehung" fehle.[39] Dabei wird ignoriert, dass jegliche Akteure von den Vermittlungsleistungen ihres Gehirns abhängig sind, die sich in weiten Teilen nicht steuern lassen.

Wenn der Nachahmung in den Sozialwissenschaften nur marginale Bedeutung zukommt, so hat das auch mit dem großen Gewicht der Systemtheorie zu

---

37 Dies ist gemeint, wenn von Bahnung (Priming) die Rede ist.
38 Eine Ausnahme ist hier: Gasser 2008.
39 Max Weber bezieht sich auf Gabriel de Tarde, in: Ders, Wirtschaft und Gesellschaft, Studienausgabe, Tübingen 1972: 11f.

tun. Sie sieht in den einzelnen Menschen autopoetische Systeme, die aus ihrer Umwelt Informationen aufnehmen. Es kommt zur „Interpenetration", die zum Wissen der Einzelakteure über sich selbst und ihre Individualität führt, das sich über selbstreferentielle Prozesse immer wieder neu herausbildet.[40]

Dem setzt die Neurowissenschaft eine breite Palette von Spielarten der Nachahmung und des nachahmenden Lernens entgegen, die hier nicht im Einzelnen beschrieben werden können. Die grundlegende und zugleich einfachste Form der Nachahmung ist die aus der Sozialpsychologie bekannte reflexhafte Mimikry, die sich schon bei Säuglingen beobachten lässt. Macht jemand eine bestimmte Bewegung, gähnt, kratzt sich die Nase oder lacht, so wirkt das auf andere ansteckend. Auch wenn diese Ansteckung, beispielsweise durch Lachen auf einer Beerdigung, peinlich wirkt, lässt sie sich kaum aufhalten. Frisch geborene Säuglinge ahmen die Zungen- oder Mundbewegungen ihrer Eltern nach (Meltzoff/Decety 2003: 110ff.).

Erweitert und ausdifferenziert wird die als angeboren geltende reflexhafte Nachahmung durch schöpferische Spielarten, die insbesondere von den Autoren Byrne/Russon systematisiert wurden. Sie stellen für das nachahmende Lernen zwei Lernbezüge her.[41] Wie sich im Tierreich illustrieren lässt, wird zum einen zielorientiert gelernt: Ein Affe entdeckt bei der Beobachtung anderer Affen, dass ihm Kokosnüsse als Nahrung dienen können. Die in seinen synaptischen Strukturen angelegte Fähigkeit, auf solche Objekte der Ernährung aufmerksam zu werden, wird dadurch geweckt, dass er das Suchverhalten anderer Affen nachahmt („goal emulation"). Zum anderen beobachtet ein Affe, auf welche Weise andere Affen die Nüsse öffnen. Durch Nachahmung wird die in seinen synaptischen Strukturen angelegte Fähigkeit stimuliert, Nüsse durch geschickten Einsatz seiner Glieder und seiner Beißwerkzeuge zu knacken („stimulus enhancement"). Die in beiden Lernvorgängen enthaltene und kombinierbare Nachahmung besteht darin, dass nicht reflexhaft reagiert wird. Nachahmendes Lernen führt zu einer Verbesserung der Fähigkeit, Probleme der Ermittlung und der Aufbereitung von Nahrung zu lösen („response facility").

1.4   Der Streit um die Rolle der Spiegelneuronen beim nachahmenden Lernen des Menschen

Über die neuronalen Grundlagen der Nachahmung beim Menschen entbrannte in der Neurowissenschaft ein sich lange hinziehender Streit. Er fällt mit der Frage zusammen, inwieweit sich die aus Tierexperimenten gewonnen

---

40   Vgl. die Klärung von Luhmanns Zugriff auf das Verhältnis zwischen Individuum und Gesellschaft bei: Detlef Hoerster, Niklas Luhmann, München 1997: 93–98. In der Absicht, die Kategorie des Bewusstseins (auch: Bewusstseinsprozesse) zu vermeiden, wird Luhmanns Position mit Hilfe der Kategorie des Wissens umschrieben.
41   Hier folge ich dem, was Byrne/Russon „non-imitative learning" nennen (Byrne/Russon 1998: 1.1–1.3).

Erkenntnisse auf den Menschen übertragen lassen. Eingeleitet wurde diese Auseinandersetzung mit Forschungen eines berühmt gewordenen Teams um Giacomo Rizzolatti, das in den 1990er Jahren – zunächst bei Experimenten mit Schimpansen – eher zufällig einen Typ von Neuronen entdeckte, die als Spiegelneuronen in die wissenschaftliche und auch populärwissenschaftliche Diskussion eingingen. Bei dieser Entdeckung, die durch Experimente mit anderen tierischen Primaten fundiert wurde, ging es um Folgendes: Spiegelneuronen werden im Gehirn sowohl bei eigenen Bewegungen als auch bei Bewegungen mobilisiert, die bei Kommunikationspartnern ablaufen. Für das, was ich selbst tue, beispielsweise das Essen einer Banane oder das Greifen nach einer Tasse, sind dieselben neuronalen Areale zuständig, die aktiviert werden, wenn Andere ihre Banane essen oder nach ihrer Tasse greifen. In den Augen der Forschungsgruppe kam eine wichtige Beobachtung hinzu: Die jeweils zuständigen Neuronen und Gruppen von Neuronen liefern nicht nur eine Vorstellung von je eigenen Bewegungen, sondern zugleich ein Verständnis der Bedeutung, die Bewegungen für andere haben.[42]

Eine Kontroverse entspann sich vor allem daran, dass Rizzolatti und ihm folgende Wissenschaftlerinnen und Wissenschaftler darauf bestanden, die an tierischen Primaten gewonnen Ergebnisse auf den Menschen zu übertragen.[43] Umstritten ist bis heute, ob die Korrespondenz zwischen beobachtetem und eigenem Handeln, wie sie – von Spiegelneuronen getragen – bei tierischen Primaten entdeckt wurde, eine Entsprechung bei menschlichen Primaten hat. Teilen diese die Fähigkeit zur Nachahmung – gestützt durch das Spiegelprinzip – mit tierischen Primaten?

Von Anfang an konnte es keinen Zweifel daran geben, dass Menschen in anderer Weise imitieren als zum Beispiel die untersuchten Makaken. Bei den Affen kommt es – in einem engeren Sinne verstanden – überhaupt nicht zu Imitationen (Hickok 2015: 242f.). Außer Frage stand insbesondere auch, dass sie und andere Tiere nicht über Empathie verfügen. Es ist jene noch näher zu erläuternde Fähigkeit, sich in Andere hineinzuversetzen, auf die wir uns – weil sie gut erforscht ist – bei der Untersuchung des Sterbenlernens konzentrieren. Sie steht im Zentrum der menschlichen Kompetenz, durch Beobachtung zu lernen: Was „im Kopf" von Anderen vorgeht, wird im „eigenen Kopf" simuliert und lässt sich daher in eigenes (Nachahmungs-)Verhalten umsetzen.[44]

---

42 Vgl. wichtige Forschungsergebnisse zusammenfassend bei Rizzolatti/Sinigaglia 2008: bes. 14. Anzumerken ist, dass der Begriff der Spiegelneuronen unbefriedigend ist, weil er zwar die äußerliche Verhaltensimitation erfasst, jedoch den entscheidenden neuronalen Sachverhalt, Veränderungen der Synapsenstärke, nicht trifft.
43 Zu den Autorinnen und Autoren, die den „Rizzolatti-Ansatz" scheinbar problemlos auf den Menschen übertragen, gehört u. a. der Freiburger Neurobiologe und Psychotherapeut J. Bauer.
44 Vgl. zu den neueren Ergebnissen der Empathie-Forschung: Decety/Ickes (Hrsg.) 2009. Im Vorgriff auf die neurobiologisch inspirierte Bedeutung von Nachahmung hat René Girard die soziale Antriebskraft des „désir mimétique" als Herzstück einer fundamentalen Anthropologie herausgearbeitet, die sich auf

Solche Einsichten führten indessen nicht zu einem Ende des Streits darüber, ob sich das bei tierischen Primaten entdeckte Spiegelprinzip problemlos auf menschliche Primaten übertragen lässt. Und doch bietet – im Unterschied zu manch anderen wissenschaftlichen Kontroversen – der englische Neurowissenschaftler Gregory Hickok eine überzeugende Schlichtung an, auf die wir uns hier stützen können (Hickok 2015). Er kann zeigen, dass der durch Rizzollati begonnene und vielfach weitergeführte Versuch, menschliche Handlungskompetenz allein auf die am Beispiel von Affen (und anderen Tieren) erforschten Spiegelneuronen zurückzuführen, als gescheitert angesehen werden muss. Und er kann zugleich belegen, dass die in der Evolution zum Menschen entwickelten neuronalen Einbettungen, in denen die menschliche Fähigkeit zu Nachahmung wurzelt, sich massiv erweitert und ausdifferenziert haben. Nachahmung ist nicht auf die schmale Grundlage der Spiegelneuronen beschränkt. Der Eigenschaftsreichtum des Menschen und speziell seine Fähigkeit zur Nachahmung stützt sich vielmehr auf vielfach verzweigte neuronale Netzwerke und Netzwerkteile. Motorische Strukturen (in die Spiegelneuronen eingelassen sind) verbinden sich mit Strukturen der Sprach- und Sprechfähigkeit, zuzüglich der Netzteile, die für Empathie zuständig sind. Nachahmung ist dann nicht ein spezielles Produkt der Evolution, die zum Menschen führte. Sie wird vielmehr durch das Zusammenspiel aller genannten Strukturen, aktualitätsbezogen und zugeschnitten auf spezielle Handlungskonstellationen, in immer wieder neuen Varianten ermöglicht (Hickok 2015: bes. Kap.8).

1.5 Neuronale Grundlagen nachahmenden Lernens in Nah- und Fern-Kommunikation: gedankliche Empathie und emotionale Empathie

Soweit umweltabhängiges Lernen darin besteht, dass einzelne Subjekte in wechselseitiger Kommunikation voneinander lernen, muss zwischen Nah- und Fern-Kommunikation unterschieden werden.[45] Zu den schon prinzipiell bekannten neuronalen Abläufen nachahmenden Lernens gehört eine erste Variante der Lernkommunikation, die im direkten Kontakt zwischen agierenden Personen besteht. Sie ist an eine Konstellation sozialer Nah-Beziehungen gebunden und wird beispielsweise durch Experimente der sogenannten

---

kulturübergreifende Stoffe, vor allem auf Rituale und Mythen stützt. Bei Girard wird freilich einseitig das konflikthafte Moment des menschlichen Antriebs zur Nachahmung belegt und betont. Indem sich Menschen gegenseitig nachahmen, kommt es zu unüberbrückbaren Interessenkonflikten, die nach dem Prinzip der „victimisation" bearbeitet werden. Girard beobachtet Mechanismen der Konfliktlösung, die darin bestehen, „boucs émissaires" („Sündenböcke") zu konstruieren und dann zu opfern, um so eine Versöhnung der Konfliktpartner zu ermöglichen. (Vgl. bes. die zusammenfassenden Texte in: Girard 1978) Den Versuch der Überprüfung und empirischen Fundierung von Girards literarisch ausgerichteten Studien machen Essays prominenter Autoren in : Scott R.Garrels (Hrsg.) 2011.

45   Die folgende Unterscheidung zwischen drei Varianten sozial-kommunikativen Handelns ist inspiriert durch Frith/Frith 2006: bes. 38.

sozialen Neuroökonomie illustriert. Hier werden einzelne konkurrierende Akteurinnen und Akteure mit unterschiedlichen ökonomischen Entscheidungsmöglichkeiten konfrontiert. Die Abwägung der individuellen Vor- und Nachteile erfolgt im interaktiven Zusammenspiel. Dabei geht das Wissen um die Motivation der Mitspieler, das zum Teil konstruiert werden muss und zum Teil in mehreren Entscheidungsdurchläufen gewonnen wird, in die Entscheidungen ein.[46] Eine zweite Variante kommunikativen Lernens ist die Verarbeitung von Wissen, das bei der Beobachtung von Interaktionen entsteht, die zwischen anderen Akteurinnen bzw. Akteuren ablaufen. Man denke im hier interessierenden Bereich des Sterbens etwa an einen Verkehrsunfall mit tödlichen Folgen, der zu Bergungsaktionen führt, die aus der Ferne beobachtet werden. Eine dritte Variante des Lernens ist schließlich die Öffnung gegenüber ausgewählten Informationselementen. Sie stammen aus Darstellungen, Erzählungen und Interpretationen, die über das Zusammenspiel bestimmter Akteure im Umlauf sind. Dabei handelt es sich insbesondere um Medienberichte, die sich beispielsweise auf den genannten Verkehrsunfall und auf die von ihm ausgelösten Rettungsaktionen beziehen.

Die beiden letztgenannten Varianten lassen sich unter der Rubrik des Lernens in kommunikativen Fern-Beziehungen zusammenfassen. Diese stehen im Zentrum der Aufmerksamkeit, weil sie, wie sich zeigen wird, den Prozess des gegenwärtigen Sterbenlernens und das daraus folgende Sterben dominieren.[47]

Es wurde schon darauf hingewiesen, dass zum Mechanismus der Nachahmung gehört, dass die neuronal abgestützte Fähigkeit, andere zu imitieren, die Fähigkeit einschließt, sich in die Lage derjenigen hineinzuversetzen, die imitiert werden. Damit gehört zur Nachahmung eine Komponente, die in der Neurobiologie wie schon in der traditionellen Psychologie und Psychoanalyse Empathie genannt wird. Das heißt unter dem Gesichtspunkt nachahmenden Lernens, dass mit dem Lernvorgang auch und im Besonderen das Lernen empathischer Fähigkeiten verbunden ist.

Mit im Ganzen überzeugenden experimentellen Befunden haben Meltzoff/Decety die Fähigkeit, sich in der sozialen Kommunikation in andere hineinzuversetzen,[48] in den Zusammenhang gegenseitiger Imitationskompetenz eingeordnet. Danach schließt die neuronal abgestützte Fähigkeit zur Nachahmung bei älteren Kindern und bei Erwachsenen ein, hinter bestimmten Handlungen stehende Ziele und Absichten zu verstehen (Meltzoff/Decety 2003: 119). Dem

---

46 Die Fragestellungen dieses Forschungsbereichs werden beschrieben und durch Versuchsanordnungen sowie ausgewählte Forschungsergebnisse illustriert durch Fehr/Camerer 2007: 419–427.
47 Bei allen drei Varianten kommunikativen Lernens bestehen Unsicherheiten darüber, welche Lernanteile – vor allem unter Beteiligung des Stirnhirns – kontrolliert werden und welche auf unwissentliche und unkontrollierte Verarbeitung von Inputs zurückgehen.
48 Vgl. zu den vielfältigen und differenzierenden Definitionen von Empathie Decety/Lamm 2006: 1147 (Table 1).

liegt die im Experiment gemachte Beobachtung zugrunde, dass neugeborene Kinder die schon illustrierte Fähigkeit haben, reaktiv zu imitieren.[49] Dem folgt dann, bei Kindern schon mit 18 Monaten beginnend, die Entfaltung empathischer Fähigkeiten (ebda.). Neuronal beteiligt sind hauptsächlich der im Bereich des Schläfenlappens gelegene obere Gyrus (STG), der untere Scheitellappen und der mittlere Teil des Stirnhirns (Meltzoff/Decety 2003: 117). Dieser Teil des Stirnhirns und der mit ihm verbundene Scheitellappen steht für das grundlegende Vermögen, die eigene Handlungsfähigkeit – und damit auch die Fähigkeit zur Nachahmung und zu nachahmendem Lernen („sense of agency"/„self ownership") – von derjenigen abzugrenzen, über die Kommunikationspartnerinnen oder -partner verfügen (ebda.: 118).

Vor allem durch Forschungen zum Komplex körperlicher Beschwerden und daneben auch durch Untersuchungen zum Angstkomplex – beide bedeutsam für das Sterbenlernen – ist die allgemeine Imitations- und Empathieforschung in speziellen Feldern präzisiert worden. Dabei ergaben sich experimentell vielfach belegte Anhaltspunkte dafür, dass sich die im Imitationsmechanismus steckenden empathischen Fähigkeiten in doppelter Weise ausprägen.[50] Zum einen besitzen Menschen die Fähigkeit, sich mitdenkend in die Wünsche, Überzeugungen und Absichten Anderer hineinzuversetzen. Für diese empathische Fähigkeit wird hier der Begriff der *gedanklichen Empathie* eingesetzt. Mitdenkend heißt, dass diese Fähigkeit explizit, wissend und kontrolliert genutzt wird. Dem steht die Fähigkeit gegenüber, sich mitfühlend in andere hineinzuversetzen. Sie wird hier *emotionale Empathie* genannt. Sie beruht auf Mechanismen, die implizit unwissend und unkontrolliert ablaufen.[51] Tania Singer verweist in einem immer noch grundlegenden Forschungsbericht darauf, dass diese beiden unterschiedlichen Formen von Empathie in unterschiedlichen Arealen des Gehirns – das heißt in unterschiedlichen Lernfeldern – verankert sind.[52] Was

---

49 Z. B. ahmen sie das Herausstrecken der Zunge nach. (Meltzoff/Decety 2003: 110f.) – Dieser Vorgang wurde hier reflexhafte Nachahmung genannt (KAP. EINS, II. 1.1).
50 Die einschlägigen Forschungsergebnisse sind zusammengefasst bei: T. Singer 2006.
51 In der Literatur werden mentale Empathie und kognitive Empathie idealtypisch einander gegenübergestellt (bei T. Singer 2006: 856 – „mentalizing"/„theory of mind"). Demgegenüber tritt hier an die Stelle des „mentalizing" (im Englischen auch: „empathizing") der Begriff der *emotionalen Empathie*. Vermieden wird dadurch die Unschärfe des Mentalitäts-Gedankens, der sich – auch im Alltagsgebrauch („mentale Stärke") – nicht nur auf das Emotionale bezieht. Entsprechend tritt hier an die Stelle kognitiver Empathie („theory of mind") der Begriff der *gedanklichen Empathie*. Was das Verhältnis von Rationalität und Emotionalität angeht, so vermeidet er Unklarheiten, die im Umkreis der Psychologie und Psychoanalyse auftreten, wenn von Kognition die Rede ist.
52 Sogenannte „False-belief"-Experimente, die – mit Hilfe von funktionaler Magnetresonanztomographie – auf gedankliche Empathie zielen, zeigen eine Aktivierung folgender Areale der Gehirnrinde: Beteiligt sind beide Pole des Schläfenlappens, der obere Teil der Furche des Schläfenlappens (STG) und ein Teilbereich des mittleren Teils des Stirnhirns (mPFC/T. Singer 2006: 856). Demgegenüber verweisen einschlägige Untersuchungen zur emotionalen Empathie vor allem auf die neuronale Struktur der vorderen Insula (AI/T. Singer 2006: 858).

die Forschungsergebnisse im hier besonders interessierenden Komplex körperlicher Beschwerden angeht,[53] so gibt es Belege dafür, dass es beim Mitfühlen darauf ankommt, ob sich die Aufmerksamkeit auf nahestehende oder auf fernstehende Menschen richtet. Im ersten Fall ist die Aktivierung in den einschlägigen Lernfeldern auffällig größer als im zweiten Fall (Singer 2006: 859). Für den Angstkomplex liegen Untersuchungen zur Beteiligung der Amygdala am Angstlernen vor. Gearbeitet wird mit Versuchsanordnungen, in denen die Reaktion von amygdala-geschädigten Probandinnen und Probanden auf angstauslösende Reize mit der Reizung von nicht geschädigten verglichen wird. Dabei ergibt sich, dass die Lernfähigkeit nicht geschädigter Personen, Angst bei anderen (am Gesichtsausdruck) abzulesen, mit der Fähigkeit zusammenfällt, eigene Angstgefühle zu spüren.[54]

Parallel zur emotional-empathischen Verarbeitung körperlicher Beschwerden gilt auch im Angstkomplex, dass die Intensität der Aktivierung zuständiger neuronaler Felder davon abhängig ist, ob die auslösenden Reize aus der Nähe oder aus der Ferne kommen. Darauf verweist ein Experiment mit Müttern, die auf schreiende Kinder reagieren. Die neuronale Aktivierung ist bei eigenen Kindern größer als bei fremden Kindern (Meltzoff/Decety 2003: 118). Darüber hinaus verdient ein Experiment zur Erforschung sozialer Resonanz besondere Beachtung: Die Konfrontation mit Gesichtern von „unknown black Americans" führte zur Aktivierung der Amygdala, wohingegen diese nicht erregt wurde, wenn die Gesichter von „familiar and positively regarded black Americans" gezeigt wurden (Frith/Frith 2006: 37).

Zu diesen Befunden passen allgemeine Beobachtungen aus der Evolutionsbiologie, nach denen es in Beziehungen sozialer Resonanz darauf ankommt, ob sich Interaktionspartner nahe- oder fernstehen. Auf einer ersten Beziehungsstufe stehen für die einzelne Person die eigenen Interessen immer an erster Stelle. Nach der einleuchtenden Unterscheidung von Steven Pinker folgt auf der zweiten Stufe eine Bevorzugung von Angehörigen des Familienzusammenhangs („nepotistische Reziprozität"), auf der dritten Stufe dann eine – selbst wiederum nach Nähe und Ferne abgestufte – „allgemeine Reziprozität" (Pinker 1976: 343; 357). Diese Einsichten fasst der Evolutionsbiologe Franz M. Wuketits folgendermaßen zusammen: „Zuerst komme ich, dann kommen mein Bruder und meine Familie, dann unsere Sippe und danach erst unser Volk – und zusammen treten wir gegen den Rest der Welt an."[55]

---

53 Zur Aktivierung der vorderen Insula (AI) kommt im Lernfeld, das für Mitfühlen zuständig ist, vor allem noch der Anteriore Cinguläre Cortex (ACC) hinzu (ebda.).
54 Vgl. Bear/Connors/Paradiso 2009.
55 So Wuketits 2006 (u. a. gestützt auf: B. W. Ike, Man's Limited Sympathy as a Consequence of his Evolution in Small Kin Groops, in: V. Reynolds/V.S.E Falger/I. Vine (Hrsg.), The Sociobiology of Ethnocentrism. Evolutionary Dimensions of Xenophobia, Discrimination, Racism and Nationalism, The University of Georgia Press, Athins 1987: 216–234).

Der Unterschied in der neuronalen Verarbeitung von Impulsen, die von nahe- und fernstehenden Partnerinnen und Partnern der Interaktion kommen, wird insbesondere auch durch die Forschungen zum Entscheidungsverhalten bestätigt, das sich in Situationen moralischer Zwickmühlen beobachten lässt.[56] Dabei wird die Frage gestellt, ob das Leben eines einzelnen Menschen oder das Leben mehrerer Menschen mehr wert sei. Im sogenannten Trolley-Experiment muss entschieden werden, ob der einzelne Mensch getötet wird, indem die zur Entscheidung aufgeforderte Akteurin bzw. der Akteur eine Weiche so umstellt, dass der Einzelne getötet, mehrere Bahngleisarbeiter, auf die der Trolley zusteuert, jedoch gerettet werden. Beim sogenannten „Foot-bridge"-Experiment bleibt dagegen der „dicke Mann" unbeschädigt, wenn sich die zur Entscheidung aufgeforderte Akteurin bzw. der Akteur weigert, ihn eigenhändig auf das Bahngleis zu stoßen, um so einen mit mehreren Menschen besetzten Wagen aufzuhalten und damit deren Leben zu retten. Die im Experiment getroffenen Entscheidungen fallen so aus, dass im Falle von fernstehenden Menschen überwiegend nach utilitaristischen Prinzipien und damit zugunsten der „großen Zahl" entschieden wird. Geht es dagegen darum, das Leben eines nahestehenden Menschen („dicker Mann") gegenüber dem Leben fernstehender Menschen abzuwägen, so setzt sich das utilitaristische Prinzip (ein Einzelner gilt weniger als viele) überwiegend nicht durch. Dabei zeigt ein Blick auf die neuronalen Grundlagen der unterschiedlichen Antworten auf das Dilemma, dass sie von unterschiedlichen neuronalen Arealen getragen werden.

Die neuronalen Grundlagen der gedanklichen und der emotionalen Empathie entwickeln sich auf dem Wege vom Kindes- und Jugendalter zum Erwachsenenalter unterschiedlich. Besonders auffällig ist, dass die emotional-empathische Fähigkeit zuerst da ist und die gedankliche Empathie später dazukommt.[57] Zu dieser entwicklungspsychologischen Einordnung beider empathischer Fähigkeiten kommt dann die noch wichtigere Beobachtung, dass sich die beiden Fähigkeiten überschneiden (T. Singer 2006: 861f.). Im Verhältnis von emotionaler und gedanklicher Empathie kommt es in unterschiedlichen Konstellationen zu je besonderen Ausformungen eines Empathie-Mix. Überwiegt das Lernen in Nah-Kommunikation, so werden vor allem die Lernfelder aktiviert, die für emotionale Empathie zuständig sind. Überwiegt umgekehrt das Lernen in Fern-Kommunikation, so werden vorrangig die Lernfelder erregt, in denen gedankliche Empathie entsteht. Diese Beobachtungen zum Zusammenspiel zwischen gedanklichem und emotionalem Empathie-Lernen passen zur allgemeinen Einsicht, dass die speziellen

---

[56] Vgl. die Darstellung und Kommentierung experimenteller Bearbeitung von Dilemma-Situationen in Schleim/Walter 2008: 44–49.
[57] Vgl. dazu und zu den folgenden Hinweisen auf das Verhältnis zwischen beiden empathischen Fähigkeiten: T. Singer 2006/Schlusskapitel: „Mentalizing and empathizing not only separate but also intertwined" (861f.).

Netzwerke von Gehirnen – hier die Netzwerke der Empathie – in übergreifende Funktionszusammenhänge eingebaut sind.

1.6 Die Beteiligung des Körpers an allen Prozessen der neuronalen Reizverarbeitung

Auf Antonio Damasios Überwindung des Dualismus zwischen Körper und Geist ist einführend schon hingewiesen worden (EINFÜHRUNG, III.4.). Als Kernstück seiner Abkehr vom „Descartes'schen Irrtum" muss gewertet werden, dass der Körper sowohl in die übergreifenden als auch in die speziellen neuronalen Prozesse einbezogen ist. Schon früh in seinen Bemühungen um einen integrativen Ansatz[58] kommt dies in der These von den „somatischen Marken" zum Ausdruck (Damasio I, bes. III/237–240). Sie begleiten alles, was im Gehirn geschieht. Die neuronalen Areale, die für die Aufnahme der auf den Körper wirkenden Reize zuständig sind, schaffen je aktuale Körperzustände, indem sie die aus den Körperteilen kommenden Signale verarbeiten (Damasio II: 135).

Im Verlauf seiner Forschungen werden für Damasio die mit dem Körper verbundenen Emotionen als Bindeglied zwischen Körper und Geist immer wichtiger. Es geht vor allem um Angst, Wut, Trauer, Glück, Ekel und Überraschung, also um universale Emotionen, die automatisch ausgelöst werden.

Über eine nicht leicht nachzuvollziehende Unterscheidung zwischen Emotionen und Gefühlen versucht Damasio sein Konzept weiter zu differenzieren.[59] Danach haben Gefühle ihren eigenen Nährboden. Er befindet sich vor allem im Umkreis der Insula, einer unterhalb des Cortex liegenden Struktur. Über sie wird es möglich, dass die in der Amygdala produzierten Emotionsvarianten über Gefühle wahrgenommen werden können.

Man muss sich diesen komplexen Vorgang, am hier interessierenden Sterbethema illustriert, folgendermaßen vorstellen: Ein Mensch befindet sich in einer Sterbesituation. Aufgrund der allgemein menschlichen Überlebensneigung (vgl. EINFÜHRUNG, II.2.) und der medizinischen Fehlbarkeit ist unsicher, ob und wann er stirbt oder „dem Tod von der Schippe springt". In dieser Situation teilt eine ärztliche Autorität dem (potentiell) Sterbenden mit, wie es um ihn steht. In Fortsetzung früherer Zustände des Ausgeliefertseins, der speziellen körperlichen Beschwerden, der Trennung und der Angst werden dadurch Emotionen ausgelöst. Diese führen zu Veränderungen des körperlichen Zustands.

---

58 Damasio präsentiert diese Einsichten zuerst in: Damasio 2006/I und erweitert sie in: Damasio 2006/II und dann in: Damasio 2011.
59 Zentral ist der 5. Abschnitt (Emotionen und Gefühle) des II. Kapitels von: Damasio 2011: 121–142.

Die begleitende Gefühlsreaktion besteht zum einen in dem von den dafür zuständigen neuronalen Arealen gestützten Erleben der körperlichen Zustandsveränderung. Zum anderen besteht sie im gefühlten Erleben einer – von den dafür zuständigen Arealen getragenen – gedanklichen Aufnahme der von der ärztlichen Autorität kommenden Botschaft (vgl. bes. Damasio 2011: 129–138). Diese letzte beispielhafte Situationsbeschreibung leitet zu Bemühungen über, allgemeine Kenntnisse nachahmenden Lernens auf Sterbenlernen zu übertragen. Dabei ist schon klargelegt worden, dass aus neurobiologisch inspirierter Sicht nicht das Lernen von Sterbenden interessiert. Vielmehr geht es um das Lernen derjenigen, die auf unterschiedliche Weise an Sterbevorgängen teilnehmen. Im neuronalen Lernapparat kommt es zu Lernprozessen, in denen von außen kommende Reize durch kombiniert körperlich-emotional-gedankliche Reaktionen verarbeitet werden.[60]

2 Theorie und Empirie nachahmenden Sterbenlernens und seine neuronalen Grundlagen

Es ist schwierig, Sterbenlernende in den Scanner zu legen und dort zu testen. Daher muss zur überblicksartigen Erschließung des Mechanismus nachahmenden Sterbenlernens auf der allgemeinen Kenntnis von Prozessen nachahmenden Lernens aufgebaut werden. Diese wurden unter spezieller Berücksichtigung empathischer Fähigkeiten und ihrer neuronalen Fundierung dargestellt. Im ersten Schritt des hier gewählten Verfahrens kann von den allgemein erforschten Korrelationen zwischen empathischem Verhalten und neuronalen Aktivierungen ausgegangen werden. Der zweite Schritt besteht dann darin, aus den von Sterbenlernenden beobachteten, ihnen mitgeteilten oder von ihnen unbewusst aufgenommenen Sterbevorgängen, auf die sie empathisch reagieren, neuronale Aktivierungen abzuleiten, die den erforschten neuronalen Aktivierungen entsprechen. Die Plausibilität dieses analogisierenden Verfahrens ist einmal vom Grad der Verlässlichkeit der ermittelten Korrelationen abhängig.[61] Zum anderen kommt es darauf an, dass die Reaktionen, die Sterbenlernende zeigen, empirisch überzeugen.

---

60 Die auf jeder Lernstufe hirnintern aufgezeichneten Erinnerungen (=je vorläufige Lernergebnisse) sind in die Lernprozesse einbezogen. Die Entschiedenheit, mit der Antonio Damasio darauf hingearbeitet hat, die gängige Trennung zwischen Intellektualität/Rationalität und Affektivität/Emotionalität in Frage zu stellen, kann ihm als besonderes Verdienst zugeschrieben werden. Damasios neurobiologischer Ansatz steht im Einklang mit Spinozas „Conatus"- Kategorie, nach der „allen Menschen das Bestreben eigen ist, ihr Leben zu erhalten und ihr Wohl zu fördern …" (Damasio/II: 201).

61 Auf Unklarheiten und Unsicherheiten, die bei der Ermittlung verlässlicher sogenannter neuronaler Korrelate zu beachten sind, hat im Besonderen Schleim 2009: bes. 46–50 hingewiesen.

Zunächst werden die neuronalen Grundlagen der Faszination beschrieben, die vom Ausgeliefertsein der Sterbenden ausgeht (2.1). Gestützt auf die allgemeine Darstellung neuronal fundierten nachahmenden Lernens (KAP. 1, II.1.) wird dann in aller Kürze auf das Sterbenlernen von Körper-, Trennungs- und Angst-Zustände verwiesen (2.2). Schließlich werden schon angedeutete Überlegungen angefügt, in denen es um die Bedeutung geht, die „Bottom-up-" und „Top-down-Signalen" im Lernprozess zukommt (2.3).

2.1 Lernen vom faszinierenden Ausgeliefertsein der Sterbenden

Im Alltag kommt es nicht selten vor, dass uns etwas in besonderer Weise beindruckt. Wir zeigen uns fasziniert und beziehen uns auf Erlebnisse, die wir als globalen Eindruck und nicht in ihren einzelnen Merkmalen aufnehmen. In dieser Weise können Lernende von Sterbenden fasziniert sein. Sie werden von ihnen in ihrem Ausgeliefertsein gänzlich in Beschlag genommen. Ihr körperlicher Zustand, ihre Trennungs- und Angstprobleme gehen im Gesamteindruck auf.

In neurobiologischer Perspektive kommt es zu einer massiven Überflutung durch Reize, die vor allem von der Gestik der Sterbenden, ihrem Gesichtsausdruck und anderen Äußerungen des „behavioral mimicry" bestimmt wird. Bei genauerem Hinsehen und unter Berücksichtigung historisch überlieferter Beobachtungen, wie der Sterbevorgang global auf Nachlebende wirkt, hat dieser eine doppelte Faszinationskraft. Zum Ersten haben Sterbeeindrücke etwas unangenehm Bedrückendes: Sie beunruhigen, belasten und verstören (Fuchs 1969: 21). Als „mächtigster Erbfeind des Menschen", wie Edgar Morin formuliert, wirkt Sterben selbst dann noch gewaltsam und brutal, als „nackter Tod" (Simone Weil), wenn es zu erwarten war (Morin 1951: 299). Dem steht eine zweite Spielart faszinierenden Sterbens gegenüber, die etwas angenehm Belebendes, Aufrüttelndes und Elektrisierendes hat. In akrobatischen Vorführungen ohne Netz, in Flug-Darbietungen mit tollkühnen Wendemanövern und in Autorennen mit riskanten Überholvorgängen werden Hochstimmungen überwältigender Erregung erzeugt.

Die erste Spielart von Faszination passt sehr genau zu den neuronalen Grundlagen emotionaler Empathie. Ihr Extremfall lässt sich beobachten, wenn Kinder sterben und selbst „hartgesottenste" Profis der Bestattungsbranche einräumen, dass ihnen die Beerdigung von Kindern „an die Nieren geht". Kulturübergreifend lässt sich beobachten, dass Eltern durch das Sterben ihrer Kinder so stark erschüttert werden, dass sie lange Zeit und nicht selten ihr ganzes Leben lang „untröstlich" bleiben. Diese Extremreaktionen belegen auch die Bedeutung von Nah-Kommunikation bei starker emotionaler Empathie. Die zweite Spielart von Sterbefaszination wird hauptsächlich von neuronalen

Feldern gedanklicher Empathie getragen. Ihre Erregung wird beispielsweise über Kriegsberichte und Kriegsfilme vermittelt, in denen es um fernen Heldentod geht (KAP. 3, I.1.).

Durch das Ineinandergreifen spezialisierter neuronaler Netze (KAP. 1, II.1.3) kommt es dazu, dass auf der Verhaltensebene zu beobachtende, angenehm belebende Sterbefaszination plötzlich in unangenehm bedrückende Faszination umschlagen kann. Dies geschieht, wenn ein Akrobat abstürzt, ein Flugmanöver oder ein Überholvorgang im Rennauto misslingt und es zum (beinahe) tödlichen Unfall kommt.

2.2 Lernen von Körper-, Trennungs- und Angst-Zuständen der Sterbenden

Körperliche Beschwerden, die in das Ausgeliefertsein von Sterbenden eingeschlossenen sind, wurden am Beispiel der in der EINFÜHRUNG berichteten Sterbeschicksale beschrieben. Auch ist im vorausgehenden Abschnitt schon geklärt worden, auf welchen neuronalen Grundlagen die empathische Fähigkeit beruht, unter dem Eindruck körperlichen Leidens der Sterbenden zu lernen (KAP. 1, II.1.5).

Im Unterschied zu sichtbaren körperlichen Zuständen, die bewusstes Lernen ermöglichen, ist die bewusste Verarbeitung von *Trennungs-* ebenso wie von *Angst-Zuständen* der Sterbenden von untergeordneter Bedeutung. Daran haben sowohl die Sterbenden als Lernobjekte als auch die Sterbenlernenden Anteil.

Für die Sterbenden handelt es sich bei den trennungsbezogenen neuronalen Erregungsabläufen um Binnenvorgänge, die nur wenig nach außen durchschlagen. Heißt doch Sterben neurobiologisch, dass das neuronale Bindungssystem, soweit es entwickelt ist (ausführlich u. a. Roth 2011: 56ff.), zerstört wird.

Eine ebenso geringe Außenwirkung haben die schon beschriebenen neuronalen Kaskaden, die „hinter dem Rücken" der Sterbenden ablaufen und auch den Sterbenlernenden weitgehend verborgen bleiben. Das aber heißt, dass es für diese sowohl im Trennungs-Komplex als auch im Angst-Komplex kaum spezielle Anhaltspunkte für Lernerfahrungen gibt.

Wenn zudem das Bindungssystem der Sterbenlernenden nur unvollkommen ausgereift ist, so können diese schon deshalb keine tiefgehenden, trennungsbezogenen Lernerfahrungen machen. Denn ein entwickeltes Bindungssystem bildet die Voraussetzung dafür, dass Sterbenlernende die Auseinandersetzung der Sterbenden mit Trennungsproblemen empathisch erschließen können.[62]

---

62 Die Bedeutung eines entwickelten Bindungssystems für die Entwicklung von Individuen – und damit auch für ihre Lernfähigkeit – wurde zum ersten Mal in den 1940er Jahren von dem Psychoanalytiker René Spitz belegt. Er verglich die Entwicklung von Kindern, die im Findlingsheim schlecht betreut waren, mit Kindern, die in einer Gefängniskrippe aufwuchsen, dort jedoch mit der täglichen Zuwendung ihrer Mütter rechnen

2.3 Sterbenlernen zwischen „Bottom-up-" und „Top-down-Signalen"

Empathische Reaktionen auf das Sterben von Kindern, wie sie geschildert wurden, müssen in den Zusammenhang der bislang nur pauschal bearbeiteten Probleme neuronaler Steuerung gebracht werden. Bis zu welchem Grade ist sie wirksam?

Wichtige Anregungen zur Beantwortung dieser Frage lassen sich neurobiologischen Untersuchungen entnehmen, die sich als Bewusstseinsforschung verstehen und sich vorwiegend auf die neuronale Verarbeitung visueller Reize konzentrieren. Zu den wichtigsten Ergebnissen dieser Forschung gehören Einsichten in Prozesse selektiver Wahrnehmung:[63] Von den für visuelle Reize zuständigen Arealen des Gehirns werden vorrangig solche Objekte ausgewählt, die – verglichen mit anderen Objekten – besonders auffällig, aufdringlich und „aufreizend" sind. Dank dieser Erregungspotenz, ihrer Salienz,[64] sind die von solchen Objekten ausgehenden Reize nur schwer abweisbar. Sie fordern die zuständigen Areale heraus, drängen ihnen ihre Verarbeitung auf und kommen so fast selbstverständlich „nach oben". Die von ihnen ausgelösten Signale werden deshalb „Bottom-up-Signale" genannt. Entweder ist ihr „Aufstieg" völlig unaufhaltsam[65] oder aber – und hier kommt ein zweiter Typ von Signalen ins Spiel – werden die „Bottom-up-Signale" durch „Top-down-Signale" zurückgedrängt. Diese haben ihre neuronale Basis vor allem im Stirnhirn. Durch sie werden bestimmte Objekte sowie Eigenschaften solcher Objekte gezielt ausgewählt. Wie stark sich „Top-down-Signale" im Wettbewerb mit automatisch ausgelösten „Bottom-up-Signalen" durchsetzen können, bleibt indessen unsicher.

In Teilbereichen der Erforschung sozialer Kommunikation gibt es Illustrationen für erfolgreiche „Top-down"-Gegensteuerung. Beispielsweise zeigt sich in Experimenten der Verhaltensökonomie das Folgende: Zieht sich ein Spieler durch unkooperative Entscheidungen den Ärger seiner Mitspieler zu, so sind diese gleichwohl in der Lage, dieses Verhalten zu vergessen und verlorenes Vertrauen durch Kontrolle „von oben" wiederherzustellen (Frith/Frith 2006:

---

konnten. In dieser Vergleichsstudie zeigte sich, wie auch in späteren Untersuchungen ähnlicher Anlage, dass es von der Konstellation günstiger oder ungünstiger Sozialkontakte abhängt, ob und bis zu welchem Grade die für soziale Kommunikation zuständigen Gehirnareale – lernfeldübergreifend – entwickelt sind. Vgl. dazu die Zusammenfassung und Kommentierung der Ergebnisse bei: Kandel u. a. (Hrsg.) 2000: 1128. Dieser Befund wird durch schon skizzierte Erkenntnisse der Evolutionsbiologie unterstützt (KAP. 1, II.1.5). Danach wirkt das Erbe einer in Kleingruppen organisierten Lebensweise fort. Umso einschneidender sind die Auswirkungen, wenn die neurobiologisch abgestützten sozialen Bindungen nicht aufgebaut oder zerstört werden.

63 Vgl. zur zusammenfassenden Kennzeichnung einer konkurrierenden „Bottom-up"-Form und einer „Top-down"-Form von Aufmerksamkeit als „Zwei-Komponenten-Schema der Aufmerksamkeit" Koch 2005: bes. 174–177.
64 Bei einer transitiven Verwendung des lateinischen Verbs salire (=hüpfen/tanzen) zielt der Begriff auf Objekte und Objekt-Merkmale, durch die für ihre Verarbeitung zuständige synaptische Arrangements „zum Tanzen gebracht" werden.
65 Für Lhermitte et alii liegt hier ein „environmental dependency syndrome" vor (zit. nach: Meltzoff/Decety 2003: 118).

39). Entsprechend wird durch Experimente zur Erschließung rassistischer Vorurteile belegt, dass die automatische Ablehnung von Menschen durch Kontrollprozesse „von oben her" moduliert und modifiziert werden kann (Frith/ Frith 2006: 43).

Versucht man solche Beobachtungen auf den Bereich des Sterbenlernens zu übertragen, verweisen die schon geschilderten Reaktionen auf das Sterben von Kindern auf eine dominierend emotional-empathische Auffangstruktur der aktivierten neuronalen Lernfelder. In diesem spektakulären Beispielsbereich fehlt es demnach an der Durchsetzungskraft von „Top-down"-Signalen, die gegen übermächtige „Bottom-up"-Signale kaum wirksam werden können.

Demgegenüber zeigen die „Realexperimente", bei denen Bundeskanzler Helmut Schmidt, der im „heißen Herbst 1977" mit dem (Beinahe-)Sterben von Geiseln konfrontiert war, dass „Top-down- Kontrolle" auch in diesem Bereich erfolgreich sein kann (vgl. KAP. 4, II.3.). Indem Schmidt terroristischer Erpressung nicht nachgibt und das Sterben sowohl Hanns Martin Schleyers als auch der Insassen einer entführten Lufthansamaschine riskiert, fügt er seiner überwiegend gedanklich-empathischen Reaktion auf die Gefährdung der Geiseln das Bemühen hinzu, die durch ihre körperlichen Beschwerden und ihre Angst bei ihm ausgelösten „Bottom-up-Signale" „von oben" zu dämpfen. Schmidt tut genau das, was die Probandinnen und Probanden in Experimenten zur Erforschung empathischer Reaktionen auf gepeinigte Kranke tun[66]: Gestützt auf ihr Stirnhirn, unterziehen sie das ihnen vorgeführte Leiden dieser Kranken einer mehrfachen Neubewertung. Auf diese Weise deregulieren sie ihre innere Erregung, vergleichbar mit Müttern, die Sorgen um ihr heftig schreiendes Kind „top-down" mäßigen, um diesem unaufgeregt helfen zu können. Wie wirksam die „Top-down-Kontrolle" ist, hängt einerseits vom Grad der Aufdringlichkeit (Salienz) von Außenreizen und von der Intensität durch sie ausgelöster „Bottom-up-Signale" ab. Andererseits kommt es aber auch auf die Entschlossenheit an, mit der die Akteurinnen und Akteure ihre vor allem im Stirnhirn angelegten Möglichkeiten nutzen.

Über diese allgemeine Einschätzung von „Top-down-Kontrolle" hinaus muss für gegenwärtiges Sterbenlernen dessen besondere Abhängigkeit von globalen Sterbe-Netzwerken berücksichtigt werden. In diesen baut sich – wie Kap. 3 zeigt – heroisierende Beschwichtigung auf, die sich in „medialer Naturwüchsigkeit" verselbständigt. Aus den globalen Netzwerken kommende Impulse heroisierender Beschwichtigung lösen auf neuronaler Ebene „Bottom-up-Signale" aus, die „top-down" schwer kontrollierbar sind. Insoweit formt sich im

---

66 Von diesen Experimenten berichten Decety/Batson 2009: 120f. Die im Stirnhirn angelegte „Top-down"-Kontrolle stützt sich vor allem auf den Orbitary Frontal Cortex /OFC (vgl. ebda.).

synaptischen Repertoire der zuständigen Areale ein Kräfteverhältnis aus, das zu Lasten der Durchschlagskraft von „Top-down-Kontrolle" geht.
   Mit Bezug zu den „Realexperimenten" im „heißen Herbst 1977" darf festgehalten werden, dass die bei der Zurückweisung der terroristischen Erpressung demonstrierte Stärke des Staates auch deshalb möglich war, weil Schmidt, eingebettet in globale Sterbe-Netzwerke heroisierender Beschwichtigung, sowohl der Geisel Schleyer und den Geiseln der Lufthansamaschine als auch dem Krisenstab und allen, die das Geiseldrama miterlebten, Sterbeheroismus zumuten konnte.

III Wie individuelles Sterben medial und neuro-medial verschränkt ist

Im Folgenden wird mit Bezug auf unbefriedigende Versuche (Foucault, Habermas), aus der Analyse medialer Netzwerke individuelles Handeln – und das heißt auch individuelles Sterben – abzuleiten (1.), der analytische Fortschritt eines zugleich mediologisch und neurobiologisch inspirierten Zugriffs verdeutlicht. Der Ansatz kommunikativen Sterbenlernens wird zusammenfassend sowohl von analytischen Perspektiven in der Tradition Martin Heideggers als auch von etablierten hermeneutischen Betrachtungsweisen abgesetzt (2.).

1 Zur unzulänglichen Metaphorik der Verschränkung von medialen (Sterbe-) Netzwerken und individuellem Handeln (Sterben)

Transformationsprobleme, wie sie hier aufgeworfen werden, gehören in eine lange Tradition variantenreicher Beschäftigung mit dem Subjekt-Objekt-Verhältnis. Auf hoher Abstraktionsstufe wird es in Hegels Dialektik bearbeitet und geht in Abgrenzung von Hegel in die marxistisch inspirierte Gesellschaftsanalyse ein (Bloch 1971: 408ff.). Auch Michel Foucault, dessen mediale Netzwerkanalyse hier aufgenommen wird, steht in dieser Tradition. Ebenso wie sein Mitstreiter und Interpret Gilles Deleuze (Deleuze 1992) arbeitet er sich einerseits an Nietzsches Hegel-Kritik ab. Andererseits versucht er sich von strukturalistischen Positionen (Lévi-Strauss/Lacan) abzusetzen.und kritisiert speziell an Derrida, dass dieser die „Modi der Implikation des Subjekts in die Diskurse" nicht analysiert habe.[67] Indessen können auch Foucaults eigene Versuche, dieses Implikationsproblem zu lösen,

---

67 Diese in einem Artikel für die Zeitschrift Paideia formulierte Kritik wird zit. nach Eribon 1991: 192.

keinesfalls überzeugen. Der „Empiriker" Foucault kommt nicht über eine schon lange etablierte Metaphorik hinaus, nach der die „Subjektivierung" von Körpern, über Diskurse vermittelt, „maschinenartig" erfolgt. Wie die Diskurs-Maschinen Gefängnis, Schule, militärischer Apparat etc. auf die individuelle „Seele" („âme") disziplinierend einwirken, wird mit Hilfe dieser Metapher nur schwer nachvollziehbar.[68]

In seiner zusammenfassenden Interpretation von Foucaults Diskurs-Ansatz bearbeitet Deleuze das Problem der Implikation von Subjekten mit Hilfe topographischer Metaphorik. Die Gesellschaft wird metaphorisch als Ergebnis immer wieder neuer Ablagerungen konzipiert, die übereinanderliegende Schichten bilden. Subjektivierung besteht darin, dass von äußeren Netzwerken ausgehende Impulse als „Faltungen" verstanden werden, die in diese Schichtungen eindringen.[69] Auch diese Metaphorik hat es schwer, die Verschränkung zwischen Objekt und Subjekt einsichtig zu machen.

Nicht befriedigender ist Jürgen Habermas' Bemühen, mediale Netzwerke, die er als Arena „deliberativer Demokratie" versteht, mit dem Entscheidungshandeln zuständiger politischer Institutionen (Parlament/Regierung) und der sie tragenden Individuen zu verbinden (Habermas/Faktizität 1992: 349ff.). Wie Foucault begibt sich Habermas auf das Gebiet der Mechanik und versucht es mit einem „Schleusenkonzept" (Habermas/Faktizität: 398). Der Gedanke, dass sich aus medialen Netzwerken stammende politikinhaltliche Vorstellungen in das Handeln von Akteuren „einschleusen" lassen, hat jedoch nicht genug Empirie-Nähe, um eine Subjekt-Objekt-Verschränkung aufzeigen zu können.

Aus solchen metaphorischen Verlegenheiten kann die Neurobiologie heraushelfen. Sie erlaubt es, das Subjekt-Objekt-Verhältnis als Lernzusammenhang zu verstehen, in dem aus medialen Netzwerken kommende Impulse neuronal-synaptisch verarbeitet werden. Dieser neurobiologische Mechanismus des Lernens gilt speziell für den Vorgang des Sterbenlernens: Wer das Sterben Anderer erlebt und in mediale Netzwerke der Beschwichtigung von Sterbevorgängen einbezogen ist, nimmt neuronal-synaptisch lernend an diesen teil. Indem die Mediologie des Sterbens und seiner Beschwichtigung mit der Neurobiologie des Sterbenlernens verbunden wird, geht es um die Einlösung der unter anderem von Antonio R. Damasio aufgestellten Forderung, „das Geflecht sozialer und kultureller Phänomene mit bestimmten Merkmalen der Neurobiologie in Zusammenhang zu bringen" (Damasio 2006/I: VI).[70]

---

[68] Vgl. besonders den Abschnitt III.1 „Die gelehrigen Körper", in Foucault 1977: 173ff. (zuvor schon: 162).
[69] Vgl. Deleuze 1992: bes. 164ff. – Deleuze versucht diese Konstellation mit Hilfe eines handgezeichneten Diagramms zu illustrieren (Deleuze 1992: 169).
[70] Diese Forderung hat Antonio R. Damasio, einer der einfallsreichsten und erfolgreichsten Neurobiologen, immer wieder aufgestellt.

2 Der Ansatz kommunikativen Sterbens

Ein Zugriff, der Individuen in empirisch-neurobiologisch fassbaren Imitationsbeziehungen erkennt, lässt sich nicht mit Martin Heideggers Fundamentalontologie vereinbaren. Sie weist jegliche Abhängigkeit von „Öffentlichkeit", speziell von „demokratischer Öffentlichkeit" (Safranski 1998: 194) und damit auch die Abhängigkeit von Mitmenschen, die in Nah- oder Fern-Kommunikation präsent sind, zurück. Der Heidegger'schen Betrachtungsweise liegt eine neurobiologisch unhaltbare Ethik der Eigentlichkeit zugrunde, in der „Entschlossenheit zu sich selbst" gefordert wird und in der Heidegger – in der Auslegung einschlägiger Passagen von „Sein und Zeit" durch Safranski – „das Dasein zu seinem unvertretbaren und das heißt individuellen Seinkönnen ermuntert" (Safranski 1998: 193). Auf das Sterben übertragen bedeutet „Entschlossenheit zu sich selbst" das Folgende: Menschen, die sich nach Heidegger ihr ganzes Leben lang, also schon vor der Sterbesituation, auf ihr Ableben einzustellen und den Tod als „Seinsmöglichkeit" anzunehmen haben, „die je das Dasein selbst zu übernehmen hat", meiden jeden Verkehr mit anderen Menschen. Sie befinden sich durch ein solches „Seinlassen" der Anderen in einem Zustand der „Gelassenheit" – ein Begriff aus dem Alterswerk Heideggers –, den er in „Sein und Zeit" in einer sehr eigenwilligen Umschreibung des Freiheitsgedankens als „Freiheit zum Tode" versteht.[71]

Solchen Vorstellungen steht eine Neurobiologie entgegen, die drei Entdeckungen gemacht hat, die im II. Abschnitt dieses Kapitels schon überblicksartig dargestellt wurden: Zum Ersten sind Gehirne Organe der Lernkommunikation, die in speziellen neuronalen Arealen, die hier Lernfelder genannt werden, abgestützt sind. Diese Lernkommunikation besteht zum Zweiten aus einem Mechanismus der Imitation, der die gegenseitige Empathie der Lernenden einschließt. Zum Dritten erfolgt nachahmendes Lernen in Nah- oder Fern-Kommunikation, für die innerhalb spezieller Bezüge der Kommunikation, beispielsweise im hier besonders interessierenden Komplex der körperlichen Beschwerden, je gesonderte neuronale Zuständigkeiten bestehen.

Solche neurobiologischen Einsichten richten sich nicht nur gegen Heidegger und alle Betrachtungsweisen des Sterbens, die seinem Einfluss unterliegen. Dieselbe Neurobiologie erhellt auch die Unzulänglichkeiten des etablierten hermeneutischen Ansatzes der Sterbeanalyse, der in der EINFÜHRUNG beschrieben und illustriert wurde. Ihn kennzeichnet, dass Menschen, die einzelne Sterbeschicksale beobachten, einen Standort beziehen, von dem aus sie einerseits alles registrieren, was ihnen an einzelnen Sterbeschicksalen auffällt.

---

71 Heideggers „Sein und Zeit" wird hier referiert und zitiert nach Kelleter 1997: 70f. (Kelleter stützt sich u. a. auf die präzise Heidegger-Interpretation von Sternberger 1981.)

Andererseits wird zur Kenntnis genommen, was Andere, die solche Sterbeschicksale aus der Nähe oder der Ferne verfolgen, als wissenswert berichten. Konzentriert sind diese Beobachtungen auf die körperliche Gestik, Mimik und auf sprachliche Äußerungen von Sterbenden. Zugleich geht es um den ausdrücklichen oder auch nur stillschweigenden Versuch, sich vorzustellen, was Sterbende, gestützt auf das, was von außen wahrgenommen werden kann, in ihrem Inneren erleben. Zu diesem Ansatz gehört auch, dass aus der Sterbebeobachtung Vorschläge abgeleitet werden, die der Entwicklung und Weiterentwicklung einer „ars moriendi" dienen sollen. Auf eine solche „Sterbekunst" arbeitet die hermeneutisch orientierte Forschung hin, für die der Sterbeforscher Paul Ludwig Landsberg ein besonders bewegendes Beispiel liefert. Er vollzieht das Sterbeerlebnis nach, das der Kirchenlehrer Augustinus hatte, als sein Freund starb. Berichtet wird eine tiefe Erschütterung, die Augustinus dazu gebracht habe, sich selbst in Frage zu stellen („Cernum eram ipse mihi eram quaestio"; Landsberg 1937: 5ff.).

Dieser Zugriff, der auf antikem Denken aufbaut, wird auch in neueren philosophisch oder auch sozialwissenschaftlich angelegte Untersuchungen praktiziert, in denen es – beispielsweise bei Bernhard H. F. Taureck – darum geht, die aus der Geschichte bezogenen Erzählungen zum Sterbethema samt der in ihnen verwendeten Metaphern zu „modernisieren" (Taureck 2005: 11f.). Ausdrücklich oder nur stillschweigend wird auch für die Gegenwart eine „ars moriendi" eingefordert.[72] Die in die Tradition eingefügte Neuerung besteht lediglich darin, dass verstärkt die Verständigung mit anderen Beobachterinnen und Beobachtern gesucht wird, um das, was sich aus dem Sterben Anderer lernen lässt, auf eine möglichst breite Grundlage zu stellen.

Der hier vorgeschlagene Ansatz kommunikativen Sterbens schließt zwar individuell lernende Beobachtung ein. Er zielt jedoch über den individuellen Beobachtungsstandort hinaus. Berücksichtigt werden auch kommunikative Zusammenhänge lernender Interaktion, von denen die Lernenden wenig oder nichts wissen. Gefragt wird nach Sterbenlernen, das durch Nah- und Fern-Kommunikation mit Sterbenden, im Besonderen durch vielfältige Formen berichteten, dargestellten und interpretierten Sterbens bestimmt wird. Aus neurobiologischer Sicht ist die Unterscheidung zwischen Sterbenlernen in Nah- und Fern-Kommunikation erläutert worden (KAP. 1, II. 1.5.). Ihr entspricht der in mediologischer Sicht gekennzeichnete Unterschied zwischen Lernstoffen, die medial in lokaler und globaler Öffentlichkeit verbreitet werden.

Den Hinweisen auf das Sterben als Umsetzung lebenslanger Lernerfahrungen (EINFÜHRUNG, III. 2./3.) muss hinzugefügt werden, dass der

---

72 Indirekt tut dies Reimer Gronemeyer in: Gronemeyer 2007 (Die Forderung nach einer „Kunst des Sterbens" wird hier mit der Ablehnung eines rundum „verwalteten Abgangs" verbunden: 187ff.).

analytische Ertrag nur unter bestimmten Voraussetzungen gilt: Sind Sterbende sehr alt und sehr krank, so verbindet sich die Schrumpfung ihrer Lernerfahrungen mit stark reduzierten gedanklichen und emotionalen Ressourcen. Sie sind jedoch im Sterbeprozess notwendig, um die Ergebnisse lebenslangen Lernens zu mobilisieren. Auch ist ihre Umsetzung selbstverständlich nur bei länger dauernden Sterbe- und Abschiedsvorgängen möglich. Bei Menschen, die durch Unfall oder plötzlich auftretende Krankheit sterben, ist es wie eine Prüfung, bei der das Gelernte nicht abgefragt wird. Der Unterschied zum geplanten Lernen auf Prüfungen ist freilich, dass diejenigen, die Sterbeerfahrungen verarbeiten, zu großen Teilen nicht wissen, was sie lernen und wie sie lernen.[73]

Die Analyse des Sterbenlernens und Sterbens lässt sich weder in der Tradition hermeneutischer Beobachtung noch in der Sicht sozio-medialer Beschwichtigungs- und Lernstoffanalyse von persönlichen Voraussetzungen, Vorlieben und Vorurteilen ablösen.[74] Bis zu einem gewissen Grade gelten solche Abhängigkeiten auch für den neurobiologischen Untersuchungsansatz. Der Blick auf das Gehirn ist von persönlichem Interesse am Sterbethema bestimmt. Indessen befindet sich die Analyse des Sterbenlernens dort außerhalb solcher Abhängigkeiten, wo die vorliegenden Ergebnisse der Neurobiologie herangezogen werden können, um zu zeigen, wie das Medium Gehirn die von außen kommenden Lernstoffe nach Regeln der Biologie verarbeitet.

Der hier eingeführte Begriff des kommunikativen Sterbens verweist auf Jürgen Habermas' Kategorie kommunikativen Handelns[75] (auch: kommunikative Macht), die von ihm freilich nicht auf das Sterbethema angewandt wird. Mit Habermas lässt die unter systemtheoretischem Einfluss stehende kommunikative Perspektive die Beobachtung medial gestützter Lernkommunikation zu, die sich zumindest teilweise „hinter dem Rücken" der Akteure abspielt.[76] Über Habermas hinaus kann die Neurobiologie ins Spiel gebracht werden. Sie hat in Habermas' konzeptionellem Zugriff bislang keinen Platz. So unbefriedigend ihre Untersuchungsverfahren und so unvollständig ihre Erkenntnisse auch sein mögen, so unverzichtbar erweist sie sich für eine vollständige Erfassung von Lernvorgängen und speziell von Mechanismen des Sterbenlernens.

---

73 Sowohl in der geläufigen Sprache des Alltags als auch im etablierten Sprachgebrauch von Texten mit höheren analytischen Ansprüchen wäre hier von „unbewusstem Lernen" die Rede. Wenn ich mich hier und im Folgenden der geläufigen Entgegensetzung von „Bewusstheit" und „Unbewusstheit" zu entziehen suche, so geht es mir einerseits um eine Abkoppelung von einer langen Tradition ebenso komplizierter wie strittiger Begriffsklärungen, die für den hier gewählten Untersuchungsansatz nicht bedeutsam ist. Sterbenlernen und Sterben bezieht sich einerseits auf das, was benannt, bezeichnet und beschrieben werden kann und in diesem Sinne gewusst wird. Sterbenlernen und Sterben bezieht sich andererseits auf Vorgänge, von denen ich nichts oder wenig weiß, über die ich mir aber teilweise Wissen verschaffen kann.
74 Vgl. zur Charakterisierung dieser Schwierigkeit alltagsweltlicher Verengung des analytischen Horizonts – unter Bezugnahme auf Richard Rorty und Niklas Luhmann – Jäger, in: Frevert/Braungart 2004: 340f.
75 Ihre Grundlagen sind gelegt worden in: Habermas 1981.
76 Vgl. beispielsweise Habermas/Faktizität 1992: 383ff.

KAPITEL 2
Lernstoff des Sterbens in Geschichte und Gegenwart – Lokale Netzwerke überwiegend pazifizierender Beschwichtigung

Beim Einstieg in den lokalen Abschied (I.) kann an Darstellungen des „gezähmten Tods" angeknüpft werden. Philippe Ariès verweist auf „belebte Vermittler" von Homer bis Tolstoi (Ariès 1982: 42). Beispielhaft wiedergegeben wird zum einen die von Ariès formulierte Version einer alltäglichen Sterbesituation: das frühmittelalterliche Sterben eines Bauern. Zum andern wird für die Gegenwart, um die Kontinuität solch alltäglicher Konstellationen beispielhaft zu illustrieren, die Beschreiblung eines tödlichen Unfalls hinzugefügt (1.). Zu diesen Illustrationen pazifizierender Beschwichtigung gehören kursorisch wiedergegebene Berichte, die an ausgewählten geschichtlichen und aktuellen Materialien Abschiedszeremoniell belegen (2.). Dieses wird ebenso in die lokalen Sterbe-Netzwerke eingefügt wie ein – für das Mittelalter und in reduziertem Maße auch noch für die Gegenwart – aussagekräftiges Beispiel dafür, dass in pazifizierend beschwichtigender Absicht schon im Vorfeld des Abschieds materiell-monetäre Vorsorge getroffen wird (3.).

Zum lokalen Abschied gehören speziell zu berücksichtigende Abschiedsreden und Abschiedsanzeigen, illustriert an ausgewählten Materialien. Ihnen lassen sich Verlustanzeigen (4.), Beschwörungen erfüllten Lebens (5.) sowie Beschwichtigungen nach „christlichem Schema" und nach „säkularem Schema" (6./7.) entnehmen. Der Abschied von Hanns Martin Schleyer belegt, dass es innerhalb pazifizierender Beschwichtigung zur Heroisierung des Sterbens kommen kann (8.) Hinzugefügt werden durch das Internet eröffnete Möglichkeiten der Beschwichtigung lokaler Sterbeerfahrungen (9.).

Ein Moment pazifizierender Beschwichtigung, das den lokalen Abschied begleitet, lässt sich in unterschiedlichen Ausdrucksformen der

Selbstbeschwichtigung nachweisen (II.), wie sie einführend definiert wurde (EINFÜHRUNG, II.2.). Sie zeigt sich im Umgang mit Leichen, der besonders die amerikanische Bestattungskultur kennzeichnet (1.). Artikuliert wird die Selbstbeschwichtigung auch durch Künstlerinnen und Künstler, die vom Mittelalter bis zur Gegenwart in vielfältiger Ausführung Motive des Totentanzes bearbeiten (2.). In Film- und Fernsehproduktionen wird diese auf skurrile Kunstfiguren setzende Tradition fortgesetzt (3./4.).

Den Hintergrund der in die lokalen Netzwerke des Sterbens eingebrachten Pazifizierung liefert das theologische und philosophische Lernangebot der Vergangenheit. Es wird hier indessen nur berücksichtigt, soweit es Anknüpfungspunkte für die pazifizierende Beschwichtigung des Sterbens der Gegenwart liefert (III.).[77]

I Pazifizierende Beschwichtigung des Sterbens beim lokalen Abschied

1 Zwei lokale Sterbeszenen

Ein Bauer stirbt

Am Beispiel des Sterbens eines Bauern im frühen Mittelalter verdichtet Ariès die Tendenz pazifizierender Beschwichtigung in folgender Weise:

„Das ging in unserem abendländischen Kulturkreis ganz einfach vor sich. Zunächst war das Gefühl (eher als Ahnung) da, dass die Stunde gekommen war. ‚Ein reicher Bauer, der seinen Tod nahe fühlte …' […] Ein Gefühl, das niemals täuschte: Jeder war selbst als erster seines Todes sicher. Der erste Akt eines vertrauten Rituals. Den zweiten füllte die öffentliche Abschiedszeremonie, bei der der Sterbende den Vorsitz führte: ‚Ließ seine Kinder kommen und sprach zu ihnen ohne Zeugen …' oder, umgekehrt, vor Zeugen: Wesentlich war, dass er etwas sagte, sein Testament machte, die Schäden, die er angerichtet hatte, vergütete, um Verzeihung bat, seinen letzten Willen zum Ausdruck brachte und endlich Abschied nahm. ‚Er drückte allen die Hände, er stirbt.' Das ist alles. So ging das normalerweise vor sich" (zit. nach Borst 1980: 1082).[78]

---

77 Vgl. zur Begründung: EINFÜHRUNG, IV.1.
78 Literaturgeschichtlich lässt sich parallel auf einen Text des Schweizer „Volksdichters" Jeremias Gotthelf verweisen („Der Sonntag des Großvaters", im Erzählband: Die schwarze Spinne/1842), in der im Familienkreis „glücklich" ablaufendes Sterben erzählt wird:
„Der Großvater hatte langsam gesprochen, unterdessen war die Sonne vorwärtsgeschritten, nahte sich dem blauen Rande, wo sie verschwinden sollte für eine kleine Weile […] Der Großvater hatte sein Haupt ein wenig gesenkt; als die Sonne sank, hob er es wieder, sah auf zu Gläis und Kätheli, dann wieder hin zur Sonne, als ob er ihren Augen den Weg dorthin zeigen wolle. Dann senkte er sein Haupt wie vorhin zum Ruhen […]

Eine lokale Sterbesituation, die in die Neuzeit gehört und an der ganz andere Personen beteiligt sind, wird durch Herabspielen in einem Tagebucheintrag beschwichtigt, der sich auf die Reaktion von Menschen auf einem Schiff bezieht, als ein Matrose vom Schiffsmast fällt, dabei auf ein eisernes Treppengeländer prallt und sich offensichtlich tödlich verletzt.[79]

Ein tödlicher Unfall

Es wird ein tödlicher Unfall dargestellt, wie er – epochenübergreifend und bis heute – jederzeit passieren kann, wenngleich sich die Umstände und technischen Umfeldbedingungen ändern. Worin besteht die herabspielende Beschwichtigung von Sterben und Tod?

Der Unfallbericht beginnt mit einem Blick auf das Treppengeländer, auf das der Matrose stürzt: „Es war eine Eisentreppe und ein eisernes Geländer, stark, wie jedes Ding auf Schiffen ist. Und das linke Geländer war mit einem Mal so ganz nach unten durchgebogen, fast wie im Halbkreis. [...] Der Mund röchelte, und aus der Nase quoll das dicke Blut und aus der furchtbaren Wunde und aus den Ohren auch" (Figge 1986: 60).

Nach dem Bericht handeln die Verantwortlichen auf dem Schiff so, als sei der sterbende Matrose noch zu retten. Unter anderem legen sie ihm „eine Schicht von Watte weich auf die [eigentlich: diese] Stirn und versuchen sogar, eine Binde darumzuwickeln" (Figge 1986: 60). Der Einsatz von Materialien aus der „Medizinkiste" erlaubt es, darüber hinwegzuhören, dass der Matrose immer schwächer atmet und schließlich zu atmen aufhört. Zu diesem So-tun-als-ob passen auch Kommentare der Beteiligten, die der Lage des Sterbenden völlig unangemessen sind. Ganz am Anfang sagt der Kapitän: „Der Knochen scheint mir nicht gebrochen." Etwas später dann: „Das rettet ihn vielleicht, dass die Wunde blutet" (Figge 1986: 60).

Bezeichnend für das Herabspielen von Sterben und Tod ist auch das Verhalten der Schiffszimmerleute. Sie verfolgen die „Als-ob-Behandlung" des tödlich Verletzten mit gespannter Aufmerksamkeit und tun dabei so, als arbeiteten sie ungerührt weiter.[80] Das erinnert an aktuelle Unglücksfälle. Sie ziehen viele Schaulustige an, die aufmerksames Zusehen mit entschiedener Distanz und Untätigkeit verbinden (Schäfer/Knubben 1992: 71–73).

---

und als Käthcli hinstürzte, war auch sein Licht erloschen, sein Leben war verglommen" (zit. nach: Hart Nibbrig 1995: 94).

79 Ich beziehe mich hier auf die Verarbeitung eines aus dem Jahre 1930 stammenden Berichts – Autor ist der Reporter Heinrich Hauser – durch den Ethnomediziner Horst H. Figge, der ihn als ethnologische Quelle und als Beispiel für die säkularisierte Variante einer Sterbesituation benutzt. Ich übernehme hier Figges Version, ohne alle Interpretationen wiederzugeben, die ich oft nur teilweise nachvollziehen kann (Figge 1986: 59–66).

80 Figges Interpretation, nach der sich die genannten Zimmerleute in ihre Arbeit „flüchteten [...], um nicht hinsehen zu müssen" (66), trifft deren Verhalten nicht.

In einem weiteren Sinne können die Abläufe auf dem Schiff als Abschiedszeremoniell angesehen werden. Zu diesem gehört am Schluss das Einnähen der Leiche des Matrosen in ein Segeltuch (60) und dann am Tag nach dem Unfall eine Seebestattung: Begleitet von einer rhetorisch-religiösen Pflichtübung des Kapitäns wird die Leiche im Meer versenkt (61).

Die beispielhafte Verarbeitung eines tödlichen Unglücksfalls zeigt, dass sich der alltägliche Umgang mit Sterbesituationen kaum vom Abschiedszeremoniell unterscheiden lässt.[81] Gleichwohl verlangt es, in einem engeren Sinne verstanden, gesonderte Aufmerksamkeit.

2 Abschiedszeremoniell

An den beiden Beispielen ist deutlich geworden, dass Sterberituale, die zur kulturellen Überlieferung der Menschheit gehören, schon in der Sterbesituation beginnen und dann nach dem Eintreten des Todes weitergeführt werden. In der christlich-mittelalterlichen Tradition sind es Zeremonien des Abschieds, die von der Waschung und Aufbahrung des Leichnams (Aufbahrung erst im 19. Jahrhundert) über das öffentliche Geleit bis zur Grablegung und zu feierlichen Gottesdiensten reichen (Ariès 1982: 100ff.). Das Gedenken wird dann in variablen Abständen vom Todestag – vor allem in Totenmessen – wieder aufgenommen. Dabei folgt die aus der Geschichte in die Gegenwart hineinreichende Entwicklungslinie einem Trend zunehmender ritueller Verarmung und Verkürzung des Zeremoniells. Er wird beispielsweise in aktuellen städtischen Friedhofsordnungen erkennbar, nach denen Trauerfeiern und Bestattungen im „Viertelstundentakt" ablaufen müssen.[82] Das Ritual nähert sich auf diese Weise einem technischen Vorgang der „Verbringung" von Leichen und (Aschen-)Urnen. Es sind solche Entwicklungen der Gegenwart, die den in lokalen

---

81 Werden schwer erkrankte und schwer verletzte Menschen in die Klinik eingeliefert, so stehen hochkompetente Operations- und Überwachungsteams bereit, um Schlachten gegen den Tod zu schlagen. Unterstützt von hochentwickelter Medizintechnik gelingt es sehr oft, Leben zu retten. Wenn Krankheiten nicht geheilt werden können, so lässt sich Leben zumindest auf Zeit erhalten, so beschränkt und unsicher die der Krankheit abgerungene Zeitspanne auch sein mag. Und doch gibt es Situationen des modernen Klinikalltags, die der geschilderten Unfall-Episode auf dem Schiff sehr ähnlich sind: „Professionals" der Medizin bringen ihre Kompetenz zur Geltung und spielen auf der Klaviatur ihres technischen Instrumentariums, obwohl sie um die Vergeblichkeit dieses „So-tun-als-ob" wissen. An diesem Punkt treffen sie sich mit den „Amateurmedizinern" des Schiffs und handeln nach einem herabspielend pazifizierenden Prinzip, dessen „klinische Anwendung" der Sozialphilosoph Zygmunt Bauman folgendermaßen umschreibt:
„Solange man handelt, lässt sich die Verzweiflung in der Schwebe halten: solange man weiß, dass noch nicht alles verloren ist, dass ‚noch etwas getan werden kann' und solange dieses ‚etwas', das ‚sich tun lässt', noch nicht getan wurde, so dass man seine Hoffnung darein setzen und inbrünstig daran glauben kann" (Bauman 1994: 227).
82 Im regionalen Erfahrungsbereich des Autors gilt dies beispielsweise auf den Friedhöfen der Stadt Köln.

Netzwerken liegenden Stoff des Sterbenlernens – ungeachtet seines Inhalts – stark reduzieren.

Soweit Rituale nicht auf den bloßen Akt des „Aus-der-Welt-Schaffens" zusammenschrumpfen, ist im Abschiedszeremoniell, unabhängig von seiner Ausgestaltung im Einzelnen, der Wunsch institutionalisiert, das Sterben eines Menschen nach außen hin anzuzeigen. Wer am Zeremoniell teilnimmt, selbst diejenigen, die nur aus der Distanz zuschauen, sind in eine demonstrative Veröffentlichung des Lebensendes eines Menschen einbezogen. Die mit ihr verbundene Trauer äußert sich in der Gegenwart zumeist nicht in gestisch und mimisch unterlegten Schreien der Anklage und Verzweiflung. Es lassen sich eher gedämpfte Formen des Betens und Singens beobachten.

3 Materiell-monetäre Vorsorge in Erwartung des Abschieds

Es gibt große Unsicherheiten über den genauen Verlauf des „Weitergehens" nach dem Sterben. Ungewiss ist vor allem: Was geschieht unmittelbar danach, was bei der Auferstehung und beim jüngsten Gericht? Wie sieht das Wiedersehen aus? Für wen bedeutet Jenseits Hölle, für wen Paradies? Unter welchen Voraussetzungen ist mit einem „vorgeschalteten" Fegefeuer zu rechnen?

Solche und ähnliche Fragen[83] werden in Abschiedsreden und Abschiedsanzeigen, auf die im Folgenden eingegangen wird, in der Regel übergangen. Wie dringlich sie waren und auch noch sind, zeigt sich in Bemühungen, schon vor dem Abschied Vorkehrungen für die Zeit danach zu treffen. Die bekannteste Jenseits-Vorsorge war in der katholischen Kirche der Ablasshandel. Auf diese materiell-monetäre Form der Beschwichtigung kann hier nicht eingegangen werden. Sie wurde in der Reformation in Frage gestellt und lässt sich in ihrer fortgeltenden Bedeutung ebenso schwer abschätzen wie die Erwartung, dass Tote durch Gebete der Nachlebenden im Jenseits unterstützt werden. Zumindest sporadisch gilt diese immaterielle Jenseits-Vorsorge bis heute. Erhalten blieb offenbar eine Maxime der „Gebetshilfe auf Gegenseitigkeit", die beispielsweise in folgender Grabinschrift ausgedrückt wird: „Steh still o Wanderer, und bete für mich. Es kommt ein anderer und betet für Dich."[84]

Schon vor dem Abschied angestellte Kalküle der Beschwichtigung, die materiell-monetär ausgerichtet sind, finden sich im Mittelalter, punktuell in die Gegenwart hineinreichend, vor allem in Testamenten. In Verbindung mit

---

83 Es sind Fragen, in denen die Angst vor dem Sterben und speziell die angstbesetzte Unsicherheit über das zum Ausdruck kommt, was nach dem Tode geschieht (vgl. EINFÜHRUNG, II.2).
84 Wenngleich wohl eher sporadisch, gilt diese Maxime offenbar immer noch. (Zit. nach: Monika Ausel, Monumente des Todes – Dokumente des Lebens? Christliche Friedhofs- und Grabmalgestaltung heute, Altenberge 1988: 74.)

Anzeigen und Reden gehören diese zum Abschiedszeremoniell. Beispielhaft lässt sich auf die testamentarischen Verfügungen eines Göttinger Ratsherrn (Hans von Oldendorp) vom Ende des 15. Jahrhunderts verweisen (Boockmann 1983). Sie legen eine breite Palette von Zuwendungen (Legaten) fest. Das beginnt mit Sachwerten, die einer bestimmten Ortskirche zugewiesen werden, nebst einer speziellen finanziellen Zuwendung an dieselbe Kirche, der auf diese Weise das Totengedächtnis anvertraut wird (Boockmann 1983: 9f.). Daneben wird die eine Hälfte einer Korallenkette einer Marienstatue, die andere Hälfte einem Marienbild zugedacht, um so die Fürsprache der Mutter Gottes zu gewinnen (Boockmann 1983: 10f.). In der Hoffnung auf zusätzliche Unterstützung geht ein anderes Schmuckstück an einen „lieben heiligen Apostel" (Boockmann 1983: 19). Zur zusätzlichen Absicherung von Gedächtnismessen werden je spezielle Beträge an 13 Göttinger Kirchen in das Testament eingetragen (Boockmann 1983: 14f.). Hinzu kommen Beträge für Steinreliefs, die an verschiedenen Plätzen aufgestellt werden sollen (Boockmann 1983: 16f.). Speziell für Wallfahrer werden Mittel bereitgestellt, die sich in Vertretung des Ratsherrn auf jene Wallfahrten begeben sollen, die dieser zu Lebzeiten nicht mehr hatte durchführen können (Boockmann 1983: 18f.). Zusammenfassend geht es darum, durch vorsorgende Kalküle den Versuch zu machen, die im Jenseits befürchtete Verdammnis zumindest abzukürzen, sie womöglich zu vermeiden.

4 Verlustanzeigen

Auf die zum Abschiedszeremoniell gehörenden Abschiedsanzeigen und Abschiedsreden muss gesondert eingegangen werden. Erstere bringen in gedrängter Kürze zum Ausdruck, was Letztere ausführlicher formulieren. Ihre Inhalte sind daher austauschbar.[85]

Was Abschiedsanzeigen angeht, so können Familienanzeigen, die ihren Schwerpunkt in der Betonung persönlicher Charaktereigenschaften (Intimbilanzen) haben, von einem Anzeigentyp abgegrenzt werden, der hier Arbeitsbeziehungsanzeige genannt wird. Er hat sich in den letzten Jahrzehnten immer stärker verbreitet und quantitativ fast das Niveau von Familienanzeigen erreicht, die seit ungefähr 1800 etabliert sind. Bei den Arbeitsbeziehungsanzeigen handelt es sich um einen Texttyp, in dem sich Kolleginnen und Kollegen,

---

85 Die empirischen Belege stammen aus der vorliegenden Literatur und aus eigenen Recherchen: Die Ergebnisse fortlaufender Durchsicht der Todesanzeigen in Süddeutscher Zeitung und im Bonner Generalanzeiger (1990–1995) wurden verdichtet. Stichproben späterer Jahrgänge bestätigen eine Fortsetzung der ermittelten Trends.

Arbeitgeberinnen und Arbeitgeber von Menschen verabschieden, mit denen sie in einem gemeinsamen Berufsfeld zu tun hatten.

Sowohl historisch als auch gegenwärtig ist das Abschiedszeremoniell und sind speziell Abschiedsanzeigen und Abschiedsreden unterschiedlichen Typs durch das Motiv des Verlusts bestimmt. Erloschenes Leben wird mit Eindrücken aus der Zeit vor dem Sterben verglichen: Der tote Mitmensch war eben noch da. Man ist ihm begegnet, hat sich mit ihm noch unterhalten und ihn noch im Vollbesitz seiner Kräfte erlebt. Das Maß der artikulierten „Bestürzung", „Betroffenheit" und „Traurigkeit" entspricht der Fülle sowohl körperlicher als auch intellektueller „Lebendigkeit", die verloren gegangen ist. Es kommt zu betont drastischen Formulierungen des Einschnitts, die den Verlust markieren. Anzeigen, die ansonsten sehr unterschiedlich ausgestaltet sein können, stimmen in Wendungen überein, die den „plötzlich(en) und „unerwartet(en)", „unfassbar(en)" und „unbegreiflich(en)" Verlust eines Menschen beklagen (Baum 1980). So lautet etwa der Eingangssatz einer Arbeitsbeziehungsanzeige, der entsprechend auch in Familienanzeigen vorkommt: „Mit tiefer Erschütterung über seinen plötzlichen Tod bei einem tragischen Bergunglück nehmen wir Abschied von ...".[86]

5 Erfülltes Leben guter Menschen

Mit der Beschwörung des Verlusts ist die Beschwichtigung eng verbunden. Sie steht unter dem Leitgedanken, dass über diejenigen, die ein erfülltes Leben gehabt haben, nur Gutes gesagt werden darf („de mortuis nihil nisi bene"). Inhaltlich präzisiert wird erfülltes Leben durch vielfach variierte Intimbilanzen, die in beliebig herausgegriffenen Familienanzeigen greifbar sind. Es werden persönlich-charakterliche Merkmale herausgestellt, die Vorzüge eines „lieben Mannes, treusorgenden Vaters und Schwiegervaters, liebevollen Großvaters, Bruders, Schwagers und Onkels ...".[87] Heraushören lässt sich der Grundton: ‚Ist es denn so schlimm, wenn jemand stirbt, der ein guter Mensch war?'.

Auch das bloße Toten-Gedenken gehört zur pazifizierenden Beschwichtigung. Indem die Nachlebenden über Tote reden, ihren Tod auf verschiedene Weise anzeigen und veröffentlichen, demonstrieren sie, wofür in Anzeigen und Reden die Standard-Formel eingesetzt wird: „Wir werden euch (die ihr ein erfülltes Leben hattet) nicht vergessen." Dazu gehört die häufig zum Ausdruck

---

[86] Vgl. die Würdigung des VEBA-Vorsitzenden Klaus Piltz durch „Raab Karcher AG Aufsichtsrat, Vorstand, Betriebsräte und Mitarbeiter" (Süddeutsche Zeitung, 17./18.4.1993). Vgl. übereinstimmende Belege für Familienanzeigen bei Fuchs 1968: 91.
[87] So die beispielhafte Formulierung in einer Anzeige zum Tode des Journalisten Jürgen Lorenz (13. April 1929–17. Oktober 1992), in: Generalanzeiger, Bonn, 21.10.1992.

gebrachte Freude darüber, dass man mit denen, die gestorben sind, überhaupt zusammen sein durfte. Dieser Gedanke bestimmt auch schon die Grabrede des sowohl der abendländisch-christlichen Tradition als auch der Aufklärung verpflichteten (protestantischen) Theologen Friedrich Schleiermacher, der 1829 durch den Tod seines Sohnes Nathanael „in seinen Wurzeln erschüttert" wird.[88] Zusammen mit seiner Frau versucht er Trost daraus zu gewinnen, dass Gott ihren Sohn „wiewohl genommen, uns doch auch gelassen hat" (Schleiermacher 1829: 339). Die Kontinuität dieser Art der Beschwichtigung, die im Wachhalten der Erinnerung an Tote beruht, wird durch den Sinnspruch folgender Anzeige belegt: „Nicht trauern wollen wir, dass wir ihn verloren haben, sondern dankbar sein, dass wir ihn gehabt haben."[89] In ähnlichem Sinne heißt es in den Schlusssätzen der Arbeitsbeziehungsanzeige, die von der deutschen Nationalmannschaft im Herbst 2009 nach dem Tod ihres Torwarts, Robert Enke, in Form eines Abschiedsbriefs verfasst wurde: „Wir sind ein Team. Und Du wirst immer ein Teil dieses Teams bleiben."[90] Gemeint ist: „Wir halten die Erinnerung daran wach, dass Du in unserem Team gespielt hast."

6 Pazifizierende Beschwichtigung nach „christlichen Schema"

Vor allem in Abschiedsanzeigen sind Beschwichtigungen – auch noch in der Gegenwart – häufig in ein „christliches Schema"[91] eingebaut. Jenseitsbezüge werden in Bildern des „Gehens" und des „Heimgehens" von den Sterbenden selbst hergestellt. Sterbende werden aber auch von einer göttlichen Instanz „geholt", „abberufen" oder „weggenommen" (Fuchs 1968: 87–91; Dirschauer 1973: 174f.). Zum Beispiel „ging Edmund Josefiak (5. November 1927–18. Oktober 1992) ganz friedlich auf seine letzte Reise" (Generalanzeiger, Bonn, 21.10.1992). Demgegenüber wird zum Sterben der am 8. Oktober 1992 gestorbenen Elvira Christine Esch vermerkt: „Durch den unerforschlichen Ratschluss Gottes wurde unsere geliebte Elfi aus einem erfüllten Leben [...] heimgeholt in sein unendliches Reich" (Generalanzeiger, Bonn, 17./18. Okt. 1992). Nach einem Sinnspruch des Kirchenlehrers Augustinus (4. Jahrhundert n.Chr.), der auch gegenwärtige Todesanzeigen noch einleitet, wird den ins Jenseits eingehenden Toten die Auferstehung versprochen, das Wiedersehen mit den Lebendigen angekündigt und deren Gedenken zugesichert.[92] Solche Beschwörungen eines

---

88 Rede an Nathanaels Grabe, den 1. November 1829, abgedr. in: Schleiermacher 1969: 337.
89 Die Anzeige bezieht sich auf Paul Becker (14.1.1926–1.6.1995).
90 Der Brief ist u. a. abgedr. in: Generalanzeiger, Bonn, 19.11.2009.
91 Die Unterscheidung zwischen „christlichem Schema" und „säkularem Schema" trifft Ariès 1982: 167.
92 Der gesamte Sinnspruch des Augustinus, der die Todesanzeige von Dr. med. Berthold Hartmann einleitet (20.12.1919–28.11.2009), lautet: „Auferstehung ist unser Glaube, Wiedersehen unsere Hoffnung, Gedenken unsere Liebe" (Generalanzeiger, Bonn, 2.12.2009).

„Fortlebens" im Jenseits, durch neutestamentliche Texte abgestützt, werden oft – auch noch in der Gegenwart – mit großem Pathos vorgetragen. Dafür steht etwa eine katholische Grundsatzpredigt aus dem Jahr 1792.[93] Am Anfang der Predigt wird mit großer Genauigkeit der Verlust körperlicher Funktionen umschrieben: „[...] Auge [...], [...] Hand [...] liegt kalt wie Stein [...], [...] Zunge [...], [...] Ohr, [...] Geruch, und der Geschmack der Menschen unbrauchbare Werkzeuge [...] für die Sterbenden [...]" (443f.). Im Brustton unumstößlicher Heilsgewissheit wird verkündet, dass das Sterben „nach der Lehre unseres Herrn schrecklich für die Gottlosen, freudvoll für die geprüften Frommen" sei (449). Herauszuhören ist der im „christlichen Schema" bestimmende Grundton: „Ist es denn so schlimm, wenn ein Mensch stirbt, wo es doch danach weitergeht?"

7 Pazifizierende Beschwichtigung nach „säkularem Schema"

Der Geschichtswissenschaft fällt es schwer, den Zeitraum zu bestimmen, in dem zum „christlichen Schema" der Beschwichtigung ein „säkulares Schema" hinzukommt. Nachweisen lässt es sich für die Zeit des Übergangs vom Spätmittelalter zur Renaissance (14./15. Jahrhundert; Ariès 1982: 167ff.). Worauf der Umbruch zurückzuführen ist, illustriert die Grabrede des „Aufklärers" Schleiermacher, aus der schon zitiert wurde.

Er betont, dass ihn die Hoffnung auf ein Wiedersehen seines Sohnes im Jenseits nicht trösten könne. Er hat Schwierigkeiten mit der „Fülle reizender Bilder", in denen viele „sich die fortbestehende Gemeinschaft der Vorangegangenen und der Zurückgebliebenen darstellen". Ihm widerstrebt die Vorstellung, dass je mehr diese Bilder „die Seele erfüllen, um desto mehr [müssten] alle Schmerzen über den Tod gestillt werden" (Schleiermacher 1829: 339). Stattdessen konzentriert er sich – wie schon gezeigt – auf das Toten-Gedenken. Er möchte, dass sein Sohn „in unauslöschlichen Erinnerungen ein theures und unvergängliches Eigenthum" bleibt (340). Jedoch verbindet er dieses Gedenken mit Verpflichtungen der Nachlebenden. Diese sollen in der Erinnerung an Nathanaels Tod „einander als Solche lieben, die bald voneinander können getrennt werden!" (340f.). Hier deutet sich eine vom Theologen Schleiermacher noch als „christliche Mahnung" verstandene Instrumentalisierung des Sterbens an. Diese besteht in säkularer Form darin, dass die im Gedenken festgehaltenen Merkmale der Toten – bei Erwachsenen im Besonderen deren berufliche Leistungen – im Leben der Nachlebenden fortgesetzt werden sollen.

---

93 Abgedr. in: Predigten an einigen Sonntagen, Festtagen, und bey verschiedenen anderen Anlässen, gehalten von J. M. Sailer, Neueste Sammlung, München 1792: 441–454.

Worin die Erweiterung der fortbestehenden Beschwichtigung des Sterbens nach „christlichem Schema" durch eine instrumentalisierende Beschwichtigung nach „säkularem Schema" besteht, lässt sich besonders eindrucksvoll im Umkreis des Trauerns um Kinder und Jugendliche beobachten. Noch in Leichenpredigten des 16./17. Jahrhunderts stand, soweit sie sich auf Kinder bezogen, fest, dass diesen ein fester Platz im Jenseits reserviert war (Lenz 1984: 102–106). Dies galt speziell für Mädchen, die sich als „Bräute des Gottessohnes" eines Weiterlebens im Jenseits sicher sein konnten. Für Jungen gab es parallel dazu eine „karrieristische Metaphorik" (der Verf.), in der beispielsweise von einem 15-jährigen Jungen, der 1666 starb, gesagt wurde, er habe „unsere irdische Academia, da er jüngst mit höchstem Ruhm Baccalaureus worden, gesegnet und verlassen". Er sei jetzt „in der himmlischen Academia und hohen Engelsschule ohne Mühe und Unruhe unter die Doctores der allerhöchsten Fakultät promoviret und befördert worden" (zit. nach: Lenz 1984: 105).

Davon hebt sich nach „säkularem Schema" diesseitiger Karrierismus ab, in dem Leben sich vor allem durch (berufliche) Leistung erfüllt, ohne dass Bezüge zum Jenseits hergestellt werden. Diese Entwicklung lässt sich etwa durch einen Nachruf belegen, den die „Konabiturienten, das Lehrerkollegium und die Elternschaft des Kardinal-Frings-Gymnasiums Bonn-Beuel" einem Abiturienten nachschicken. Von Jens Olaf Becker, der im Juni 1993 an Krebs starb, wird im Nachruf Folgendes berichtet: „Im Wissen um seine heimtückische Krankheit hat er tapfer und in bewundernswertem Einsatz die neunjährige Gymnasialzeit erfolgreich abgeschlossen. An der Abiturfeier teilzunehmen, war ihm nicht mehr vergönnt. Voller Anerkennung und freundschaftlicher Verbundenheit gedenken wir seiner" (Generalanzeiger, Bonn, 18.6.1993).

Diese Präsentation eines sich im Diesseits erfüllenden Lebens ist besonders bemerkenswert, weil sie aus einem schulischen Milieu stammt, das stark katholisch-kirchlich geprägt ist. Das diesseitsbezogene Gedenken ist auf schulischen Erfolg bezogen, der die berufliche Karriere vorbereitet. Es werden keine Bezüge zu persönlichen Eigenschaften hergestellt. Umso deutlicher ist, dass die im allgemeinen Gedenken an den Mitschüler dominierende schulische Leistungsbilanz mit dem stillschweigenden Auftrag an die zurückbleibenden „Konabiturienten" verbunden ist, sich in ihrer weiteren Ausbildung und dann im Beruf durch Beckers Beispiel anspornen zu lassen.

Eine besondere Aufmerksamkeit für berufliche Leistungsbilanzen und ihre beschwichtigende Instrumentalisierung ist für Arbeitsbeziehungstexte kennzeichnend. Derselben Elvira Christine Esch, der von ihren Eltern eine schon erwähnte Familienanzeige mit Jenseitsbezug und Intimbilanz gewidmet wird, schicken Arbeitgeber sowie Kolleginnen und Kollegen einen Abschiedstext nach, der für viele Texte dieses Typs stehen kann. Neben dem Fehlen eines Jenseitsbezugs ist einerseits auffällig, dass die Erfülltheit des Lebens durch

Zusammenfassungen beruflicher Leistungen belegt wird, die häufig im Stil von Arbeitszeugnissen formuliert werden. Andererseits können, der beruflichen Leistungsbilanz deutlich untergeordnet, Elemente einer Intimbilanz hinzukommen, auf die in Texten dieses Typs aber häufig auch verzichtet wird.[94] In Erinnerung an Elvira Christine Esch wird formuliert: „Nach 17jähriger Zugehörigkeit zu unserem Betrieb verlieren wir eine Mitarbeiterin und Kollegin, deren Tätigkeit von außerordentlichem Pflichtbewusstsein, großer Zuverlässigkeit und vertrauensvoller Kollegialität geprägt war [berufliche Leistungsbilanz; der Verf.]. Ihr fröhliches und herzliches Wesen wird uns fehlen [menschliche Intimbilanz; der Verf.]" (Generalanzeiger, Bonn, 21.10.1992).

Großer Beliebtheit erfreut sich eine vielfach variierte „Lückenformel", die es – besonders in Grab- und Trauerreden – unnötig macht, die Verdienste im Einzelnen aufzuzählen. Wenn das Sterben eines Menschen eine „Lücke gerissen" (auch: „hinterlassen") hat, so war seine Arbeits- und Schaffenskraft so wichtig, dass sie an allen Ecken und Enden fehlt. Die Nachlebenden übernehmen dann stillschweigend die Aufgabe, dem kollegialen Vorbild zu folgen.[95]

Das säkulare Muster der Werkfortsetzung, zu der Abschiedsanzeigen und Abschiedsreden auffordern, enthält eine instrumentalisierende Botschaft, die auf Folgendes hinausläuft: „Kann es denn so schlimm sein, wenn ein Mensch stirbt, wo doch sein Lebenswerk von den Nachlebenden weitergeführt wird?" Darauf zielt auch die deutsche Nationalmannschaft im schon zitierten Abschiedsbrief vom Herbst 2009, als sie um ihren Torwart Robert Enke trauert und ihm das Versprechen gibt: „[…] wir werden alles dafür tun, in Deinem Sinn weiterzumachen, guten Fußball zu spielen, erfolgreich zu sein" (Generalanzeiger, Bonn, 19.11.2009).

Bei einer schnellen und oberflächlichen Betrachtung von Abschiedsanzeigen und Abschiedsreden zeigt sich der Unterschied zwischen „christlichen Schema" und „säkularem Schema" der Beschwichtigung vor allem am betont religiösen oder aber provozierend a-religiösen „Outfit" der Sinnsprüche, mit denen Anzeigen eingeleitet und die in Reden verarbeitet werden. Im Besonderen ist auch die Schmucklosigkeit und betonte Geschäftsmäßigkeit von Anzeigen nach „säkularem Schema" auffällig. Oft enthalten sie nur den Namen eines Toten, ergänzt durch Geburts- sowie Todesdatum und vielleicht noch den dürren Zusatz: „Wir nehmen Abschied von … "

---

94 Im Zusammenhang solcher leistungsbilanzorientierter Texte muss es als große Ausnahme gewertet werden, wenn die Mitarbeiterinnen und Mitarbeiter eines Unternehmens sich darauf beschränken, ihren plötzlich gestorbenen Chef als „Chef zum Anfassen" zu würdigen und von ihm sagen: „Ob Mitarbeiter, Freund oder Handelspartner, er war immer für uns, für alle da" (EHG GmbH & Co.KG – Fanny's Küchenfachmärkte, Anzeige in: Süddeutsche Zeitung, 26.5.1995: 20).
95 Vgl. dazu den Hinweis auf eine durch den Tod eines Abteilungsleiters der Friedrich-Ebert-Stiftung (Bonn) entstandene „Lücke, die kaum zu schließen sein wird", in: Generalanzeiger, Bonn, 10.6.1991: 13.

Die Häufigkeitsverteilung zwischen Anzeigen mit und ohne Jenseitsbezug zu bestimmen, ist schwierig. Die Zahlen schwanken nicht nur zwischen Zeitungen unterschiedlicher regionaler Einzugsbereiche, die im konfessionellen Milieu ihrer Leserschaft voneinander abweichen (z. B. Generalanzeiger/Bonn und Frankfurter Rundschau). Auch innerhalb desselben Blattes kommt es vor, dass tages- und wochenweise plötzlich der „säkulare Anzeigentyp" überwiegt, dann aber wieder gegenüber dem „christlichen Typ" ins Hintertreffen gerät. Hier findet ein bislang unentschiedener „Wettbewerb" statt, der dadurch noch kompliziert wird, dass es Abschiedsadressen gibt, die zwischen Jenseits- und Diesseitsbezug „durchzusteuern" versuchen. Dabei werden Vokabeln des „(Ent-)Schlafens" oder auch des „Erlöstwerdens" benutzt, die unentschieden lassen, ob so dargestelltes Sterben dem „christlichen Schema" oder dem „säkularen Schema" folgt (Fuchs 1968: 86; Dirschauer 1973: 173f.).[96]

8 Das Beispiel Hanns Martin Schleyer: heroisierende an Stelle von pazifizierender Beschwichtigung beim lokalen Abschied

Sowohl in den Kondolenzbriefen und Traueranzeigen als auch in den Abschiedsreden wird Hanns Martin Schleyers tödlich endende Geiselnahme (19.10.1977) fast durchweg als „Opfertod" verstanden: Er habe in der Geiselhaft „gekämpft", sein Leben „hingegeben" und „geopfert" (abgedr. in: Streithofen 1978: 41ff.). Das Umschlagen pazifizierender in heroisierende Beschwichtigung hängt damit zusammen, dass Schleyer beim lokalen Abschied als jemand eingeschätzt wird, der sich als einflussreicher Unternehmer und Unternehmensvertreter in der Öffentlichkeit bewährt hat. Das zeigt sich darin, dass ihm neben seinem Bemühen um „Menschlichkeit" und „Würde" bescheinigt wird, dass er sich für „Volk", „Staat", „Gesellschaft" und „freiheitliche Ordnung" eingesetzt habe. Seine Eigenschaften als Verbandspolitiker werden durch Begriffe wie „Tapferkeit", „Mut" – auch „Heldenmut" – charakterisiert. Zusätzlich dient die Heldenvokabel auch dazu, an Schleyer gepriesene Grundeinstellungen – „Pflichterfüllung" (auch „heldenhafte Pflichterfüllung"), „Opferbereitschaft" und „Dienst" – als für die Nachwelt vorbildlich und in diesem Sinne instrumentalisiert hervorzuheben.

Der Herausgeber der Briefe an Familie Schleyer macht sich zum Sprecher dieser heroisierenden Linie der Beschwichtigung, indem er behauptet, Schleyer sei „notfalls" bereit gewesen, „sein Leben für die Gesellschaft und für den Staat hinzugeben, für die er sich jahrelang eingesetzt hat" (Streithofen 1978:

---

96 Vgl. als Beispiel die Anzeige zum Tode von Maria Weingärtner: Sie ist, mit den gängigen Eigenschaften der „lieben Mutter, Schwiegermutter" usw. ausgestattet, „heute im Alter von 80 Jahren entschlafen" (Generalanzeiger, Bonn, 7.6.1995).

17). In Übereinstimmung mit solchen Formulierungen war in einer Todesanzeige der Bundesvereinigung der deutschen Arbeitgeberverbände und des Bundesverbands der deutschen Industrie zu lesen: „Uns wurde [...] ein Mann entrissen, der sein persönliches Wirken und seine unternehmerische Verantwortung bis zuletzt als Pflichterfüllung für Freiheit und Menschlichkeit, für soziale Befriedung und wirtschaftlichen Fortschritt verstand. In dieser Aufgabe für Wirtschaft, Gesellschaft und Staat endete sein Leben" (Frankfurter Allgemeine Zeitung, 21.10.1977: 28). Entsprechend schrieb Bundespräsident Walter Scheel an Waltrude Schleyer, ihr Mann habe – wie nur wenige – sein Leben in den Dienst der Allgemeinheit gestellt. [...] Sein Tod war ein Opfer für alle Bürger unseres Landes" (Streithofen 1978: 175).

Es zeigt sich, dass pazifizierende und heroisierende Beschwichtigung nicht klar voneinander zu trennen sind. Umgekehrt wird aber auch in den globalen Netzwerken beschwichtigende Pazifizierung kommuniziert. Es ist das Internet, das auf unterschiedlichen sozialen Plattformen Möglichkeiten bietet, den individuellen lokalen Abschied zu verbreiten und für Millionen von Menschen zugänglich zu machen.

9 Pazifizierende Beschwichtigung lokalen Abschieds im Internet

In sozialen Medien wie Facebook und Instagram können völlig unbekannte Menschen ihre Trauer um ihnen Nahestehende ins Netz einbringen und anderen unbekannten Menschen mitteilen. Wer will, kann sich Trauergemeinden anschließen. Virtuell möglich werden der Gang auf Friedhöfe, der Besuch von Grabstätten und Grabmälern, die Eintragung in Kondolenzbücher und das Anzünden von Kerzen. Im Netz werden – etwa von der „Aktion Mensch" im Jahr 2002 – „bioethische Fragen" gestellt (www.1000fragen.de). Im Netz sind auch private Initiativen, Vereine, Verbände und Dachverbände präsent (z. B. die Bundesarbeitsgemeinschaft Hospiz/BAG), die über das Sterbethema und seine Bearbeitung informieren.

Daher bietet das Internet zusätzliche Möglichkeiten, mit Sterbeerlebnissen umzugehen. Das gilt insbesondere für das erweiterte fotografische und musikalische Symbolmaterial. Demgegenüber ist aber auffällig, dass mit dem „Export" der traditionellen Sterberituale auch die schon lange verbreitete Unzufriedenheit darüber ins Internet eingezogen ist, dass diese Rituale nur unzureichend an die Gegenwart angepasst wurden. Unter dem Eindruck des frühen Sterbens eines jungen Freunds beklagt etwa eine Freundin im Internet-Portal jetzt.de, dass „Facebook [...] keine Gebrauchsanweisung zum Umgang mit dem Tod" liefere.[97] Das aber heißt, dass die online eröffneten neuen Räume des lokalen Abschieds (Misek-Schneider u. a. 2012: 1792f.) als Lernorte pazifizierender Beschwichtigung mehr versprechen als sie bislang zumindest halten können.

II Pazifizierende Beschwichtigung als Moment von Selbstbeschwichtigung

Der einführend als Pionier der Selbstbeschwichtigung schon erwähnte Epikur wird in der einschlägigen Literatur immer wieder mit der Formulierung zitiert: „Der Tod geht uns nichts an, denn solange wir sind, ist der Tod nicht da; und wenn der Tod da ist, sind wir nicht mehr. Er geht also weder die Lebenden an noch die Toten" (zit. nach: Nassehi/Weber 1989: 82). In der Gegenwart wird diese Position aktualisiert (1.). Im Anschluss an sie lassen sich weitere „Anwendungen" illustrieren (2.–5.).

1   Epikur – aktuell

Vielfach wird aktuell der Wunsch geäußert, abrupt und schnell zu sterben. Diese Wunschform der Position von Epikur, auf die wir im EXKURS A noch zurückkommen, wird in einer „weicheren Variante" auch als Hoffnung darauf vorgetragen, am Abend ohne Probleme einzuschlafen, um dann am Morgen nicht mehr aufzuwachen. Ganz im Sinne von Epikur hat man nichts mit den Herausforderungen einer möglicherweise langen letzten Lebensphase zu tun, wenn man bei Ankunft des Todes „nicht mehr da" ist.[98]

2   Der Umgang mit Leichen in der Bestattungskultur

Auf indirekte Weise wird die Vorstellung, der eigenen Sterbesituation ausweichen zu können, banal dadurch gestört, dass Andere sterben. Was macht man in dieser Lage? Insbesondere im Rahmen der amerikanischen Bestattungskultur, aber nicht nur in dieser, besteht die Selbstbeschwichtigung darin, dass tote Körper sorgfältig präpariert werden. Es sind Praktiken, die an die hier nicht zu untersuchende Geschichte der Menschheit anschließen. Sind Menschen, mit

---

97 Eva Hoffmann, Wie trauert man auf Facebook? in: jetzt.de; online unter https://www. jetzt.de/sterben/sterben-und-trauern-im-internet (abgerufen am 22.04.2020).
98 Vgl. zur Aktualität dieser Einstellung auch: Nassehi u. a. 2005: Anm. 78.

denen man sich verbunden fühlt, plötzlich nicht mehr da, versucht man sie so zu pflegen und im Besonderen zu kleiden, als seien sie noch am Leben. Die unter dem Gesichtspunkt der Instrumentalisierung des Sterbens wiedergegebenen Beobachtungen von Jessica Mitford (KAP. 3, II.5.) lassen sich durch Hinweise auf Sendeformate des amerikanischen Fernsehens ergänzen. Besonders illustrativ ist die Serie „Six Feet under" aus dem Jahr 2000 (Weber, in: Macho/Marek 2007), die in 63 Episoden hohe Einschaltquoten hatte und auch ins deutsche Fernsehprogramm übernommen wurde (543f.): Die Beziehungsgeschichten einer amerikanischen Bestatterfamilie ermöglichen Einblicke in den alltäglichen Umgang mit Leichen und im Besonderen in das „Handwerk" des Präparierens von toten Körpern. Mit Hilfe von ästhetischen Surrogaten geht es um ihre möglichst makellose Präsentation. Dabei wird sorgfältig darauf geachtet, dass körperliche Verfallsprozesse möglichst verdeckt bleiben (549). Aus dem aussichtslos gewordenen Bemühen, über das Sterben nahestehender Menschen einfach hinwegzugehen, wird der widersprüchliche Versuch, Lebendigkeit vorzutäuschen. In dieser (selbst-)betrügerischen Form wird die Pazifizierung zu einem integrativen Bestandteil der Selbstbeschwichtigung. Dies erinnert an die Abschiedsanzeigen, in denen – pazifizierende – Zufriedenheit darüber geäußert wird, dass man mit einem nahestehenden Menschen nicht nur gelebt habe, sondern ihn immer noch behalte (KAP. 2, I.5.).

Weniger widersprüchlich und doch in merkwürdigen Verfremdungen und Verkleidungen gelingt es bildenden Künstlerinnen und Künstlern sowie Film- und Fernseh-Machern, pazifizierende Beschwichtigung innerhalb des Rahmens der Selbstbeschwichtigung zum Ausdruck zu bringen.

3 Kunstfiguren des Totentanzes vom Mittelalter bis zur Gegenwart

Die Darstellung von Totentänzen setzt im 12./13. Jahrhundert ein und nimmt in späterer Zeit vielfältige Formen an. Die Selbstbeschwichtigung besteht hier zum einen in einer peinlich berührenden Verfremdung der Sterbesituation, bei der ihre makaber-schauerliche Seite betont wird: Die Skelettfiguren treten in gewaltsam-räuberischer Gestalt auf. Sie reißen einzelne Menschen aus dem Leben und trennen sie von den Nachlebenden.[99] Sterbesituationen werden in der Weise parodiert, dass neben „grinsenden Skeletten" blühendes Leben steht, oft durch schöne Frauen verkörpert.[100] Besonders eindrucksvoll sind die Holzschnitte von Holbein dem Jüngeren (Anfang des 16. Jh.), in denen

---

99 Vgl. u. a. die Trennung von Erwachsenen und Kindern, die ihren Angehörigen entrissen werden: Totentanz (16. Jh.), in: Ariès 1984: 184.
100 Vgl. etwa Hans Baldur Grien, Der Tod und die junge Frau (16. Jh.), in: Ariès 1984: 185.

beispielsweise ein Ackermann und ein Krämer vom „Sensenmann" geholt werden. Die Bildhauerin Käthe Kollwitz („Tod packt eine Frau"/Abb. 20b, in: Hart Nibbrig 1995: 53) und der Bildhauer HAP Grieshaber (Tod ergreift eine Jungfrau und eine Kaiserin, in: Aichelin u. a. 1978: mit Abb.) übertragen das Motiv des intervenierenden „Sensenmanns" ins 20. Jahrhundert. Zum anderen besteht die generell beschwichtigende Ausgestaltung von Totentänzen darin, dass heiter stimmende und satirisch-witzige Verfremdungen des Stoffs versucht werden. Diego Rivera, ein mexikanischer Maler der ersten Hälfte des 20. Jahrhunderts, greift auf mittelalterliche Vorbilder zurück und zeigt den Tod als schöne Frauengestalt. Er malt sie, eingereiht in einen Kreis von Leuten unterschiedlicher sozialer Herkunft, die festtäglich gekleidet sind.[101]

Der Pädagoge und Kulturanthropologe Ivan Illich interpretiert Totentanzmotive des 13./14. Jahrhunderts als Ausdruck der Freude darüber, noch am Leben zu sein (Illich 1979: 188ff.). Damit übersetzt er die epikureische Position der Selbstbeschwichtigung und das in ihr liegende Moment der Pazifizierung auch in die Gegenwart von Film und Fernsehen. Indem hier eine mittelalterliche Tradition fortgesetzt wird, werden Bezüge zum Sterbeproblem hergestellt. Dabei fehlt es an persönlicher Betroffenheit der Adressaten, die sich alle darüber im Klaren sind, dass sie mit Kunstfiguren zu tun haben.

4 Parodierte, hässliche und sympathische Kunstfiguren in Film und Fernsehen

Noch bevor in lokalen Netzen „leibhaftiges Sterbepersonal" platziert wird, taucht es in Film andeutungsweise auf. Beispielsweise verweist ein zurückgelassener Hut darauf, dass jemand gestorben sein muss (Gehrmann/Kostede, in: Die Zeit, 19.3.1993). In Antonionis „Blow up" (1967) macht ein Fotograf Aufnahmen im Park, die beim Entwickeln plötzlich einen Mord ans Tageslicht bringen (Bitomsky, in: Kapf 1993: 70). Entsprechend findet in Hitchcocks „Psycho" (1960) – wie in vielen anderen Thrillern – ein Mord statt, ohne dass Mordinstrumente und Wunden sichtbar würden (ebda.). Wenn so die Umstände des Sterbens – meist aus dramaturgischen Gründen – verborgen bleiben (Meteling, in: Macho/Marek 2007: 520f.), werden die Zuschauenden gewissermaßen unverbindlich auf Sterbesituationen hingelenkt, ohne dass ihnen eine nähere Betrachtung zugemutet wird. Hier wird innerhalb von Selbstbeschwichtigung pazifizierend beschwichtigt. Was aber passiert, wenn Zuschauerinnen und Zuschauer in Spielfilm- und Fernsehproduktionen auf Kunstfiguren des „Totentanztyps" stoßen?

---

101 Diesen „Rêve d'un après-midi du dimanche au parc Alameda" wählte Jean Ziegler zum Titelbild seines Buches: Ziegler 1975.

Das Sterbepersonal, das zu Zwecken der Unterhaltung auftritt, lässt sich in zwei Gruppen einteilen: eine sympathische und eine unsympathische. Erstere wird durch den „sanften Jüngling" und die „attraktive Frau" vertreten. Der unsympathische Typ – etwa in Filmen von Ingmar Bergman – fällt durch unerbittliche Strenge auf. Er agiert vampirhaft, auch in der Welt des Pornos (Hurst 2012: 1735–1745).

Speziell in Filmen, die das Mittelalter „modernisieren", greifen Tote – etwa in „Night of the living Dead" (George A. Romero 1968) – in Gestalt von Zombies in die Welt der Lebenden ein. In den Kämpfen, die dargestellt werden, lassen sich Gruppen lebender Menschen, deren Haus von Zombies belagert wird, nicht von den Formationen der Zombie-Jäger unterscheiden (Meteling, in: Macho/Marek 2007: 522f.).

Ähnlich Parodistisches gelingt etwa Jim Jarmusch in „Dead Man" (1995): William Blake, die Hauptfigur des Films, gerät unfreiwillig in die Situation eines konkurrierenden Liebhabers und dann ebenso ungeplant in die Rolle eines Mörders. Den Verlobten der Frau, um die es geht, tötet er bei einem Schusswechsel, der zum Tod der Frau führt und aus dem er selbst als „dead man" herauskommt. Blake hat eine Kugel in der Brust, von der während seiner ganzen Verfolgungsreise unklar bleibt, ob und wann sie ihn umbringt. Tot und doch nicht tot versucht er, zu Pferde und in der Endphase des Films mit einem Boot seinen Verfolgern zu entrinnen. Die vielfältigen Gefahren, in die er gerät, besteht er als „Revolverheld", der er nicht ist, nicht sein will und in seiner körperlichen Verfassung auch nicht sein kann.

Der Indianer Nobody, von dem Blake auf seiner Irrfahrt unterstützt wird, den er verliert und dann doch wieder trifft, lässt ihn schließlich im Boot allein. Den Fluten des Meeres überlassen, geht Blake schließlich „in die ewigen Jagdgründe" ein. Indem er seinen Helden Blake diese „Todesreise" in einer Mischung aus Coolness, todgeweihter Apathie und auch Fröhlichkeit meistern lässt, setzt sich Jarmusch mit dem konventionellen Westernfilm auseinander, auf den wir hier nicht eingehen können.

Durch die für alle Zuschauenden unzweifelhafte Konstruiertheit des Unterhaltungsstoffes werden sie an das Sterbethema herangeführt, ohne aber persönlich einbezogen zu sein. Das in dieser Selbstbeschwichtigung enthaltene Moment der Pazifizierung gilt dann auch für die Darstellungen von Gewalt und für die Vorführung von Leichen als Ergebnis von Gewaltanwendung. Speziell gilt dies auch für die – auch im Fernsehen verbreitete – „Leichenschau", wie sie etwa der „Kunstunternehmer" und Ausstellungsmacher Gunther von Hagen organisierte (2000ff.)

5 Darstellungen der Gewalt und „Leichenschau"

Die große Anziehungskraft, die vor allem von Kriminalfilmen und der dort präsentierten Gewalt ausgeht, hat vielfache Gründe, denen hier nicht nachgegangen werden kann. Auffällig ist, dass im Krimi in hohem Maße „Leichenschau" betrieben wird, in der großes emotionales Erregungspotential steckt. In einer quantifizierenden Analyse von 81 WDR- und NDR-„Tatorten" ließ sich für die Jahre 1970–2010 über einzelne Phasen hinweg ein massive Zunahme des zeitlichen Umfangs von Leichendarstellungen und ihrer Details beobachten (Völlmicke 2012: 94f.). Diese kann in die Perspektive der Selbstbeschwichtigung eingeordnet werden: Der Blick auf Leichen mag aufregend sein. Jedoch hat die Vorstellung, als Leiche in der forensischen Pathologie zu enden, kaum etwas mit der persönlich zu erwartenden Sterbesituation zu tun.

An sie werden auch die Besucherinnen und Besucher der Ausstellungen Gunther von Hagens kaum gedacht haben, die dort Radfahrer, Schachspieler oder Fechter usw. (Abb. 1 in: Pesch 2007: 373), aus ihrem Alltag vertraute Menschen in plastinierter Gestalt vorgeführt bekamen. Wenn hier das Profitmotiv eines Ausstellungsmachers aufgeht, auf das noch hinzuweisen ist (KAP. 3, II.5.), so liegt das vermutlich daran, dass der in totentanzähnlichen Konstruktionen liegende Tabubruch mit Hilfe des Einsatzes von Kunststoffen auf die Spitze getrieben wird (vgl. Anm. 172).

III Pazifizierung des Sterbens in der philosophisch-theologischen Tradition

Um das Spannungsfeld im philosophisch-theologischen Nachdenken über das Sterben zu kennzeichnen, wird in der einschlägigen Literatur auf zwei Eckpositionen verwiesen. Erstere ist mit Epikur verbunden. Seine schon beschriebene Auffassung vom Tod, der keine nähere Beschäftigung erfordere, wurde im 19. Jahrhundert u. a. von dem deutschen Philosophen Feuerbach übernommen und über ihn in die marxistische Denktradition eingefügt (Nassehi/Weber 1989: 133f.).

Die entgegengesetzte Eckposition hat ihre Wurzeln ebenfalls schon in der Antike, vor allem im Denken der Stoa (Nassehi/Weber 1989: 83). Sie wird dann im 16. Jahrhundert besonders intensiv von dem Philosophen Montaigne ausgearbeitet. Er möchte das gesamte Leben auf den Tod ausrichten und dazu anleiten, das Leben von der Todeserwartung her zu gestalten.[102] In der

---

102 Vgl. die ausführliche Zusammenfassung von Montaignes Position bei Dolf Sternberger, Montaignes Tod, in: Sternberger 1977: 47–56.

Formulierung eines französischen Zeitgenossen, der sich an Calvin orientiert, geht es darum, „glückselig zu sterben" und diese Fähigkeit im vorausgehenden Leben zu lernen (Ariès 1982: 385). Diese Kombination zwischen „Kunst des Lebens" und „Kunst des Sterbens" („ars moriendi") ist im Mittelalter auch schon in einer verkürzten Variante des prinzipiellen Einverständnisses mit dem Sterben verbreitet: als bloße „Kunst des Sterbens" in der Todesstunde, die schon zu Lebzeiten vorbereitet werden muss (Ohler 1993: 32f.). Wer „gut gelebt" und – vor allem vom Empfang der Sterbesakramente gestärkt – eine „gute Todesstunde" hatte, darf erwarten, nach dem Tode belohnt zu werden. Dabei ist für die Vielfalt der sich im Zeitverlauf ändernden Erwartungen an das Jenseits (Ariès 1982: 181ff.) bedeutsam, welche Gottesvorstellungen bestehen.[103]

An das schon beschriebene „christliche Schema" schließt im 14./15. Jahrhundert ein „säkulares Schema" an (KAP. 2, I. 6./7.), das zwar den Blick auf das Jenseits nicht verstellt, den Jenseitsbezug aber doch abschwächt. Jetzt entsteht der Gedanke der Werkfortsetzung: Sterbende Eltern vertrauen darauf, dass die Kinder in ihre Fußstapfen treten (Groethuysen 1927: 85). Belohnung kann nun auch von den im Diesseits Weiterlebenden erwartet werden. Beispielsweise findet der sich dem Tode nähernde Dante Alighieri bei dem Gedanken Trost, seine Werke würden auch in Zukunft gelesen, so dass er auf diese Weise weiterleben könne (Borst 1980: 1091).

Überblickt man die Fortführung der beiden Eckpositionen in den hier interessierenden lokalen Netzwerken des Sterbens, so setzt sich die Tendenz pazifizierender Beschwichtigung durch.[104] Es zeigt sich, dass Epikur nicht so weit von Montaigne

---

103 Vgl. für die in die Gegenwart hineinreichenden Auseinandersetzungen (zwischen Jansenisten und Jesuiten im 17./18. Jahrhundert): Groethuysen 1927: 148ff.
104 Auf der Grundlage von Ratgeberliteratur einerseits (Nassehi/Brüggen/Saake: 2002; im Folgenden /1/) und durch Auswertung von biographischen Interviews sowie Experteninterviews andererseits (Nassehi/Saake, in: Knoblauch/Zingerle: 2005; im Folgenden: /2/) fragte eine Forschungsgruppe um Armin Nassehi nach individuellen Einstellungen zu Sterben und Tod und bezieht diese Einstellungen auf Strukturen alltäglicher Interaktion, die hier lokale Sterbe-Netzwerke genannt werden. Jenseits des speziellen Forschungsdesigns interessiert, inwieweit die Forschungsergebnisse ins Bild pazifizierender Beschwichtigung des Sterbens passen. Nassehi u. a. ermitteln drei Gruppen von Einstellungen: Eine erste Gruppe steht in der hier herausgearbeiteten epikureischen Tradition. Sie wird von Nasshi u. a. als Gruppe der „Unsterblichen" (angemessener wäre möglicherweise: „Sterbeunwillige") bezeichnet. Es sind diejenigen, die mit dem Tod nichts zu tun haben wollen (/2/42ff.;/1/71ff.).
Zur zweiten Gruppe, auf die Nassehi u. a. stoßen – es sind die „Todesexperten" – gehören diejenigen, die das Sterben als „Normalität" begreifen, als Schicksal, dem sich niemand entziehen kann (/2/44f.; /1/73–77: „Tod als bedeutungsloser Zwischenfall").
Die dritte Gruppe schließlich umfasst diejenigen – es sind die „Todesforscher" –, die in der Auseinandersetzung mit dem Sterben etwas über sich selbst erfahren wollen. Sie stellen vielfältige Reflexionen und Vermutungen über ihr zukünftiges Leben und ihr Lebensende an, ohne aus ihren Unsicherheiten herauszukommen (/2/45f.; /1/77f.: „Tod als gleiches Schicksal für alle").
Stellt man den Bezug zu der hier entwickelten These herabspielender Pazifizierung des Sterbens her, die sich vor allem auf lokale Abschiedsanzeigen und Abschiedsreden stützen kann, so fällt es nicht schwer, alle drei Einstellungsmuster einzuordnen. Sie lassen sich als Versuche interpretieren, die Herausforderung des Sterbens auf je unterschiedliche Weise zu beschwichtigen: durch entschiedene Zurückweisung (Gruppe eins), durch einfache Erklärung (Gruppe zwei) und durch unverbindliche Diskussion (Gruppe der i). Alle drei Gruppen sind durch die Bereitschaft verbunden, den Tod als „natürlichen Ereignis" anzuerkennen (/2/43f.). Dem entspricht,

entfernt ist, wie dies die Entgegensetzung beider Positionen suggeriert. Wie sich zeigen ließ, enthält auch der epikureische Ansatz ein Moment pazifizierender Beschwichtigung (KAP. 2, II.1.), so dass diese die lokalen Netzwerke bestimmen kann.

Dazu trägt maßgeblich der einführend schon erwähnte Martin Heidegger bei. Mit seiner zentralen Aussage zum Leben als „Sein zum Tode" nähert er sich der Eckposition von Montaigne in dem Bemühen, die letzte Lebensphase stets im Blick zu haben. Zugleich wendet sich Heidegger gegen Epikur und macht ihm gegenüber geltend: „Dass das je eigene Dasein immer schon stirbt, das heißt in seinem Sein immer schon zu Ende ist, dieses Faktum verbirgt es dadurch, dass es den Tod zum alltäglich vorkommenden Todesfall bei Anderen umprägt, der allenfalls uns noch deutlicher versichert, dass ‚man selbst ja noch lebt'" („Sein und Zeit" zit. nach: Nassehi/Weber 1989: 269).

Der Beitrag Heideggers und seiner Anhängerinnen und Anhänger ist in eine nicht leicht nachzuvollziehende existenzialistisch-fundamentalontologische Perspektive eingebaut, die hier nicht erläutert werden muss. Zur Diskussion steht indessen die Heideggers Ontologie tragende radikal individualistische Ausgangsposition.[105]

Sie macht ihn zur „Reizfigur" eines – wie einführend schon angedeutet – neurobiologisch begründeten kommunikativen Zugriffs auf das Sterben. Bei Heidegger und all denen, die sich in je besonderer Weise an seine Weichstellung halten, wird die „Schmalspur" des Nachdenkens über das Sterben besonders deutlich. Sie beruht auf der mangelnden Vertrautheit damit, dass das menschliche Gehirn in Verbindung mit Fähigkeiten subjektiver Impulsverarbeitung sich vor allem sprachlich und körperlich-gestisch im Austausch mit Mitmenschen befindet (vgl. bes. KAP. 1, III.2.). Der neurobiologisch inspirierte Zugriff erschließt – neben den lokalen Netzwerken des Sterbens – globale Netze und die dort dominierende heroisierende Beschwichtigung des Sterbens, die sich dem pazifizierend hermeneutischen Zugriff entzieht (EINFÜHRUNG, III.).

---

dass herabspielender Beschwichtigung das prinzipielle Einverständnis mit dem Sterben zugrunde liegt. Die Übereinstimmung der Ergebnisse besteht auch darin, dass hinter den Einstellungsmustern von Nassehi u. a. religiöse und säkulare Motive, d. h. – in der hier verwendeten Terminologie – das „christliche Schema" ebenso wie das „säkulare Schema" stehen können.

Aus der hier gewählten Forschungsperspektive hat das Forschungsdesign von Nassehi u. a. ein doppeltes Defizit. Zum einen führt relative Empirieferne und forcierter Theoriefixiertheit zu folgender Blindstelle: Es wird übersehen, dass die hier herausgearbeiteten Herausforderungen des Sterbens (Ausgeliefertsein, Trennung, Körperliche Beschwerden und Angst) für alle Gruppen einen gemeinsamen Problemraum bilden, der jenseits unterschiedlicher – auch historischer – Rahmenbedingungen („Kontexturen") besteht und beschwichtigt werden muss. Zum andern ist es ein Mangel, dass sich der analytische Ansatz von Nassehi u. a. nur auf lokale Netzwerke des Sterbens bezieht (lokale Interaktion/Organisation) und unberücksichtigt lässt, dass Sterbende auch in globale Sterbe-Netzwerke eingebettet sind: In der Sprache von Nassehi u. a. fehlt es an der Einbeziehung von globalen „Kontexturen" des Sterbens, die in der Regie von Medien bestimmt werden. Vgl. zur Auseinandersetzung mit Nassehi u. a. auch EXKURS B.

105 Nassehi/Weber geben eine präzise Erläuterung des Unterschieds zwischen „eigentlichem Sein" und „uneigentlichem Sein", die hinter Heideggers Beschreibung einer doppelten Einstellung zum Sterben steht (Nassehi/Weber 1989: 29–33).

KAPITEL 3
Lernstoff des Sterbens in der Gegenwart – globale Netzwerke überwiegend heroisierender Beschwichtigung

Gehören lokale Sterbevorgänge und ihre beschwichtigende Interpretation zusammen, wie dies in KAP. 2 gezeigt wurde, so gilt dies entsprechend auch für das Sterben in globalen Netzwerken des Sterbens. Es sind Netzwerke überwiegend heroisierender Beschwichtigung (I.). In sie geht die Kriegsberichterstattung ein, die für das Jahr 1991 am Beispiel des Jugoslawienkrieges und des Golfkrieges skizziert wird. Neben den Berichten über je aktuelle „Realkriege" befinden sich im Netz aber auch die Vorausschau auf künftig mögliche Kriegsszenen und das Gedenken, das vergangenen Kriegen und Kriegstoten gewidmet wird (1.). Hinzu kommen exemplarische Sterbeszenen in der Arena des Sports (2.) und der Politik (3.). Dem muss im Nachgang hinzugefügt werden, auf welchen Informationen aus dem Print-, Fernseh-, Film- und Internet-Medium die Darstellung aufgebaut ist (4.).

Diese Informationsgrundlage gilt dann auch für die Instrumentalisierung der Sterbeszenen im Umfeld von Krieg (II.1.), Sport (II.2.) und Politik (II.3.). Durch diese wird die Intensität heroisierender Beschwichtigung in massiver Weise erhöht. Im Zusammenhang des Kriegsgedenkens kann sich die Instrumentalisierung darauf stützen, dass sich – nach dem mystischen Opfer der Vergangenheit – aus dem (ehrenhaften) Opfer für das Vaterland Leben schöpfen lässt (II.1.). Im Bereich des Sports lassen sich die Möglichkeiten der vor allem monetären Instrumentalisierung am Beispiel des Formel 1-Fahrers Ayrton Senna illustrieren (II.2.). Im Bereich der Politik geht es um die Darstellung vielfältiger Bemühungen, aus „Attentatsheldentum" (Schäuble, Lafontaine), aus „Altersheldentum" (Adenauer), Selbsttötung (Kelly, Bastian, Bérégovoy) und schließlich aus dem Einsatz tödlicher Gewalt (Ohnesorg, Dutschke) Nutzen zu ziehen. Dabei muss beachtet werden, dass bei kalkulierender Interpretation des (Beinahe-)Sterbens von „Staatsakteuren" (Schäuble, Lafontaine, Bérégovoy) ebenso wie beim (Beinahe-)Sterben von „Protestakteuren" (Ohnesorg, Dutschke) fast immer Gegenkalküle im Spiel sind. Die Instrumentalisierung beschwichtigender Heroisierung des Sterbens im Bereich der Politik zu analysieren heißt daher auch, dass der in die globalen Sterbe-Netzwerke eingehende Instrumentalisierungs-Streit zu belegen ist (II.3.).

Die heroisierende Beschwichtigung in globalen Netzwerken des Sterbens wäre unvollständig beschrieben, wenn nicht die Rituale des Abschieds berücksichtigt würden. Wie schon bei der Beschreibung der Abschiedsrituale, die in lokalen Sterbe-Netzwerken zelebriert und instrumentalisiert werden, gehören Abschiedsreden und Abschiedsanzeigen dazu. Dabei fällt das Zeremoniell für große „Staatsakteure" (Adenauer, Brandt) kaum stärker ins Gewicht als der Abschied von einem „kleinen Diplomaten" (von Braunmühl) und von anderen weniger Prominenten (II. 4.). Nicht zu vernachlässigende Beiträge zum Ambiente heroisierender Beschwichtigung kommen schließlich auch noch von der Werbebranche einerseits, vom Bestattungsgewerbe andererseits (II. 5.).

In einem abschließenden Abschnitt geht es dann noch darum, die verschiedenen Facetten heroisierender Beschwichtigung in die Rahmenbedingungen der Leistungsgesellschaft einzuordnen (III.) und speziell den Bezug zu ihrer „soldatischen Färbung" herzustellen (1./2.).

I Heroisierende Beschwichtigung des Sterbens

1 Sterbeszenen im Krieg, in der Vorausschau auf Krieg und im Kriegs-Gedenken

Die Wochenschauen aus der Zeit des Zweiten Weltkriegs zeigen Sterbeszenen, die den Menschen, die diesen Krieg an der Front und zuhause durchzustehen hatten, bekannt waren. So siegverheißend das Kriegsgeschehen im Ganzen auch immer dargestellt wurde, sowenig konnte und sollte verborgen bleiben, dass die eigenen Städte verwüstet wurden und die Zivilbevölkerung im Elend lebte. Es wurde sichtbar, dass deutsche Soldaten im feindlichen Bombenhagel niedergestreckt wurden, dass Leichen weggeschafft und Tote begraben werden mussten. Vor dem Hintergrund solcher Meldungen des Schreckens ließ sich aber auch „positiveres" Anschauungsmaterial zur Geltung bringen: feindliche Kriegsgefangene, die eigenen Leute in zuversichtlicher Vorbereitung auf den Kampf, im kompetenten Umgang mit Waffen (Geschützen, Panzern und Flammenwerfern) und bei kühnen Flugeinsätzen.

Ähnliche Bilder sah man auch wieder im Vietnamkrieg. Die USA führten ihn in der Überzeugung, die Sache der freien Welt gegen den vordringenden Kommunismus (Domino-Theorie) verteidigen zu müssen. Obwohl die Intervention in Vietnam mit dieser Begründung und in ihrer lokalen Begrenzung nicht in die Nähe des NS-Welteroberungs-Feldzugs gerückt werden kann, gab es doch in beiden Kriegen eine ideologisch-missionarische Antriebskomponente, die den heldenhaften Kampf und mit ihm auch den Einsatz des Lebens zu rechtfertigen schien (Morgenthau 1973: 13–20). Wer meint, einen „gerechten Krieg" zu führen, braucht Tote nicht zu verstecken,[106] versucht sie im Gegenteil „auszustellen". Dies geschah seit Anfang der 1990er Jahre im ehemaligen Jugoslawien.

Krieg in Jugoslawien (ab Sommer 1991)

Im Zerfallsprozess eines Einheitsstaats, der lange Zeit durch die starke Integrationsfigur eines legendären Partisanenführers zusammengehalten wurde, prallten Autonomie- und Herrschaftsansprüche unterschiedlicher Volksgruppen und ihrer Leitfiguren mit Waffengewalt aufeinander.[107] Die Verantwortlichen aller Seiten waren daran interessiert, das Sterben ihrer Soldaten bekannt zu machen. Reporterinnen und Reporter, die aus dem Ausland einreisten, hatten breite Spielräume unzensiert zu berichten. Mit möglichst faszinierenden Bildern sollte die todesmutige Entschiedenheit demonstriert werden, mit der die je eigene Sache vertreten wurde.

Zu sehen waren zerstörte Städte, Dörfer, Wohnungen. Gezeigt wurde, dass in diesem Krieg nicht nur Soldaten, sondern auch Menschen aus der Zivilbevölkerung erschossen, speziell Angehörige sogenannter ethnischer Minderheiten „gesäubert" wurden. Leichen lagen herum – blutüberströmt.[108] Das aber war nicht alles.

Im „Ausstellungsfenster" des Krieges wurden den Zuschauerinnen und Zuschauern der Fernsehberichterstattung und den Leserinnen und Lesern der Printmedien Helden vorgeführt, Soldaten, die im Kampf und in der Vorbereitung des Kampfes unsägliche Entbehrungen mit lässiger Gebärde „wegsteckten". Zu beobachten war, wie verwegen sie ihr Leben aufs Spiel setzten und

---

106 Gleichwohl kann es, wie im Vietnamkrieg, gerade dann zur fortschreitenden Unterhöhlung der Kriegsbereitschaft kommen, wenn starke Zweifel an seiner „Gerechtigkeit" dadurch genährt werden, dass Sterben im Krieg, soweit es offengelegt wird und obendrein mit militärischen Misserfolgen verbunden ist, sinnlos erscheint.
107 Vgl. zur überzeugenden Aufhellung der Gründe des Krieges, seines Verlaufs und der erfolglosen Bemühungen, ihn zu befrieden: Calic 1995.
108 Diese Eindrücke beruhen u. a. auf Bildmaterial, das im Rahmen ausführlicher Berichte vorgestellt wurde, in: Le Nouvel Observateur, Ausgaben v. 21.–27.5. 1992; v. 29.10.–4.11.1992, v. 24.–30.12.1992.

ihre Geschicklichkeit am Maschinengewehr, am Geschütz und im Umgang mit Bomben unter Beweis stellten.

Im Kriegsalltag einer verwüsteten Graufläche waren kleine Ritzen erkennbar, aus denen, wie Blumen des Bösen, Heldentaten hervorwuchsen, weniger metaphorisch ausgedrückt: durch die Medien herauspräpariert wurden. Ein Beispiel für solche „Stilblüten" der Kriegsberichterstattung ist der Todeslauf eines 16-jährigen bosnischen Jungen, der im Frühjahr 1993 in Sarajevo Kurierdienste leistete. Der Inhalt des Videobandes, das von einem französischen Kameramann stammte und dann von Stern-TV gezeigt wurde, lässt sich in der Art eines Drehbuchs folgendermaßen zusammenfassen:

„Es war sein letzter Tag in Sarajevo. Sead ist 16. Er liegt im Bett, die Kamera schaut zu. Er reckt sich. Er geht ins Bad, dann kommt das Frühstück. Abschied von Mama. ‚Mein Gott, er ist doch erst 16', sagt sie. Sead geht zu seinem Onkel. Der Onkel trägt ein Stirntuch. Er ist Kommandant einiger bosnischer Einheiten. Sie verteidigen die Stadt gegen die Serben. Sead nimmt die Post für die Soldaten. Er ist Kurier. Er rennt in schwarzer Uniform über Straßen und Plätze. Heckenschützen lauern überall. Schüsse peitschen. Die Kamera wackelt. Da liegt einer. Er ist 16 und blutet. Andere wollen ihm helfen. Sie zerren ihn zu seinem Auto. Noch ein Schuss. Sead schreit. Er bricht zusammen. Schreit wieder. Will sich wegschleppen. Dann liegt er still. Die Kamera blickt auf Seads Hals. Acht Sekunden lang. Er ist tot."[109]

Soweit bei denen, die diesen „Todesstreifen" eingekauft haben, überhaupt ein zweifelndes Zögern vermutet werden darf, zeigt ein Interview mit dem verantwortlichen Stern-TV-Redakteur Günther Jauch, dass die Sendekriterien wenig durchdacht sind. Jauch sieht eine unabweisbare Chronistenpflicht, wenn das Ereignis, um dessen Präsentation es gehe, authentisch sei. Hätte im Fall des bosnischen Jungen eine Kamerateam diesen mit einem „lauf doch mal hin und her" beauftragt und dieses Ereignis von einem sicheren Standort aus gefilmt, so wäre das – nach Jauch – „in Auftrag gegebenes Sterben" gewesen, das er nicht gesendet hätte (ebda.). Nach welchem inhaltlichen Kriterium wird nun aber entschieden, worin sich eine authentische von einer nicht-authentischen „Dokumentation des Sterbens" unterscheidet?

Jauch verweist auf „Geschmack" und „Sensibilität" des zuständigen Redakteurs. Beide seien indes „schwer zu beschreiben" (ebda.). Am vorliegenden Beispiel hätte er es für Voyeurismus gehalten und nicht akzeptiert, wenn die Kamera auf das „schreckliche Ende" fixiert gewesen wäre, „über den toten Körper nochmal rübergezoomt oder danach zu den aufgelösten Eltern

---

109 Dieser Text leitet ein Interview ein, das abgedr. wurde in: Die Zeit, 5.3.1993: 95 (Stern-TV zeigt das Sterben eines 16jährigen Soldaten. Darf man das? Ein Gespräch mit Günther Jauch: Tod-live aus Sarajevo). Auch die nachfolgenden Informationen und Zitate sind diesem Interview entnommen.

gegangen wäre, womöglich gefilmt hätte, wie ihnen die Nachricht überbracht wird" (ebda.).

Mit diesem Beschreibungsversuch nicht annehmbaren „Sterbestoffs" (der Verf.) beweist Jauch aber nur, wie wenig er sich über „Geschmacks-" und „Sensibilitäts"-Maßstäbe Gedanken gemacht hat. Er merkt nicht, dass das „Rüberzoomen" über tote Körper und die Verzweiflung über den Tod nahestehender Menschen zum „authentischen Alltag" (der Verf.) des Krieges gehört. Vor allem macht er sich nicht klar, worin die Faszinationskraft des von ihm gekauften und gesendeten Filmmaterials im Kern liegt: Aus dem „Einerlei" des Kriegselends ragt das spektakuläre Heldentum eines Soldaten heraus, der das Risiko des Sterbens eingeht. Das bewundernde Staunen, das Sead auslöst, wird dadurch gesteigert, dass ein junger Mensch, fast ein Kind, heldenhaft stirbt. Zur Spannung trägt zusätzlich noch das „To be or not to be" des dramatischen Handlungsablaufs bei: ‚Kommt er durch oder muss er sterben?'

Im Ganzen zeigt sich, wie die Medien zur heroisierenden Beschwichtigung des Sterbens beitragen, indem sie sich die Chance nicht entgehen lassen, ihre Einschaltquoten dadurch zu erhöhen, dass sie Kriegsheldentum vorführen.

Krieg am Golf (1991)

Mit dem Zweiten Weltkrieg, dem Vietnamkrieg und dem hier ausführlicher berücksichtigten Jugoslawienkrieg ist der Golfkrieg des Jahres 1991 dadurch verwandt, dass er ideologisch-missionarisch inspiriert ist. Das zentrale Antriebsmoment waren Bedrohungen, die als barbarisch empfunden wurden. Gegen sie soll die zivilisierte Welt verteidigt werden. Der Schriftsteller Hans-Magnus Enzensberger identifizierte sich mit diesem Motiv einer starken internationalen Meinungsströmung, indem er gegen den Irak und seinen Diktator, Saddam Hussein, die Anwendung von Waffengewalt nach dem Muster des Anti-Hitler-Krieges forderte. Saddam-Hussein erschien dabei als bedrohlicher „Wiedergänger" des deutschen Diktators (Der Spiegel, 1991/6).

In einem entscheidenden Punkt hebt sich jedoch der Waffengang am Golf von den vorgenannten Kriegen ab. Von Anfang an war erkennbar, dass die gegen Saddam verbündeten Westalliierten im Verborgenen halten wollten, dass Menschen getötet wurden. Das schloss nicht aus, dass an Einzelbeispielen Verluste des Feindes sichtbar gemacht wurden, um so Kriegserfolge zu demonstrieren. Soweit möglich sollte jedoch nicht offengelegt werden, dass Menschen aus dem eigenen Lager starben. Hier wirkte die Erfahrung des Vietnamkrieges nach, dessen für die USA unrühmliches Ende zweifellos damit zu tun hatte, dass das unverdeckte Massensterben US-amerikanischer Soldaten den im Kriegsverlauf wachsenden Verdacht stützte, dass die anti-kommunistische Zielsetzung des Krieges nicht hinreichend begründet war (Morgenthau 1973: 13–20).

Mit dem Verschweigen des Sterbens im Golfkrieg wurden indessen die Bezüge zum soldatischen Heldentum keineswegs vermieden. Bewähren sich die „Kriegsherren" beim Einsatz ihres technischen Geräts, so haben sie am Techno-Heroismus aktueller Kriege Anteil. Insoweit verschiebt sich der Kriegsheroismus auf die im Krieg benutzte Maschinerie. Dabei hängt viel – wenn nicht alles – davon ab, wie eindrucksvoll diese Maschinerie, ihre Tötungsgenauigkeit und ihr Zusammenspiel mit menschlicher Kompetenz in den Medien dargestellt wird.

Die Redaktionen der Printmedien und des Fernsehens traf der Krieg am Golf nicht unvorbereitet. Im Auf und Ab der Abrüstungsdiskussionen der 1980er Jahre waren die verhandelten Waffensysteme dem Publikum – im Ost-West-Vergleich – immer wieder vorgestellt und vorgezählt worden. Als dann Mitte Januar 1991 der Luftkrieg am Golf begann, verengte sich der Blickwinkel auf die nicht-atomaren Bestandteile des Waffenarsenals der Westalliierten einerseits, auf die Arsenale des Iraks andererseits. Diese „Waffenkunde", die zur Mobilisierung der Kriegs- und Tötungsbereitschaft gehörte, kennzeichnete die irakischen Waffen mit abwertendem Vokabular, wogegen die Waffen der Alliierten als bewundernswert „gleißende Wehr" ins Bild gerückt wurden.

Über Saddam Husseins Arsenal hieß es beispielsweise in einem Bericht des „Spiegel", es reiche „von sauerstoffzehrenden Aerosolbomben über engmaschig verlegte Minen bis hin zu Giftgranaten und, womöglich, den gefürchteten Biowaffen – eine Rüstkammer des schmutzigen Krieges" (Der Spiegel 1991/6: 147). Dabei handle es sich um ein „Arsenal des Grauens ... unzweifelhaft das größte und in seiner teuflischen Wirkung variantenreichste, über das ein Land der Dritten Welt verfügt" (Der Spiegel/6: 148). Demgegenüber wurden die amerikanischen Waffen in Werbemanier präsentiert und mit erfolgsorientierten Werbetexten unterlegt. Da steht etwa eine Amerikanische F-18 vor dem Start „hart und schnell". Gezeigt wird ein britisches Tornado-Geschwader, „Überraschung gelungen", oder ein imposanter amerikanischer Phantom-Pilot, der „kein zweites Vietnam" wolle (Der Spiegel, 1991/4: 119).

Nach Ausbruch des Krieges werden die zuvor schon eingeführten Waffensysteme in *action* beschrieben und gefilmt. Kartenmaterial und Schaubilder kommen hinzu. Angeleitet durch verantwortliche Minister und Militärs, werden einerseits schmucklose Berichte über generalstabsmäßig vorbereitete Kriegsverläufe abgeliefert.[110] Andererseits wird das Kriegsgeschehen mit Technikbegeisterung beschrieben: Dem amerikanischen B-52-Bomber wird „etwas Mystisches" bescheinigt, hat für einen US-General „[...] etwas Entrücktes, das

---

[110] Der Spiegel 1991/3: 124f. (Interview mit General Aharon Jariv); Der Spiegel 1991/6: 155f. (Interview mit Verteidigungsminister Yitzhak Rabin); Der Spiegel 1991/8: 138 (Interview mit Ex-Generalstabschef Mordechai Gur).

Ehrfurcht gebietet" (Der Spiegel, 1991/7: 139). Als „atemberaubend[e]" Erfahrung werden Video-Bilder verbreitet, aufgenommen von Bordkameras angreifender F-111-Bomber und F-117-A-Jäger der USA: „Rund 800 Kilometer schnell im Tiefflug heranrasend, treffen sie mit ihren Bomben Luftschächte von Bunkern und Rollbahnen von Flugplätzen. Im Hauptquartier von Saddams Luftwaffe, einem Hochhaus in Bagdad, schlägt ein Geschoss so zielgenau senkrecht von oben in der Mitte ein, dass die Fenster aus allen vier Gebäudewänden gleichzeitig herausgeblasen wurden" (Der Spiegel, 1991/4: 123).

Verschwiegen wird, dass es beim Einsatz all dieser „Wunderwaffen" um die Tötung von Menschen geht. Wie weitgehend der Tod als Ziel- und Bezugspunkt des Krieges hinter einer technikbegeisterten, wenn nicht gar „technikfröhlichen" Berichterstattung verschwindet, zeigt sich darin, dass der Abschuss von Patriot-Raketen, „todabwehrenden" Verteidigungswaffen, im Grundton nicht anders beschrieben wird als der Einsatz todbringender Hightech-Flugzeuge. Eine erfolgreiche Patriot-Zündung wird folgendermaßen dargestellt: „Grellgelb schreibt der Schweif der Abwehrrakete seine parabelförmige Bahn in den Nachthimmel der saudi-arabischen Hafenstadt Dharan. Plötzlich knickt der Feuerschweif des Projektils von seiner makellos gezeichneten Flugbahn ab, eine Explosion flammt auf. Ein Soldat der US-Raketenbatterie bejubelt die Leuchtspur am Himmel: ‚Mann, ich hab' sie!'" (Der Spiegel, 1991/5: 151).

Die hier beispielhaft wiedergegebenen Berichte von Printmedien waren, soweit sie das Kriegsgeschehen betrafen, entweder von Fernsehfilmen inspirierte Bilder oder dem elektronischen Bildmaterial zumindest sehr ähnlich. Man muss sich klarmachen, dass dieses Material seine große und weltweite Wirkung dadurch erhielt, dass es über das elektronische Medium unmittelbar an die Zuschauerinnen und Zuschauer am Bildschirm adressiert wurde. In diesem Sinne war der Krieg am Golf ein Medienkrieg.[111]

Bei der Live-Berichterstattung via Satellit befand sich die amerikanische Gesellschaft „Cable News Network" (CNN) in einer strategischen Schlüsselrolle. Von diesem Sender, der ebenso wie die anderen „pool reports" für Journalisten unter der Kontrolle des Pentagons stand, hing das Image des Krieges maßgeblich ab. Kernstück der Inszenierung war der hier illustrierte Techno-Heroismus, aus dem alle am Krieg Beteiligten – die Politikerinnen ebenso wie die Politiker und die großen sowie kleinen „Technosoldatinnen" und „Technosoldaten" – ihre Reputation bezogen.

Für den hier interessierenden Zusammenhang ist wichtig, dass alle aktiv oder passiv am Krieg Beteiligten wussten, dass Menschen getötet wurden. Jedoch blieb die präzise Anschauung des Sterbens weitgehend hinter dem von

---

111 Vgl. zur Darstellung des Golfkriegs als „Echtzeit-Krieg", auf die sich die hier zusammengefasste Beschreibung – die Sterbekomponente ausgenommen – stützt: Virilio 1993.

den Medien inszenierten Techno-Heroismus versteckt. Dies war der, zusammenfassend noch einmal zu betonende, Unterschied zu den Szenen heroisierender Beschwichtigung des Sterbens, wie sie für den Zweiten Weltkrieg, für den Vietnamkrieg und auch noch für den Jugoslawienkrieg kennzeichnend waren.

Aufbau einer Armee und Kriegsgedenken im Nachkriegsdeutschland

Es ist hier nicht im Einzelnen zu belegen, dass die Bundeswehr in der Mitte der 1950er Jahre gegen eine zunächst weitgehend ablehnende deutsche Bevölkerung aufgebaut wurde. Diese anti-militaristische Stimmungslage, die auf der Erinnerung an den gerade zurückliegenden Zweiten Weltkrieg beruhte, brachte der bayrische Politiker Franz Josef Strauß auf die vielzitierte Formel, dass die Hand desjenigen „verdorren" möge, der wieder ein Gewehr in die Hand nehme. Auch zeigen die von Instituten der Meinungsforschung erhobenen Daten, dass die Verteidigungs- und Kriegsbereitschaft der deutschen Bevölkerung bis in die Gegenwart hinein zurückhaltender und abwehrender ausfällt, als dies für die Bevölkerung der europäischen und atlantischen Bündnisstaaten gilt.[112]

Und doch brachte es der Wiederaufbau einer Armee mit sich, dass die im Umkreis dieses Prozesses anfallende Informationen und Diskussionen zu einer Einstimmung auf Kriege führten, die für die Zukunft nicht notwendig ausgeschlossen wurden. Es kam im Besonderen zu einer Vorschau darauf, wie heldenhafter Einsatz im Krieg wieder einmal möglich werden könnte. Um dies zu erkennen, ist es hilfreich, sich mit etwas sozialer Phantasie vorzustellen, was passiert wäre, wenn die Bundesrepublik auf die Neugründung einer Armee verzichtet hätte. Was gefehlt hätte, lässt sich hier überblicksartig zusammenfassen.

Ohne die Bundeswehr wäre es nicht zu einer Kontinuität des militärischen Erbes des NS-Regimes gekommen. Die für den Aufbau der neuen Armee unverzichtbaren hochrangigen, aber auch die weniger exponierten Soldaten Hitlers sorgten dafür – ob sie wollten oder auch nicht wollten –, dass ein Stück jenes Geistes der militärischen Disziplin und Unterordnung in die Republik einzog, ohne den Hitlers Krieg nicht möglich gewesen wäre. Es war diese personelle Kontinuität, die eine mögliche Verankerung der neuen Republik in pazifistischen Traditionen der deutschen Geschichte schwächte und es unmöglich machte, sich von der militaristischen deutschen Tradition zu verabschieden.

---

112 Vgl. dazu etwa für das Ende der 1970er Jahre Zoll 1982: 33ff. Vgl. zur Intervention der Westalliierten im Golfkrieg 1991 die Umfrage-Ergebnisse von SOFRES (Nouvel Observateur, 31.1.–6.2.1991) und EMNID (Der Spiegel, 28.1.1991), die zeigen, dass die prinzipielle Zustimmung der Deutschen ca. 10 % niedriger lag (66 %) als die in Frankreich (75 %).

Allein die Tatsache, dass überhaupt eine Armee geschaffen wurde, zwang zur Beschäftigung mit militärischen Angelegenheiten.

1976 formulierte der Wehrbeauftragte des Deutschen Bundestages Karl Wilhelm Berkhahn in seinem Jahresbericht: „Mehr als zwei Jahrzehnte Bundeswehr haben einige Leistungen hervorgebracht, die einer Überlieferung auch im Sinne der Tradition wert sind; soldatische Tugenden und Leitbilder vergangener deutscher Armeen behalten für die Bundeswehr Gültigkeit, wenn sie nicht mit den fundamentalen Grundsätzen unserer Verfassungsordnung in Widerspruch stehen [...]" (zit. nach Harder, in: Harder/Wiggershaus 1985: 142).

Die Äußerung verweist darauf, dass die überkommenen soldatischen Werte – ihrer Einschränkung durch einen sogenannten Traditionserlass zum Trotz (1965)[113] – wirksam blieben. Transportiert wurden sie über konkrete Formen der Ausbildung, soweit diese in die Öffentlichkeit durchdrangen. In der Zeit des Kalten Krieges zielten sie darauf, „im Frieden durch Kampftüchtigkeit einen Abschreckungsbeitrag zu leisten".[114] Zu traditioneller Härte der Ausbildung bekannte sich der Verteidigungsminister von Hassel auch dann noch, als Schikanen in der Ausbildung zum Tod von Rekruten geführt hatten.[115] „Kriegsnahe Ausbildung", so argumentierte der Minister 1964, spare im Verteidigungsfall Blut. Einschränkend fügte er hinzu, sie müsse „ihre Grenze in der Menschenwürde und in der Leistungskraft des Einzelnen finden" (Bulletin, zit. nach Harder, in: Harder/Wiggershaus 1985: 135).

In der Außendarstellung der Bundeswehr waren soldatische Tugenden und Leitbilder vor allem dadurch präsent, dass „Bürger in Uniform", wie zurückhaltend auch immer, am öffentlichen Leben teilnahmen, dass Militärs an Staatsempfängen und Bestattungsfeierlichkeiten mitwirkten, dass bei Einweihungsfeiern von Kasernen, bei Flugschauen, Zapfenstreichen und Gelöbnisfeiern militärische Symbolik entfaltet wurde.[116]

Während einerseits der Aufbau einer deutschen Armee den Blick auf mögliches heldenhaftes Sterben in künftigen Kriegen lenkte, gab es andererseits vielfache Anreize zur Rückschau auf vergangenes Kriegsheldentum. Dieses Kriegsgedenken war in dreifacher Weise institutionalisiert. Zum Ersten wird die Kriegserinnerung allein schon durch die bloße Existenz des „Volksbundes

---

113 Vgl. Harder, in: Harder/Wiggershaus 1985: 123ff. Wie sich eine Verbindung zwischen „alt und neu" in der öffentlichen Diskussion immer wieder herausbildete, zeigt die unmittelbare Vorgeschichte des Erlasses, die mit dem kritischen Jahresbericht des Wehrbeauftragten (1963), General Heye, verknüpft ist. (Der „Fall Heye" und seine Konsequenzen werden ausführlich dargestellt in v. Bredow 1969: 94ff.)
114 So Generalmajor a. D. Eberhard Wagemann, in: Zoll 1977: 72.
115 1957 beim Luftjägerbataillon 19 in Kempten und 1963 bei einer Fallschirmjägereinheit in Nagold. Vgl. Wiggershaus, in: Harder/Wiggershaus 1985: 133f.
116 Zur Außendarstellung leisteten insbesondere auch die soldatischen Traditionsverbände ihren Beitrag. Beispielsweise feierte der Deutsche Marinebund 1953 den sogenannten „Skagerrak-Tag" ganz selbstverständlich mit einem Fackelzug, mit Zapfenstreich, mit der kaiserlichen Marine-Flagge und mit uniformierter Marinejugend (Harder, in: Harder/Wiggershaus 1985: 46).

deutscher Kriegsgräberfürsorge e. V." wachgehalten. Zum Zweiten gibt es Gedenkfeiern, die – zum Teil unter Beteiligung des „Bundes" – am Volkstrauertag und an speziellen Jahrestagen (Kriegsbeginn, Kriegsende, Entscheidungsschlachten) abgehalten werden. Zum Dritten gibt es Friedhöfe und Denkmäler (Inschriften auf Denkmälern), die nicht nur Gedenkfeiern „umrahmen", sondern dauerhaft zur Kulisse des öffentlichen Lebens gehören.[117]

Der „Volksbund deutscher Kriegsgräberfürsorge e. V." wurde unmittelbar nach dem Ersten Weltkrieg gegründet (Dirschauer 1973: 43). Wie sich einer Ansprache seines „Bundesführers", Dr. Eulen, aus dem Jahre 1936 entnehmen lässt, bemühte er sich in der NS-Zeit darum, „die heldische Lebensauffassung im deutschen Volke wieder zu erwecken".[118] Die Fortexistenz des „Bundes" nach dem Zweiten Weltkrieg, seine Finanzierung durch öffentliche Gelder und seine Förderung durch exponierte Politiker, beispielsweise durch den ersten Bundespräsidenten Theodor Heuß (Dok. 1972: 88), darf keineswegs als Zeichen der Sympathie für das Heroisierungskonzept des „Bundes" gewertet werden. Und doch ist nicht zu übersehen, dass in der Regie des „Bundes" zumindest Elemente jener Ideologie Urständ feierten, die sich in schrecklicher Weise disqualifiziert hatte.[119] So zurückhaltend der „Bund" und seine Funktionäre den 1952 wieder eingeführten Volkstrauertag (zwei Sonntage vor dem ersten Advent) und andere Anlässe genutzt haben mögen, so erstaunlich ist es, dass noch Anfang der 1970er Jahre in der Zeitschrift des „Bundes" ‚Stimme und Weg', ein „Unmaß letzter Hingabe und Opferbereitschaft" sowie „todesverachtende Beispiele der Kameradschaft" gerühmt wurden (zit. nach: Dok 1972: 18). Entsprechend waren auch Reden zum Volkstrauertag vom Lob für „persönliche Tapferkeit und Lauterkeit" bestimmt, die im „Kriegsdienst", für viele „ein Opfergang", unter Beweis gestellt worden seien (zit. nach: Dok. 1972/Rede zum Volkstrauertag 1970 in Detmold).

Mit dieser traditionsbestimmten Rhetorik konkurrierte ein Neuansatz, der offiziell zum ersten Mal anlässlich eines Aufrufs zum fünfzigjährigen Bestehen des „Bundes" (1969) in die Diskussion eingeführt wurde. Es ging dabei um eine Kombination von „(50 Jahre) Dienst am Menschen" – d. h. „praktische Tätigkeit an den Gräbern" – mit „Dienst am Frieden" (Dok. 1972: 91). Hier gewinnt der Gedanke an Gewicht, dass es darauf ankomme, alle verfügbaren Kräfte gegen den Krieg zu mobilisieren. Demgegenüber zeigt eine Durchsicht auch noch neuerer Beispiele von Gedenkrhetorik, dass die Anerkennung

---

[117] Während hier die Erinnerung unter dem speziellen Gesichtspunkt ihres Beitrags zu interpretierender Beschwichtigung des Sterbens interessiert, wird sie unter dem Gesichtspunkt des Lernens aus Geschichte untersucht von: Reichel 1995.

[118] Kriegsgräberfürsorge, 16. Jg., Nr. 12 (Dez. 1936), zit. nach: Internationale der Kriegsdienstgegner/Dokumente 1972: 60 (im Folg. zit.: Dok. 1972).

[119] Dies verkennt Mosse im „ausblickhaften" Schlusskapitel, weil er das Gewicht unberücksichtigt lässt, das nach dem Zweiten Weltkrieg der Rhetorik der Gedenkveranstaltungen zukommt (Mosse 1993: 3. Teil/10.).

„soldatischer Leistung" beibehalten wurde. Sie bleibt im Rahmen der Vorstellung möglich, dass Menschen „unfriedfertig" seien und – so sehr dies beispielsweise von einem Bonner Redner am Volkstrauertag 1992 bedauert wurde – dadurch „gezwungen wurden, zu kämpfen und zu töten" (Generalanzeiger, Bonn, 16.11.1992). Derselbe Grundgedanke bestimmte dann etwa auch eine Münchner Gedenkfeier, auf der der parlamentarische Staatssekretär und stellvertretende Bezirksvorsitzende des „Bundes", Erich Riedl, den Bezug zum Jugoslawienkrieg herstellte. Dessen „Botschaft gegen Krieg und Gewalt, gegen Hass und Vorurteile, gegen Ungerechtigkeit und Willkür" verband Riedl mit dem Hinweis auf die „Unzulänglichkeit der Menschen, besonders der Politiker, Konflikte mit politischen Mitteln auszutragen und Kriege zu verhindern" (zit. nach: Süddeutsche Zeitung, 16.11.1992).

Welche „Erinnerungsbotschaft" geht schließlich von Friedhöfen und Denkmälern (Inschriften auf Denkmälern) aus? Die vom „Bund" angelegten Soldatenfriedhöfe waren als Mahnmale gedacht. Wie der Spezialliteratur zu entnehmen ist, war die landschaftsarchitektonische Gestaltung zunächst noch vom Burg- und Hain-Gedanken bestimmt, der in der germanischen Tradition wichtig war. Zu ihr gehörte das Gemeinschaftsgrab unbekannter Toter. Seit Mitte der 1960er Jahre setzte sich dann aber eine Anlageform durch, die – nach dem Vorbild der westlichen Alliierten – einer seit dem Ersten Weltkrieg geltenden Tradition der Einzelgrabbezeichnung folgt (Boehlke, in: Krüger 1986: 235ff.; auch: Lurz 1982: 38ff.). Auf den einzelnen Soldaten bezogen wird auf diese Weise die „soldatische Leistung" hervorgehoben, sodass – im Einklang mit der zitierten Gedenkrhetorik – auch über die „Friedhofskultur" Momente eines heroisierenden Verständnisses des Sterbens in die Gegenwart hineinreichen.

Was speziell die „Gedenksteinkultur" angeht, so wurde diese durch den alliierten Kontrollrat dezimiert, soweit es sich um Denkmäler aus der NS-Zeit handelte (Bach 1985: 263). Es blieb aber bei einer Vielzahl von Monumenten, die in ihrer Ausstrahlung, auf Friedhöfen oder auch auf öffentlichen Plätzen stehend, die „Friedhofskultur" ergänzen. In der Mehrzahl handelt es sich dabei um Denkmäler, die auf den Ersten Weltkrieg, wenn nicht sogar auf den deutsch-französischen Krieg von 1870/71 zurückgehen. Durch das Abmeißeln von Hakenkreuzen und das Anbringen von Namenstafeln korrigiert und modifiziert oder teilweise auch neu gestaltet, wurde auf diesen Denkmälern das Gedenken an die Toten des Zweiten Weltkriegs der Erinnerung an frühere Kriege hinzugefügt.[120] Das aber heißt, dass über solche Gedenksteine auch noch

---

120 Vgl. zu einer Beschreibung von Hamburger Denkmälern, in der zwischen erweiterten Denkmälern des Ersten Weltkriegs und neu geschaffenen Monumenten unterschieden wird: Jens Rohde, Gefallenendenkmäler in Hamburg. Der Wandel ihrer Aussagen zum Soldatentod nach den Kriegen 1870/71, 1914–1918, 1939–1945. Jahresarbeit im 13. Generalstabslehrgang an der Führungsakademie der Bundeswehr, Abtl. Heer, Lehrgruppe B, Hamburg, 1. Okt. 1971; ref. nach Lurz 1987: 450.

für die Gegenwart der Typus eines nationalen Heldenmals bestimmend bleibt, das sich in Deutschland seit den Freiheitskriegen gegen Napoleon durchsetzte (Boehlke, in: Krüger 1986: 233ff.). Es signalisiert und macht durch großenteils beibehaltene und allenfalls verkürzte Inschriften (z. B.: „Für uns") geltend, dass es ruhmreich sei, für das Vaterland zu sterben.

Wo durch Inschriften ein spezieller Bezug zu Aufgaben der Friedensbewahrung hergestellt wird – etwa mit der Formel eines Dortmunder Denkmals: „Unser Opfer ist Eure Verpflichtung – Frieden!" – ist man auf den ersten Blick versucht, eine andere Ausstrahlung anzunehmen: Liegt nicht in der Forderung nach Frieden eine indirekte Kritik, die sich auf schuldhaftes Handeln sowohl in Kriegen als auch bei der Vorbereitung von Kriegen beziehen könnte? Bei näherer Betrachtung ändern jedoch punktuelle Friedensbezüge nichts daran, dass nach dem Prinzip „Über Tote nichts Böses/nur Gutes" Täter als Tote nicht angeklagt werden. Inschriften auf Gedenksteinen bringen daher – zumal, wenn es sich um Kurzformeln handelt – Hochachtung vor „soldatischer Leistung" zum Ausdruck.

Daneben gibt es zweifellos eine Reihe von Denkmälern, die als Neuschöpfungen bildnerischer Kunst die Einsicht zu artikulieren suchen, dass es sich im Zweiten Weltkrieg um einen Krieg neuen Typs handelte, in dem es eine Vielzahl auch ziviler Opfer gab. Indessen müssen solche Opfer- und Mahnmale, zumal die beispielsweise für Rotterdam (Ossip Zadkin: Die zerstörte Stadt), für Coventry (Jacob Epstein: Schmerzensmann) oder für Hamburg (Gerhard Marcks: Das Totenschiff/Bombenopfermal) gestalteten Mahnplastiken, als Ausnahmen betrachtet werden.[121]

Wie schwierig es ist, Gedenkstätten zu schaffen, die den beispiellosen Vorgängen des Zweiten Weltkriegs angemessen sind, zeigt der in den 1980er Jahren geführte und vor der Wiedervereinigung zunächst ergebnislos abgebrochene Streit um eine Mahn- und Gedenkstätte, die in der Bundeshauptstadt Bonn entstehen sollte (Puvogel u. a. (Hrsg.) 1995: 506f.). Im Besonderen ergibt sich aus dem „Inschriftenstreit", der mit dieser Auseinandersetzung verbunden war, wie schwer es fällt, aus überkommenen mentalen Weichenstellungen des Totengedenkens herauszufinden. Der Streit bezog sich einerseits auf die Forderung, Täter unterschiedlichen Typs voneinander abzugrenzen (einfache

---

121 Boehlke, in: Krüger 1986: 240ff. Diese Plastiken sind – in geringer Zahl – neben die vorherrschenden Denkmalstypen, nicht aber an deren Stelle getreten. Dies lässt sich an einem Hamburger Beispiel verdeutlichen: Ein von Alfred Hrdlicka geschaffenes „Mahnmal" wurde 1985 neben einem aus dem Jahr 1936 stammenden „Ehrenmal" aufgestellt (Lurz 1987: 25). Als Ausnahme muss es gelten, wenn sich im Umkreis von Dörfern und Kleinstädten Denkmäler finden, die aus der Routine der „Gefallenenhuldigung" heraustreten. Einen Fingerzeig liefert hier die sowohl in der Präzision der Belege als auch in der Reflexion versäumter „Vergangenheitsbearbeitung" vorbildliche Regionalstudie von: Reinhold Gärtner/Sieglinde Rosenberger, Kriegsdenkmäler. Vergangenheit in der Gegenwart, Innsbruck 1991. Die hier für eine österreichische Region ermittelte Dominanz von „Opfer- und Huldigungsdenkmälern" hat auf der so noch nicht untersuchten deutschen Regional- und Lokalebene zweifellos ihre Entsprechung.

Soldaten von herausgehobenen SS-Rängen). Andererseits ging es um die Frage, ob im Krieg aktive Täter von zivilen Opfern des Kriegs, im Besonderen von Minderheiten abgehoben werden sollten, die aus rassistischen Gründen verfolgt wurden. Dabei setzte sich als dominierende Einstellung durch, das Totengedenken „pauschalisierend" am Heldentod auszurichten. Die Gedenkstätten-Lösung, die nach der Wiedervereinigung in Berlin realisiert wurde, hält an einer undifferenzierten Ehrung von Tätern und Opfern fest.[122]

Aktuelle Kriege und eine wiedererstandene deutsche Armee halten vergangenes Kriegsheldentum lebendig. Die Aktivitäten des „Volksbundes Deutsche Kriegsgräberfürsorge e. V." sind so beschaffen, die Friedhöfe und die Kriegsdenkmäler so angelegt und ausgestaltet, die Inschriften so formuliert und die an Gedenktagen wiederkehrenden Reden so gefärbt, dass über all diese Vehikel des Toten-Gedenkens – zum Teil unbeabsichtigt – Anregungen zu einer heroisierenden Beschwichtigung des Sterbens transportiert werden.

Über die Ausstrahlung aktueller Kriege und ihren Techno-Heroismus hinaus ist daher in den globalen Netzwerken des Sterbens „kriegshaltige Metaphorik" präsent. In einem Annäherungsvergleich mit der Welt des Theaters können Gesellschaften, die sich als unheroisch verstehen, als Bühnen betrachtet werden, auf denen „belebte Vermittler" und „leblose Vermittler" Schauspiele inszenieren, die vor „heroisierender Kulisse" ablaufen.

2 Sterbeszenen im Sport

Heroisierend beschwichtigende Interpretationen des Sterbens, die in globalen Sterbe-Netzwerken verbreitet werden, beziehen sich auch auf Sterbeszenen, die sich in der Arena des Sports beobachten lassen. Es gibt sportliche Ereignisse, die in lokale, regionale und nationale Grenzen verbannt bleiben. Man denke etwa an das international bedeutungslos gebliebene Petanque-Spiel, das kaum aus dem Einzugsbereich romanischer Länder herauskam. Demgegenüber gibt es Sportarten und Sportveranstaltungen, die weltweit Aufmerksamkeit erregen. Ein zentraler, wenngleich nicht unverzichtbarer Attraktionsfaktor liegt zweifellos in der Faszination sportlicher Aktivitäten, die mit dem Risiko des Sterbens verbunden sind. Auch vom „technischen Beiwerk" einzelner Sportarten kann eine besondere Anziehungskraft ausgehen.

---

122 Vgl. zur Diskussion im Vorfeld der Entscheidung über eine Bundesgedenkstätte, zu der Schinkels Neue Wache (Berlin, Unter den Linden) bestimmt wurde: Reinhard Koselleck, Bilderverbot. Welches Todesgedenken? In: Frankfurter Allgemeine Zeitung, 8.4.1993. Vgl. zu erfolglosen Bemühungen um eine Differenzierung am Beispiel des Friedhofes von Costermano bei Verona: Hansjacob Stehle, Die Mörder bleiben in Ehren, in: Die Zeit, 13.11.1993.

Im hier beispielhaft ausgewählten Autorennsport kommen beide Faktoren zusammen: Es kann jederzeit, wie etwa auch im Boxsport oder in einigen Disziplinen des Wintersports, zu tödlichen Unfällen kommen und diese können ebenso auf individuelle Fehler der Akteure wie auf Mängel zurückgehen, die sich in die „Wunderwerke der Technik" einschleichen. Die Analogie zur Kriegstechnik, die ihre Erfinder und Anwender töten kann, ist unübersehbar. Es kommt als Übereinstimmung zwischen beiden Arenen hinzu, dass Konkurrenzkämpfe – bis auf den Tod – ausgetragen werden. Daher überrascht es nicht, dass Autorennen in den Medien ähnlich große Aufmerksamkeit finden wie Kriege.[123]

An Autorennen interessiert hier, parallel zum Kriegsgeschehen, wie Beinahe-Sterben und Sterben inszeniert werden. Wichtig ist dabei auch eine kommerzielle Komponente, auf die im nächsten Abschnitt eingegangen wird (II. Instrumentalisierung heroisierender Beschwichtigung des Sterbens). Im Unterschied etwa zum Golfkrieg (1991) ist von vornherein auffällig, dass die Menschen, die das Risiko des Sterbens eingehen, sich nicht verstecken. Zur Show gehört, dass die vermummten Gestalten, die in die Cockpits steigen, bekannt sind. Die Zuschauerinnen und Zuschauer wissen, wer in den Maschinen, die sich durch Zahlen-, Team- und Werbesymbole voneinander abheben, sein Leben riskiert.

Ein Fahrer, der durch seine persönliche Ausstrahlung wie kein anderer zum Aushängeschild der Formel 1 wurde, war Ayrton Senna, der am 1. Mai 1993 auf der Rennstrecke von Imola (Italien) aus einer Kurve getragen wurde und starb. Er wird hier als herausragender Repräsentant der Formel-1-Autorennen ausgewählt. Sie stehen für heroisierende Inszenierungen des Sterbens, wie sie auch in anderen Sportarten – wenngleich in zumeist weniger imponierender Weise – angeboten werden.

Einem Interview, das Max Mosley als Präsident des Internationalen Automobilverbandes zum Abschluss der Saison 1994 gab, ist zu entnehmen, dass sich Veranstalter und Fahrer auf ein „tödliches Spiel" einlassen. Auf den Tod der Piloten Roland Ratzenberger und Ayrton Senna angesprochen, antwortete Mosley: Das große Publikum habe nie „die Illusion gehabt", dass die Formel 1 „nicht gefährlich" sei (Le Monde, 15.11.1994: 17). Dazu passt die sich anschließende Bemerkung des Präsidenten: Von möglichen Beschränkungen der Geschwindigkeit halte er nichts. Es sei nun mal in der Formel 1 so, dass man bei 280 km/h genauso tödlich verunglücken könne wie bei 300 km/h („On se tue aussi bien").

---

123 Das Rennen um den Grand Prix von Imola (Italien), in dem Ayrton Senna am 1.5.1993 starb, sahen 440 Millionen Menschen im Fernsehen; Angaben bei Woodward 1994: 38.

Und doch garantiert das Sterben auf der Rennstrecke noch keine öffentlichkeitswirksame Inszenierung. Der schon erwähnte Ratzenberger starb beim Qualifikationsrennen einen Tag vor Senna, ohne dass dies die Medien besonders aufgeregt hätte. Der Grund dafür ist zweifellos, dass es hier einen Neuling traf, der noch keine besonderen Leistungen aufzuweisen hatte. Auch darf vermutet werden, dass ein tödlich verunglückter Alain Prost, Sennas langjähriger Konkurrent, der mehr Rennen gewonnen hatte als der Brasilianer,[124] es niemals zum „Welt-Helden" gebracht hätte. Um eine solche Resonanz zu finden, waren demnach Ingredienzien notwendig, die im Profil der Persönlichkeit und speziell im Fahrstil Sennas liegen.

Die vielen Details, die zu Sennas Verhalten vor allem im Rennen gesammelt wurden,[125] summieren sich zum Bild einer Fahrerpersönlichkeit, von der sich die Konkurrenten auf der Rennstrecke genauso abgestoßen fühlten wie die Menschen, die außerhalb des Cockpits mit ihm zu tun hatten. Paradoxerweise war es gerade die Zusammenballung unangenehm berührender Eigenschaften, die in Verbindung mit Sennas strahlenden Erfolgen eine „magische" Wirkung hatten.[126] Senna machte sich die im Motorsport liegenden Möglichkeiten zunutze, so dass es – nach der eindringlichen Schilderung des Journalisten Woodward – so aussah, als übe der Brasilianer „magnetische Kontrolle" über das ihn umgebende Chaos aus. Kein Fahrer der letzten Jahrzehnte habe es fertiggebracht, „[to] move spectators so deeply with the sublime spectacle of deafening, concentrated, apocalyptic speed as Senna" (Woodward 1994: 37).

Bei einer Geschwindigkeit von 300 km/h kam es im Jahre 1989 beim Großen Preis von Portugal zu einer dramatischen Situation, als Senna seinen langjährigen Rivalen, Alain Prost, durch ein Abdrängungsmanöver am Überholen zu hindern versuchte (Domecq 1994: 119f.). Fast noch gefährlicher agierte Senna am Ende der Saison 1990 auf dem japanischen Rennkurs Suzuka, als er Prost ins Heck fuhr, dadurch dessen Ausscheiden provozierte und seinem Konkurrenten auf diese Weise die Möglichkeit nahm, Sennas WM-Punkte-Vorsprung einzuholen (Woodward 1994: 39). Der Brasilianer gab diese Absicht offen zu und veranlasste Prost zu der Bemerkung: „With him racing isn't a sport; it's war." (Zit. nach: Woodward 1994: 39)

Hinter dieser Art des „schmutzigen Fahrens" steckten maßloser Ehrgeiz und unbändiges Verlangen danach, Außerordentliches zustande zu bringen (Domecq 1994: 122f.) und – wenn möglich – die Grenzen der Leistungsfähigkeit zu überschreiten. Wenn ihm das gelang, so hatte er erreicht, was er nach

---

124 Prost: 51; Senna: 41 (Woodward 1994: 37).
125 Vgl. neben Woodward 1994 auch: Jean-Philippe Domecq, Senna: Pouquoi ce deuil mondial? in: Esprit, Juli 1994: 112–133.
126 „Magic Senna" nannte ihn der Fachjournalist Johnny Rives (vgl. Domecq 1994: 126).

eigener Aussage am meisten liebte: „Weit gehen, weiter gehen, noch weiter gehen" (zit. nach: Domecq 1994: 127). Dazu gehörte auch – ebenfalls nach Sennas eigener Aussage –, den Gegner zu destabilisieren (ebda.), wie er es immer wieder vorführte und schon bei seinem ersten legendären Sieg in der Formel 1 auf regennasser Bahn in Estoril (1985) gezeigt hatte: Er war sofort an der Spitze. Seine Gegner sahen ihn erst wieder, als er sie überrundete und diesen Vorsprung, ohne dass sein Sieg davon abhängig gewesen wäre, immer weiter ausbaute. Am Schluss hatte er den nach ihm platzierten Fahrern – unter ihnen Prost – eine, zwei, fünf und sechs Runden abgenommen (Demecq 1994: 123).

Bedenkt man all dies, so wird klar, warum Sennas Tod zu einem Weltspektakel mit riesenhafter Beteiligung von Fernsehzuschauerinnen und -zuschauern wurde. Als sein Sarg in Rio de Janeiro ankam, sollen eine Million Brasilianerinnen und Brasilianer auf den Beinen gewesen sein. An den nationalen Bestattungsfeierlichkeiten in Sao Paulo sollen drei Millionen Menschen mitgetrauert haben (Zahlenangaben bei: Domecq 1994: 112f.).

In einem weiteren Sinne begann die Inszenierung von Sennas Sterben nicht erst in Imola. Ihr gingen „halbe Inszenierungen des Sterbens" in früheren Rennen voraus, die kraft Erinnerung in das Imola-Spektakel hineinreichen. Der Unterschied zur „Vollinszenierung" besteht darin, dass diese den Tod einschließt, der der „halben Inszenierung" als Abschluss fehlt. Genau besehen, ist jedes Autorennen und jede Sportveranstaltung, wo mit dem Sterben von Sportlerinnen und Sportlern gerechnet werden muss, ein Sterbespektakel. Wie in der Fernseh-Reportage zum Jugoslawienkrieg, auf die im vorigen Abschnitt Bezug genommen wurde, ist das Ende der inszenierten Mutproben ungewiss. Hätten die Zuschauerinnen und Zuschauer von vornherein gewusst, dass dem 16-jährigen Jungen nichts zustoßen würde, so wäre der Filmbeitrag kaum von Interesse gewesen. Was ihn hochspannend und reizvoll machte, war sein ungewisser Ausgang: Kommt der Junge durch oder stirbt er? Entsprechend gilt für den Ablauf von Autorennen: Kommt es zu möglicherweise tödlichen Unfällen – oder nicht?

Damit richtet sich der Blick am Schluss des für die Arena des Sports ausgesuchten Illustrationsbeipiels noch einmal auf Krieg, Vorausschau auf Krieg und Kriegsgedenken: Formel-1-Reportage ist Kriegsberichterstattung. Zuschauerinnen und Zuschauer nehmen an Inszenierungen des Sterbens teil, deren Heldinnen und Helden unabhängig davon faszinieren, ob sie überleben („halbe Inszenierung") oder aber getötet werden („Vollinszenierung").

3 Sterbeszenen in der Politik

Sterbeszenen, wie sie in der Arena des Sports eingeplant sind, können sich ebenso auf offener Straße ungeplant abspielen. Vor allem herausgehobene politische Akteurinnen und Akteure können unverhofft in die Rolle von Kandidaten oder „Absolventen" des Sterbens geraten, auf die sich die Scheinwerfer der Medien richten.

Lebensgefährliche Attentate auf „Staatsakteure" (Oskar Lafontaine – Wolfgang Schäuble)

Oskar Lafontaine gerät am 25. April 1990 in Lebensgefahr, als der Messerstich einer psychisch kranken Frau um ein Haar seine Halsschlagader verletzt. Bei Wolfgang Schäuble sind es die Schüsse eines geistig verwirrten Mannes, die ihn am 12. Oktober 1990 ins Rückenmark treffen.

Der Hergang des Attentats wird in beiden Fällen in ebenso dramatisierender wie emotionalisierender Weise hochgespielt. Da ist beispielsweise die Bild-Zeitung, die auf ihrer ersten Seite das „Unfassbare" des Anschlags auf Lafontaine einen Tag danach wie folgt schildert: „Blut spritzte wie eine Fontaine aus dem Hals. [...] Chaos, Schreie, Tränen" (Bild-Zeitung, 26.4.1990). In Verbindung mit detaillierten Berichten über die medizinische Versorgung beider Männer und speziell den Verlauf der Operationen, denen sie sich zu unterziehen haben, wird zunächst die Frage nach ihrem Überleben diskutiert. Als dieses gesichert scheint, schließen sich Überlegungen zur politischen Zukunft beider an. Die innere persönliche Erschütterung, die für die Betroffenen in diesem Erlebnis liegt, kommt so gut wie nicht zur Sprache.[127]

Allein bei Lafontaine gibt es kurz nach der Genesung Momente der Nachdenklichkeit, über die in den Medien berichtet wird. Vielfach wiedergegeben und kommentiert wird der Inhalt einer dpa-Meldung, nach der Lafontaine sein Bedauern darüber äußert, „dass nicht nachvollzogen wird, was es für mich bedeutet hat, Opfer eines solchen Anschlags zu werden: Man erwartet von mir, dass ich bereits nach kurzer Zeit stramm zu stehen und meine Pflichten zu erfüllen habe. Das war für mich unverständlich" (dpa, 18.5.1990).

Tatsächlich lassen sich beide Politiker wieder problemlos in die Fron verantwortlicher Ämter nehmen. Dies wird von den Medien mit dem Unterton einschränkungsloser Bewunderung berichtet. Das dramatisierende Hochspielen des Tathergangs, das nach einigen Monaten der Befriedigung von Schaulust abbricht, wird durch eine entwarnende Präsentation von Gelassenheit

---

[127] Diesen Hinweisen liegt für die Zeit der ersten Woche nach den Attentaten eine Auswertung folgender Medien zugrunde: Bild-Zeitung, (Bonner) Express, Frankfurter Allgemeine Zeitung, Die Zeit und Der Spiegel. „Quality Press" und Boulevard-Presse unterscheiden sich inhaltlich kaum, sondern in der Hauptsache durch den im Boulevard stärker emotionalisierenden Sprachgestus.

abgelöst. Bei Lafontaine greift diese sehr schnell, weil keine bleibenden Schäden erkennbar sind. Als er die Klinik verlässt, sieht er – nach einem Bericht der Saarbrücker Zeitung (3.5.1990) – „überraschend gut aus. [...] wirkte wie eh und je".

Schäuble „brilliert" dadurch, dass er schon knapp drei Wochen nach dem Anschlag beginnt, die Eindrücke und Erfahrungen niederzulegen, die er im Frühjahr/Sommer 1990 als zentrale Figur der Verhandlungen, die zum deutschen Einheits-Vertrag führten, gewonnen hatte (Jürgen Leinemann, „Das Beste daraus machen", in: Der Spiegel, 25.11.1990). In der Folge konzentriert sich die Aufmerksamkeit der Medien auf die vielfältigen Maßnahmen der Rehabilitation, denen sich der Innenminister unterzieht und deren Erfolg – unter dem Beifall der Beobachtenden – daran ablesbar ist, dass Schäuble schon sechs Wochen nach dem Attentat wieder im Ministerium und am Kabinettstisch sitzt.

Zu einer solchen, fast lückenlosen Fortsetzung der Karriere gehört bei Schäuble auch die Hilfestellung seiner Familie, die in den Medien stark herausgestellt wird. Die Aufmerksamkeit richtet sich besonders auf Schäubles Tochter, von der berichtet wird, sie habe ihren Vater im Überlebenskampf unmittelbar nach dem Anschlag zur „Raison des Weitermachens" (der Verf.) gebracht (Interview mit Christine Schäuble – im Rückblick –, in: Filmer/Schwan 1992: bes. 280).

Der wichtige Unterschied zu Lafontaine besteht darin, dass Schäuble unerschütterliches Durchhaltevermögen demonstriert, das über den Zeitraum der Genesung hinausreicht. Er wird zum Politiker im Rollstuhl, der diesen gleichsam als „Narbe" vorweisen kann. Von den Medien ins rechte Licht gebracht, beweist sie, dass dieser Mann dem drohenden Tod getrotzt hat. Wann immer Schäuble sich als Politiker inszeniert und von den Medien gefeiert wird,[128] so läuft die Rückblende auf Schäubles Beinahe-Sterben und seinen Sieg über das Sterben mit. Wann immer Schäuble sich – seit November 1990 als CDU/CSU-Fraktionsvorsitzender oder später auch in anderen Ämtern – im Rollstuhl in Szene setzt oder in Szene gesetzt wird, so profiliert er sich als Politiker mit fast übermenschlichen Eigenschaften: Er hat die Energie gehabt, dem Tod „von der Schippe zu springen".

Von Schäuble selbst wird diese heroisierende Beschwichtigung im Gespräch mit Peter Radtke, der seit Geburt von der Glasknochenkrankheit betroffen ist, gestützt: Von Radtkes Überlegung, ob nicht „das Menschsein durch etwas anderes definiert sein (müsse) als durch Leistung", möchte Schäuble nichts wissen. Die Trauerarbeit möchte er sich von Radtke „nicht zu hoch verordnen"

---

128 Vgl. etwa die eindrucksvolle Reportage von Herbert Riehl-Heyse: „Effektvoll auf dem Weg zum Mythos. Ein Jahr nach dem Attentat trägt die körperliche Behinderung des bisherigen Innenministers ohne eigenes Zutun zu seiner Durchschlagskraft bei", in: Süddeutsche Zeitung, 23./24.11.1993.

lassen (Peter Radtke und Wolfgang Schäuble im Gespräch, Süddeutsche Zeitung, Magazin, 21.12.1992/Nr. 8).

Am Arrangement von ärztlichen Bulletins und dramatisierenden Illustrationen der Todesnähe von Politikern sind auch die elektronischen Medien beteiligt. An der Inszenierung des Beinahe-Todes und damit auch an der Botschaft, die von ihr ausgeht, haben sie maßgeblichen Anteil. Es wird vermittelt, dass auch in Friedenszeiten Heldentum möglich und – folgt man Schäubles Interpretation – erwünscht ist. Heldenrollen werden von Politikern gespielt, die das Risiko des Todes nicht suchen. Das unterscheidet sie von Kriegs- und Sporthelden. Indessen bewähren sie sich in der Herausforderung des Todes, dem sie absichtsvoll trotzen.

Schüsse auf „Protestakteure" (Benno Ohnesorg – Rudi Dutschke)

Dasselbe gilt auch für Rudi Dutschke, die wichtigste Leitfigur der studentischen Protestbewegung der zweiten Hälfte der 1960er Jahre. Das Attentat, das auf Dutschke am 11.4.1968 auf dem Kurfürstendamm in Berlin verübt wurde, muss im Zusammenhang mit der Erschießung des Studenten Benno Ohnesorg am 2.6.1967 gesehen werden.

Benno Ohnesorg stirbt durch Schüsse eines Polizeibeamten, der vor der Berliner Oper Dienst tut, wo durch ein massives Polizeiaufgebot Demonstrationen gegen den Schah von Persien unter Kontrolle gebracht werden sollen. Beschwichtigende Interpretationen des Sterbens beziehen sich auf einen tödlich getroffenen Studenten, der keine Gelegenheit hat, sich in der Herausforderung des Todes zu bewähren. Darin besteht der Unterschied zu Lafontaine und Schäuble einerseits, zu Rudi Dutschke andererseits. Der Exponent der Studentenbewegung wird – wie die beiden „Staatsakteure" – durch ärztliche Kompetenz gerettet und trägt durch eine bemerkenswerte Energie- und Durchhalteleistung zu seiner Gesundung bei.[129]

Was Dutschkes und Ohnesorgs Anhänger aus den Schüssen auf „Protestakteure" zu machen suchen, wird im nachfolgenden Abschnitt (II. Instrumentalisierung heroisierender Beschwichtigung des Sterbens) erläutert.[130] Für die Ausgestaltung von zwei Sterbeszenen muss festgehalten werden, dass die Schilderungen des Tathergangs und die Bilder von zwei gewaltsam niedergestreckten Menschen – mit einem „Touch" Voyeurismus – durchaus der Präsentation entsprechen, die sich bei den Attentaten auf Lafontaine und Schäuble erkennen lässt. Wenn indessen weder Ohnesorg noch Dutschke den Rang von Helden erreichen, so liegt das vermutlich daran, dass die zweifellos

---
129 Dutschke starb 1979 an den Spätfolgen seiner Verletzungen.
130 Vgl. dort auch die Belege für beide Sterbeszenen und ihre Interpretation.

vorhandene Faszination, die vom Sterben und Beinahe-Sterben der beiden „Protestakteure" ausgeht, in eine letztlich aussichtslose Konkurrenz zur faszinierenden Wirkung gerät, die von der staatlichen Ordnungsmacht und ihren vor allem polizeilichen Attributen ausgeht. Von den Medien massiv unterstützt, ziehen die Exponenten des Staates in den beispielhaft herangezogenen (Beinahe-) Todesfällen die Hauptaufmerksamkeit und Sympathie eines sicherheitsfixierten Publikums auf sich. Dieses sieht sich durch die Protestbewegung bedroht, so dass der Berliner Senat und der Regierende Bürgermeister, Heinrich Albertz, nach Ohnesorgs Tod die Verantwortung für die blutigen Ereignisse vor der Berliner Oper radikalen studentischen Minderheiten zuschieben können (Friedeburg u. a. 1968: 389f.). Daran kann auch die nachträgliche Selbstkritik des zum Rücktritt bereiten Regierenden Bürgermeisters nichts ändern, der seine „Politik der Stärke" im Rückblick als Schwäche interpretiert (Friedeburg u. a. 1968: 431f.). Sein Rücktritt im September 1967 wurde gerade deshalb fällig, weil seine Selbstkritik nicht zur Generallinie der Demonstration von Staatsmacht gegen „tod- und trauergestützten Protest" passte.

Wo Märtyrer – man muss hinzufügen: Beinahe-Märtyrer – durch eindrucksvolle Sterbebereitschaft ihre Sache „heiligen", müssen die Mächtigen sich in Acht nehmen.[131] Die Berliner Mächtigen waren beim Tod Ohnesorgs ebenso auf der Hut wie die Bonner Mächtigen, als Dutschke niedergestreckt wurde. Bevor Bundeskanzler Kiesinger dazu bereit war, mit ausgewählten Studierenden zu verhandeln (Der Spiegel, Nr. 17/1968: 29), versicherte er sich der Einsatzfähigkeit des Bundesgrenzschutzes (ebda.).

Auf Dutschkes erfolglose Bemühungen, die Aufmerksamkeit der Medien gegen die Mächtigen zu mobilisieren, wird im Abschnitt zur Instrumentalisierung des Sterbens eingegangen. Im Ganzen entsteht der Eindruck, dass die Staatsadministration, durch Sterben und Beinahe-Sterben von „Protestakteuren" herausgefordert, eine „heroisierende Ordnungsstruktur" vorführt. Diese kann sich auf die „todesverachtende Präsenz" einzelner „Staatsakteure" stützen, die – mit starkem Rückenwind der Medien – dafür stehen, dass die tragenden Heldenrollen keineswegs von den „Protestakteuren" gespielt werden.

Tödliche Verzweiflung (Pierre Bérégovoy)

Wenn Menschen von eigener Hand sterben, so hat das mit zwei Bereichen der Motivation zu tun, in deren innere Verästelungen zumeist nur schwer einzudringen ist. Prinzipiell ist aber zumeist klar, dass tödliche Verzweiflung vor

---

131 Vgl. diese Interpretation bei Eissler 1978: 218. Von denselben Überlegungen her interpretiert Oskar Negt die Angst der (chinesischen) Machthaber vor der Erinnerung an die Verbrechen auf dem Tiananmen-Platz (Peking) im Juni 1989 (vgl.: Negt/Kluge 1992: 159).

allem darauf zurückzuführen ist, dass es an der Erfüllung der Anforderungen mangelt, die von der Leistungsgesellschaft gestellt werden. Ihnen unterwerfen sich die Menschen in einer oft sehr persönlichen Interpretation dieser Anforderungen. Dabei kommt es auf das soziale und religiöse Herkunftsmilieu an. Im Einzelnen stellen sich berufliche Ausbildungs-, Weiterbildungs- oder Karriereprobleme: Es kann zu schlechten Zensuren in Schulen, Hochschulen und Lehrwerkstätten, zum Verlust des Arbeitsplatzes und zu Karrierebrüchen kommen. In unterschiedlichen Tätigkeitsbereichen machen erfolgsorientierte Menschen die Erfahrung des Scheiterns, weil sie in den Zwängen einer nicht immer durchschaubaren Logik des Systems Fehler machen.

Aus einem zweiten Motivationsbereich kommen Anstöße zur Selbsttötung, wenn es an partnerschaftlicher und freundschaftlicher Zuwendung fehlt. Solche Erfahrungen emotionaler Isolierung schmerzen insbesondere dann, wenn sie in Phasen des Misserfolgs fallen. Insoweit überschneiden sich die beiden Motivationsbereiche. Es kann aber auch durchaus sein, dass Misserfolge in Ausbildung und Beruf einerseits, gestörte und zerstörte Beziehungen – speziell Paarbeziehungen – andererseits für sich allein zur Katastrophe führen.

Woran liegt es, was geschieht und wie reagieren die Medien, wenn sich in globaler Öffentlichkeit exponierte Politiker selbst töten? Am Sterben von Pierre Bérégovoy, dem ehemaligen französischen Premierminister (01.05.1993), interessiert hier in erster Linie, wie mit seinem Freitod medial umgegangen wurde. Dabei geht es indirekt auch um den Hinweis darauf, dass die Verehrung als einen „kleinen Helden", die in den globalen französischen Netzwerken verbreitet wurde, auch in die mit ihnen verschränkten Netze anderer Länder einging.

Bérégovoy tötet sich mit der Dienstpistole seines Leibwächters in Nevers, der Loire-Stadt, in der er als Bürgermeister etabliert ist. Die Berichte über die letzten Monate vor der Tat[132] belegen die hier skizzierte Motivstruktur von Selbsttötungen. Zum einen kann Bérégovoy die in ihn als Premierminister gesetzten Erwartungen nicht erfüllen. Mit diesem Motiv des beruflichen Misserfolgs verbindet sich zum anderen ein persönliches Moment der Motivation, das mit seiner sozialen Herkunft zu tun hat.

Was zunächst das Scheitern als Premier angeht, so verknüpft sich mit Bérégovoys Ernennung im April 1992 die wenig berechtigte Hoffnung, er könne die Bilanz der sozialistischen Regierung bis zur bevorstehenden Parlamentswahl merklich verbessern. Seine Währungspolitik zeigt nicht die gewünschten Ergebnisse. Weder wird das wirtschaftliche Wachstum angekurbelt noch geht

---

[132] Hier wird eine Darstellung von Robert Schneider und Francois Bazin herangezogen, die auf sorgfältig recherchierten Beobachtungen von politischen Mitarbeitern und Gesprächspartnern Bérégovoys in den letzten drei Monaten vor der Selbsttötung beruht (Le Nouvel Observateur, 6.–12. 5. 1993: 22–27).
Soweit nicht anders vermerkt, wird aus diesem Artikel zitiert und referiert.

die Arbeitslosigkeit zurück. Zur Einlösung der Ansprüche eines sozialistischen Premiers wäre Letzteres aber besonders dringlich gewesen.[133] Damit ist aber die vernichtende Niederlage, die der *Parti Socialiste* im April 1993 kassiert, Bérégovoys persönliche Schlappe.

Der Eindruck eines persönlichen Anteils des Premierministers am schlechten Wahlausgang wird dadurch noch verstärkt, dass im Wahlkampf eine „Affäre Bérégovoy" hochkommt, eine „affaire du prêt", die vor der Wahl und dann besonders nach Bérégovoys Ausscheiden als Premierminister zu seiner Obsession wird. Kurz zusammengefasst, geht es darum, dass er – nach einer Veröffentlichung des „Canard Enchaîné" vom Februar 1993 – von dem befreundeten Unternehmer Roger-Patrice Pelat schon im Jahre 1986 ein zinsloses Darlehen über eine Million französischer Francs annimmt. Er verwendet das Geld, um im teuren 16. Arrondissement von Paris eine Eigentumswohnung zu kaufen. Daher belastet ihn der Verdacht, bestechlich zu sein, stellt es sich doch heraus, dass der Geldgeber Pelat in eine Reihe von Korruptionsaffären verwickelt ist, die hier nicht nachgezeichnet werden können. Es liegt die Vermutung nahe, dass Pelat mit seinem zinslosen Darlehen (vielleicht sogar Geschenk?) die Erwartung verbindet, ein einflussreicher Politiker wie Bérégovoy werde sich erkenntlich zeigen. Da hilft auch der Nachweis des Empfängers nichts, der Witwe des inzwischen verstorbenen Pelat das geliehene Geld zurückgezahlt zu haben.

Bérégovoy hat als Premier und später Ex-Premier fast nur noch die Affäre im Kopf: „Bin ich eine Belastung für die Partei?"; „Hat meine Darlehensaffäre zur Wahlniederlage beigetragen?". Dies Fragen berühren seine Vorstellungen von persönlicher Ehre. Als Sohn ukrainischer Einwanderer hat er sich mühsam nach oben gearbeitet und will als „Politiker von unten" über jeden Korruptionsverdacht erhaben sein. Zudem hatte er in seiner programmatischen Jungfernrede als Premierminister angekündigt, er werde dem „Abszess der Korruption" zu Leibe rücken.[134]

In diesen Zusammenhang leuchtet ein, dass François Mitterand das aus dem Ehrgefühl von Bérégovoy stammende Motiv für die Selbsttötung in der Formulierung verdichtet, er habe „lieber sterben als die Anschuldigung des Zweifels aushalten wollen".[135] In Bérégovoys Tat wird aber auch ein Akt der Rechtfertigung und zugleich der Anklage gegen eine Gesellschaft gesehen, die Menschen seiner Art letztlich abstoße.[136]

---

133 Vgl. bes. Bréhier 1993.
134 Vgl. Schneider/Bazin 1993: 24.
135 Mitterands Abschiedsrede ist u. a. abgedr. in: Le Figaro, 5.5.1993 (übers. von K. G.).
136 Der angesehene französische Journalist Jean Daniel formuliert: „Es gibt (in dieser Gesellschaft) Menschen, die durch ihr Leiden zeigen, dass sie nicht zynisch sind; es gibt Menschen, die zu sterben wissen und auf diese Weise zeigen, dass nicht alle korrupt sind" (sinngemäße Übersetzung einer „réflexion réhabilitrice" des Verf.); in: Le Nouvel Observateur, 6.–12.5.1993).

Zu überlegen bleibt noch, inwieweit Bérégovoy selbst zu seiner Verzweiflungstat beitrug. Hätte er nicht wissen müssen, so fragten Freunde und ihm Wohlgesonnene, dass ein Wohnungskauf im 16. Arrondissement für einen Mann wie ihn unangemessen war? Warum ließ er nicht die Finger von einem Darlehen, das zu Belastungen seiner Reputation als zugleich volksnaher und korruptionsfreier Politiker führen konnte? Ihm wurde sehr freimütig gesagt, dass er eine „connerie" (Dummheit) begangen habe, was ihm frühzeitig selbst klar geworden sein muss.

Daher erstaunt es, dass Bérégovoy nicht als Premierminister zurücktritt, als die „Sache mit dem Darlehen" publik wird. Im Vergleich zu den Belastungen anderer Politiker hätte er „die Sache" bagatellisieren und sein Amt dennoch mit der Begründung aufgeben können, auch für kleine Fehler müsse Verantwortung übernommen werden. Eine Auswechslung des Premiers vor der Wahl wäre zwar schwierig, aber angesichts der fast aussichtslosen Ausgangsposition des *Parti Socialiste* kein großes Handicap gewesen. Ein Comeback nach einer selbst auferlegten „Zeit der Buße" wäre durchaus denkbar gewesen. Stattdessen macht der Premier weiter – ganz im Stil dessen, was man von den Repräsentanten einer „politischen Klasse" gewöhnt ist, von der er sich abheben will.

Solche Überlegungen ändern nichts daran, dass – so François Mitterand – das Sterben von „Bérégovoy als unverdiente Tragödie eines ebenso tatkräftigen wie liebenswerten und ehrlichen Menschen betrachtet werden muss".[137] Und doch lässt sich nicht übersehen, dass Bérégovoy zu eben dieser Klasse gehört, die sich – quer durch alle Parteien und Medien – darum bemüht, ihn zumindest als „kleinen Helden" zu preisen. Im Detail wird sorgfältig ein Lebensweg beschrieben, der in einer immigrierten Arbeiterfamilie beginnt. Es werden die Stationen des Bildungs- und Berufswegs markiert, die Bérégovoy von unten nach oben durchläuft (Abschiedsrede von François Mitterand, in: Le Figaro, 5.5.1993).

Auch hinsichtlich des Freitods wird hier ein Zugriff heroisierender Beschwichtigung ersichtlich, der darauf zielt, über die Banalität des Sterbens hinwegzutäuschen. Soweit es überhaupt zu Selbsttötungen kommt, werden sie durch Bemühungen aufgefangen, ihnen den Makel des Unheroischen zu nehmen.

---

137 In diesem Sinne äußert sich auch der englische Literat John Berger zum „Begräbnis von Nevers", in: Frankfurter Rundschau, 8.5.1993.

4 Medien-Beteiligung

Bislang wurden hauptsächlich Printmedien ausgewertet, punktuell auch Fernsehaufzeichnungen, über die wiederum in Printform berichtet wurde: In den verschiedenen Arenen wird „echtes Sterben" dokumentiert, multipliziert und kommentiert. Andererseits wird es aber auch fingiert.[138]

Es gibt Filme und Fernsehproduktionen, in denen Personal stirbt, von dem Zuschauerinnen und Zuschauer wissen, dass es sich in einer weit entfernten fiktiven Unterhaltungswelt aufhält. Unter Einschluss von Kriminalfilmen vom Typ des „Tatorts" – einer Gemeinschaftsproduktion von ARD, ORF und SFR – wurden diese Fernsehfilme den lokalen Sterbe-Netzwerken zugeordnet und dort als Form der Selbstbeschwichtigung behandelt (KAP. 2 (II. 1.–5.).

Was die herkömmlichen Kriminalfilme, die Western- sowie die Kriegsfilme betrifft, so bedarf ihre heroisierende Präsentation des Sterbens keiner speziellen Illustration. Exemplarische Berücksichtigung verlangt dagegen ein im Fernsehen in vielen Variationen etabliertes Sendeformat des Reality-TV. Beachtung verdient auch eine spezielle Art von Dokumentationen, die im Fernsehprogramm einen festen Platz hat und an immer wieder neuen Beispielen vorführt, wie – vor allem an Aids und an Krebs erkrankte – Menschen ihre letzte Lebensphase verbringen.

Darüber hinaus muss, wie unvollständig auch immer, ein Eindruck davon vermittelt werden, was es bedeutet, dass das Sterbethema auch ins Internet Eingang gefunden hat.

Reality-TV

Im sogenannten Reality-TV geht das Fluidum des Heldischen nicht so sehr von Sterbenden als vielmehr von Einzelpersonen aus, die ihr Leben aufs Spiel setzen. Sie retten andere aus lebensgefährlichen Situationen, in die diese durch Krankheit, Sucht, Unfälle und Katastrophen geraten können. Wo Zuschauerinnen und Zuschauern das Sterben oder auch nur drohendes Sterben im Alltag vorgeführt wird, treten vor allem zwei Arten von Positivhelden auf: Entweder stemmen sich einzelne Akteure in vorbildlicher Weise dem Sterben von Mitmenschen entgegen. In einem solchen Fall wird „Rettungsheldentum" gezeigt. Oder aber es kommt zu „Ermittlungsheldentum", das sowohl in der Aufklärung von Todesfällen als auch in der Verfolgung von Täterinnen und Tätern bestehen kann.

---

138 Es muss darauf hingewiesen werden, dass es an Analysen, die das Lernen aus realen und fiktiven Lernangeboten (aus einer Vermischung beider) vergleichen, noch weitgehend fehlt. Indessen lässt sich kaum daran zweifeln, dass das in Fülle vorhandene „reale Material" in seiner Wirkung durch das " fiktive Material" verstärkt wird.

In Übereinstimmung mit dem zuletzt genannten Heldenmuster wählte die Pioniersendung des deutschen Reality-TV ihre Sterbestoffe aus. Die Sendung „Aktenzeichen XY – ungelöst" wird seit 1967 im Zweiten Deutschen Fernsehen ausgestrahlt, lange vor der Einrichtung privater Fernsehsender. Entsprechende Programme gibt es seit langem auch in den USA („America's Most Wanted") und in Großbritannien („Crimewatch"). 1993 zog auch der französische Privatsender TF 1 mit „Témoin No. 1" gleich (Nouvel Observateur, 25.2.–3.3.1993). Die Grundidee dieses Sendeformats der hohen Einschaltquoten besteht darin, dass dem Fernsehpublikum die Teilnahme an der Verbrechensbekämpfung ermöglicht wird. Es steht auf Seiten der Opfer und übernimmt ihre Sichtweise. Bei den Opfern handelt es sich zumeist um Menschen, die auf gewaltsame Weise sterben. Die zu verfolgenden Verbrecher sind daher in der Regel Gewalttäter. Man denke etwa an den weltweit kommunizierten Fall eines zweijährigen Jungen, der im Februar 1993 von zwei Zehn- und Elfjährigen aus einem Liverpooler Supermarkt entführt und grausam zu Tode gequält wurde. „BBC Crimewatch" war zur Stelle und veröffentlichte vor einem Millionenpublikum das Videoband, das die Identifizierung der beiden jungen Täter sehr schnell möglich machte (Gehrmann/Kostede, in: Die Zeit, 19.3.1993).

Nach dem Vorbild des unverwüstlichen „Aktenzeichen XY – ungelöst" wurden bei den expandierenden deutschen Privatsendern Programme entwickelt, die schon im Titel unübersehbar auf ihr Vorbild verweisen. Zum Beispiel brachte RTL das Polizeimagazin „SK (Sonderkommando) – 15" heraus, dem bei SAT 1 das Kriminalmagazin „K–Verbrechen im Fadenkreuz" entsprach, das derselbe Eduard Zimmermann übernahm, der schon „XY" aus der Taufe gehoben hatte (Gehrmann/Kostede, in: Die Zeit, 19.3.1993).[139] Zahlreicher noch sind die Programme der „Privaten", die sich ihr Material nach dem Prinzip des „Rettungsheldentums" aussuchen. Als Pioniersendung muss hier der RTL-„Notruf" gelten. Im Themenangebot waren zum Beispiel: „Ein Kind wird beim Skateboard-Fahren in einem Flutgraben von einem Wasserschwall weggespült. Der Feuerwehrmann, der retten will, stürzt selbst ins Wasser. Passanten und andere Feuerwehleute retten die beiden. Der Feuerwehrmann, der sein Leben riskierte, wird geehrt. – Zwei angetrunkene Soldaten überschlagen sich mit ihrem Auto. Zwei Männer retten die beiden. Ehrung. – Zwei Kinder zündeln, eines fängt Feuer. Der Freund hilft, indem er das Opfer geistesgegenwärtig auf dem Boden wälzt. Brandverletzungen in Großaufnahme. Dank dem Retter" (zit. nach Gehrmann/Kostede, in: Die Zeit, 19.3.1993).

---

139 Welche Art von Heldentum gefragt ist, macht etwa eine Szene in „SK 15" deutlich: „Polizeitaucher bergen Wasserleichen aus dem Königsee (Kommentar: ‚Unangenehm, wenn die Leiche beim Anfassen zwischen den Fingern zerfällt')" – zit. nach Gehrmann/Kostede, in: Die Zeit, 19.3.1993.

Eine RTL-Nachfolgesendung hieß „Auf Leben und Tod", in der u. a. der Versuch einer Türkin gezeigt wurde, sich selbst zu töten: Sie will vom Hochbalkon springen. Männer eines Sondereinsatzkommandos, die sich vom Dach abseilen, verhindern die Tat. Ein weiteres Beispiel: „Ein Geisteskranker entwischt im Krankenhaus und wird im Wäschekeller des Schwesternheims von einer resoluten Pflegerin mit dem Bügeleisen plattgemacht" (ref. und zit. nach: Gehrmann/Kostede, in: Die Zeit, 19.3.1993). Eine konkurrierende Sendung, die bei SAT 1 entwickelt wurde, hieß „Retter": Das Retterteam besteht häufig aus Feuerwehrleuten, die beispielsweise einen blutverschmierten Mann aus einem Autowrack schneiden (Esslinger, in: Süddeutsche Zeitung, 26.3.1993). Szenen dieser Art werden zum Teil aus dem Leben gegriffen, wenn beispielsweise Feuerwehren mit Aufnahmesets ausgestattet ausrücken. Teilweise werden die Episoden aber auch konstruiert (Gehrmann/Kostede, in: Die Zeit, 19.3.1993).

Zu solchen Rettungsaktionen gehört, dass neben der Feuerwehr Notarzt-Teams und auch ärztliche Operations-Teams vorgestellt werden. Wie schon beim Heldentum der Ermittler besteht das Heldentum solcher Teams vor allem darin, dass sie ihre mutige Kompetenz in großer Nähe zu (potentiell) Sterbenden einsetzen und auf diese Weise „hässlichem Sterben" die Schau stehlen.

Fernseh-Dokumentationen

Als repräsentatives Beispiel eignet sich ein Film des Hessischen Rundfunks („Ulis letzter Sommer"), der die letzten acht Monate eines Aids-Kranken (April bis November 1989) nachvollzieht. Uli befindet sich in der Obhut einer zugleich sanftmütigen und starken Betreuerin die ihm, als er ihr von seiner Aids-Erkrankung erzählt, das Versprechen gibt: „Du wirst mir nie auf den Geist gehen."[140] Sie erzählt im persönlichen Gespräch sehr freimütig, dass Uli ihr das Leben sehr schwer gemacht habe. Seine ganze Existenz sei, da er nicht offen als Homosexueller gelebt habe, „auf Lügen gebaut gewesen". Eine ehrliche menschliche Beziehung sei zu ihm nicht möglich gewesen.

Von all dem berichtet der Film aber nichts. Vermittelt wird das Bild eines Kranken, der sich von zerstörten Hoffnungen und noch so großen Leiden nicht unterkriegen lässt und seinen erfolglosen Kampf gegen den Tod mit Bravour durchsteht. Die klare Botschaft des Films ist: „Wenn du, Zuschauerin oder Zuschauer, in eine ähnliche Lage kommen solltest, so nimm dir ein Beispiel an Uli – und du brauchst nicht zu verzagen."

---

140 So äußerte sich die Frau, Irmela Lorenzen, in einem Gespräch v. 15.11.1991 im Jeremia-Haus, Köln, das im Anschluss an die Vorführung des Films stattfand.

Zu den Dokumentationen „souverän gelingenden Sterbens" gehört auch ein Film über „Susanne", ein krebskrankes Mädchen, das an der Universitätsklinik in Köln von einem Seelsorger begleitet und vom betreuenden Arzt als „Ausnahme" bewundert wird.[141] Die Dokumentation erreicht ihren Höhepunkt, als Susanne im Hochzeitskleid Abschied nimmt und damit ein sehnlicher Wunsch des Mädchens erfüllt wird. Die Zuschauerinnen und Zuschauer nehmen so an ihrem „Sterbeglück" Anteil.

Nicht ganz so harmonisch verläuft die letzte Lebensphase des französischen Schriftstellers Hervé Guibert. Er hat sie – in Verbindung mit einem „Mitleidsprotokoll" („Le protocole compassionnel", 1991) – selbst gefilmt und mit Video-Material aus seiner Kindheit unterlegt. Der kurz vor Guiberts Tod fertig gestellte Filmbericht dokumentiert, wie ein Kommentator schrieb, einen „tapfer fortgesetzten Versuch, nicht ergeben und regungslos seinen Tod zu erwarten, sondern eher aufrechten Ganges, mit offenen Augen, solange es irgend geht" (Witte, in: Kapf 1993). Ein ähnliches „Monument der Tapferkeit" ist, wenngleich mit anderen Stilmitteln errichtet, Derek Jarmans „Blauer Tod". Der englische Regisseur blickt auf ein pralles Leben zurück, muss aber, am Ende seiner Aids-Erkrankung, in Kauf nehmen, dass die Medikamente, die er einnimmt, seinen Körper vollends zerstören. Im Film liest Jarman 33 Nebenwirkungen vor, unter ihnen: Blutungen, Sehstörungen, Durchfall und Übelkeit (Winkler/Sooley, in: Zeit-Magazin, 17.9.1993).

Bei allen Unterschieden im Einzelnen wird in solchen Dokumentationen der letzten Lebensphase fast unerschöpfliche Lebensenergie, Leidens- und Durchhaltefähigkeit dargestellt. Wer dabei ist, wird zum Sterbeheldentum ermuntert: „So könnte auch dein Sterben beschaffen sein. Auch du musst dann zeigen, was in dir steckt."

Internet

Diesem medialen Sterbematerial, eingespeist in lokale Sterbe-Netzwerke, muss noch die hier nur andeutungsweise einzubeziehende Internetproduktion hinzugefügt werden. Sie besteht einerseits aus pazifizierender Beschwichtigung, die zum lokalen Abschied gehört, ins Internet gestellt wird und dort abgerufen werden kann (KAP. 2, I.9.). Ergänzend soll im Folgenden noch ein Eindruck vom Video-Material des Internets vermittelt werden, dessen Bedeutung sich vermutlich in der Zukunft noch beträchtlich erhöhen wird.

Die globalen Netzwerke werden mit hoch attraktivem Video-Material gefüttert. Dieses wird vor allem auf der kommerziellen Youtube- und der nicht

---

[141] Der Filmbeitrag stammt vom Anfang der 1990er Jahre, wurde auf Veranstaltungen der Genossenschaft Begleitung e. G. mehrfach vorgeführt und vom mitwirkenden Seelsorger, van der Post, kommentiert.

kommerziellen Vimeo-Plattform angeboten. Den Untersuchungen exemplarischer Videoclips lässt sich entnehmen (Richard/Grünwald 2012: 1765–1777), dass Internetvideos das heroisierende Lernmaterial beträchtlich verstärken, das hier in den Bereichen Krieg, Sport und Politik gesichtet wurde:

In den Videos werden männliche Heldenfiguren verherrlicht. Ein Beispiel ist ein Clip, in dem der Rockstar Robbie Williams als ein „frischer anatomischer Körper ohne Krankheit" dargestellt wird (1767). Dasselbe gilt für einen Clip aus einer „Combat Zone Wrestling"-Serie. In der medialen Fortsetzung christlicher Märtyrer-Figuren (z. B. St. Sebastian) werden Männer vorgeführt, die sich durch extreme Leidens- und Durchhaltefähigkeit auszeichnen (1770f.). Daneben wird auf Clips aufmerksam gemacht, in denen brutale Tötungsorgien dargestellt werden, eine „Ästhetisierung von Körpervernichtung" ohne Heldentum (1774f.). Diesem widersprechen sie deshalb nicht, weil sie in ihrer brutalen ästhetischen Zeitlupe so angelegt sind, dass sie für Heldenhaftigkeit keinen Raum lassen.[142] Im Ganzen bestätigt sich so die hier breit belegte Grundtendenz heroisierender Sterbebetrachtung.

II Instrumentalisierung heroisierender Beschwichtigung des Sterbens

Die Instrumentalisierung des Sterbens reicht tief in die Menschheitsgeschichte und ihre Mythen zurück. Die mythische Zweckbestimmung des Opfergedankens und des Opfertodes hat in der Gegenwart eine Entsprechung, wenn das auf die jüngste Geschichte bezogene Kriegs-Gedenken aktuellen Zwecken dienstbar gemacht wird.

---

[142] Kurz verweisen lässt sich auch auf Online-Spiele, in denen organisches Leben mit virtuellem Leben gleichgesetzt wird. In der Konsequenz sterben virtuell sowohl Menschen als auch Tiere. Dazu kommt dann, dass mit dem Sterben in dem Sinne gespielt wird, dass virtuelle Wesen entweder durch genetische Manipulation unsterblich gemacht oder durch Reinkarnation/Reanimation ins künstliche Leben zurückgeführt werden können (Richard, in: Macho/Marek 2007: 583f.). Da hier mit endgültigem Sterben nicht gerechnet wird, bedarf es als „Neutrum" keiner Beschwichtigung mehr. Die problemlosen „Spielereien" mit Toten und Untoten fallen daher als Faktoren der lokalen oder globalen Beschwichtigung nicht ins Gewicht. Diese Einschätzung der Online-Negation des Sterbens korrespondiert mit der Bewertung „todesverachtender" Techniken des Einfrierens von Menschen („Kryonik"), die der Religionswissenschaftler Oliver Krüger vornimmt. Durch die Negation des Todes entsteht für den Autor eine „rituelle Leerstelle", die den geringen Zuspruch erklärt, den amerikanische Unternehmen wie „Cryonics Institute" und „Alcor Life Foundation" als kommerzielle Anbieter kryonischer Maßnahmen bislang gefunden haben (Krüger, in: Macho/Marek 2007: 211–228).

1 Kalküle mit Opfertod und Kriegsgedenken

Auf den Opfergedanken verweist vor allem die mythische Gestalt des Schmieds, der als „Meister des Feuers" über gottähnliche Kräfte verfügt und sie bei der Verwandlung metallischer Stoffe unter Beweis stellt. Schöpfer- und Schaffenskraft schließen Opfer und Opfertode ein.

Instrumentalisierung von Opfertod und Kriegsgedenken als historisches Erbe

Mircea Eliade, der die wichtigsten Elemente der vorchristlichen Mythen zusammengestellt hat, formuliert: „Schöpfung ist ein Opfer. Die Belebung dessen, was man schuf, gelingt nur, wenn man das eigene Leben – Blut, Tränen, Sperma, Seele usw. – einströmen lässt" (Eliade 1992: 34f.). In den mythischen, religiösen und auch literarischen Texten, die René Girard auswertet, sind Opfer und Opfertod zumeist mit der Verherrlichung und Verklärung von Gewaltpraxis verbunden. Durch Gewalt kommen menschliche Zusammenschlüsse überhaupt erst zustande. Sie ist insoweit „Gründungs-Gewalt". Wo Gewalt Konflikte löst, indem diese auf ausgesuchte Opfer – beispielsweise auf Jungfrauen oder Hexen – abgeleitet werden, ist sie als „Sündenbock-Gewalt" wirksam (Girard 1992).

In der christlichen Tradition ist der Opfertod vor allem mit dem Erlösungsauftrag Jesu Christi verknüpft, daneben auch mit der Entschlossenheit von Märtyrern, durch heldenhaften Tod ihren Glauben zu bezeugen und für ihn zu werben. In einer philosophisch-literarischen Version wird die produktive Verbindung von Opfertod und Leben beispielsweise im deutschen Idealismus hergestellt. Goethe brachte sie in seinem Gesetz des „Stirb und Werde" zum Ausdruck.

Im Umkreis des Krieges drückt sich die verherrlichende Beschwichtigung des Sterbens in Kriegsdenkmälern und in Inschriften von Denkmälern aus. Den ältesten bekannten Beleg dafür, dass der Tod im Krieg – in Form einer Grabstätte mit Skulptur – zugleich heroisiert und instrumentalisiert wird, liefert ein steinerner Löwe, den der Makedonierkönig Philipp nach seinem Sieg von Chaironea (338 v. Chr.) errichten ließ. Die „Beschwichtigungsbotschaft", die den Tod von 226 Soldaten (Förster 1984: 366) sowohl abmildern als auch als nützlich erscheinen lassen sollte, ist auch ohne Inschrift klar: „Ihr habt uns Makedoniern und unserem Reich die Herrschaft über die Griechen verschafft. Dafür war es wert zu sterben."

Diese Art des soldatischen Einsatzes zu „vaterländischen Zwecken" wird in standardisierter Form zum Ausdruck gebracht, seit sich der nationale Gedanke etablieren konnte und in den Freiheitskriegen – mit und gegen Napoleon – „Felder der (nationalen) Ehre" entstanden. Seitdem gibt es „den Tod für das

Vaterland" (Corvisier 1975: 22ff.). Die Zahl der Denkmäler vergrößert sich in dem Maße, wie die Masse der Kriegstoten anwächst. Schon nach dem Ersten und erst recht nach dem Zweiten Weltkrieg lässt sich so gut wie keine Stadt und keine noch so kleine Gemeinde mehr finden, die ihren „Söhnen" nicht ein Denkmal errichtet hätte.[143]

Die plastischen Attribute dieser Denkmäler waren in Deutschland zum Teil Serienprodukte aus Gusseisen (z. B. Adler und Kaiser-Standbilder), zeigten aber auch als Einzelstücke die immer gleichen christlichen oder weltlichen Motive: Beispielsweise werden kitschige Engel im ganzen Land an auffälligen Stellen platziert, die die immer gleiche Botschaft hinausposaunen: „Der Tod unzähliger Soldaten gereicht ihnen und uns zur Ehre." Soweit diese heroisierende Beschwichtigung den Soldaten selbst in den Mund gelegt wird, artikulieren sie dieselbe Opferbereitschaft, die schon die erwähnten Opfermythen der Menschheit bestimmte. Die Inschriften auf Gräbern und Denkmälern variieren Aussagen im Stil der in Hamburg zu findenden Inschrift: „Deutschland muss leben und wenn wir sterben müssen."[144]

Neben den steinernen Denkmälern, die den tödlichen Einsatz im Krieg in den Friedensalltag hineintragen und zugleich verherrlichen, darf auch die literarische Beschwichtigung und Instrumentalisierung des Kriegstods nicht vergessen werden. Was hier an ungehemmter Heroisierung möglich war, hat für den Ersten Weltkrieg vor allem Ernst Jünger vorgeführt. Er vertritt eine existentielle Auffassung vom Krieg. Besonders in den „Stahlgewittern" bewundert und wirbt er für soldatisches Heldentum, dem er ein literarisches Denkmal setzt.[145]

Instrumentalisierung von Opfertod und Kriegs-Gedenken in der Gegenwart

Das Zeremoniell des Kriegs-Gedenkens der Gegenwart, das vorwiegend auf die Gräuel und den massenhaften Tod im Zweiten Weltkrieg gerichtet ist, lässt sich am Beispiel von drei Gedenkveranstaltungen illustrieren. Sie fanden im Jahr 1985 in Gedenkstätten in Verdun, im rheinland-pfälzischen Bitburg und im ehemaligen Konzentrationslager Bergen-Belsen statt.[146] Stellt man diese Veranstaltungen in den Zusammenhang des Sterbeheroismus, wie er an bundesrepublikanischen Beispielen schon belegt wurde (vgl. Kap. 3, I.1), so

---

[143] Zur Illustration verweist Corvisier auf ein kleines französisches Dorf. Es wurde 1918 gegründet und konnte deshalb keine dort geborenen Gefallenen aufweisen. Dennoch ließ man es sich nicht nehmen – und dies gilt entsprechend zweifellos auch für den deutschen Schauplatz –, eine Grabstele (ohne Namen) zu errichten (Corvisier 1975: 27f.).

[144] Ein Hamburger Denkmal, das heute noch steht, nahm mit dieser Inschrift Hitlers Kriegszumutungen und Krieg vorweg (Lurz 187: 25).

[145] Vgl. zur überzeugenden Einordnung von Jüngers „heroischem Nihilismus" in existentielle Auffassungen vom Krieg: Münkler 1992: 20f., 106f.

[146] Die folgende Darstellung dieser drei Episoden stützt sich auf Lurz 1987: 22f.

transportieren sie die stillschweigende Verpflichtung der Nachlebenden, sich des Kriegsheldentums ihrer Toten würdig zu erweisen.

Im Rahmen eines spektakulären Zeremoniells standen François Mitterand, der französische Präsident, und Helmut Kohl, der deutsche Bundeskanzler, auf dem Soldatenfriedhof von Verdun, Hand in Hand. Warum? Die Aufmerksamkeit eines breiten Publikums für Sterbevorgänge – hier für den Kriegstod im Ersten Weltkrieg – wurde genutzt, um durch eine eindrucksvolle Geste die Festigkeit der deutsch-französischen Freundschaft zu demonstrieren. In Erinnerung an die historischen Feindseligkeiten auf Leben und massenhaften(Soldaten-) Tod sollte die grundlegende Veränderung in den deutsch-französischen Beziehungen symbolisiert werden.

Der zweite „Auftritt" des Jahres 1985, eine Kranzniederlegung durch den amerikanischen Präsidenten Ronald Reagan und den deutschen Kanzler, hatte – parallel zum Verdun-Zeremoniell – das Ziel, symbolisches Beweismaterial dafür zu liefern, dass das deutsch-amerikanische Verhältnis intakt war.

Diese symbolische Beweisführung wurde dann durch einen dritten, unmittelbar nachfolgenden Akt in Bergen-Belsen erweitert, an dem neben Reagan und Kohl auch noch zwei ehemalige Kriegsoffiziere beteiligt waren, die sich die Hände schüttelten. Auf diesem Schauplatz wurde nicht nur die prinzipielle Eintracht zwischen Deutschland und den USA betont, sondern – eingedenk der mit Bergen-Belsen verbundenen Judenvernichtung – die Entschlossenheit zur Schau gestellt, als Deutsche und Amerikaner eine gemeinsame pro-israelische Politik zu betreiben.

Punktuell regte sich gegen Veranstaltungen dieser Art Widerstand. Er richtete sich indessen nicht gegen die so gut wie unumstrittene deutsch-französische und deutsch-amerikanische Bündnispolitik. Über die schon erwähnte Kritik an einer „täterfreundlichen" Gestaltung von Gedenkstätten hinaus ging es vielmehr darum, sich gegen eine rituelle Vermischung von Kriegsheldentum und Friedensheldentum zu wehren. Abgelehnt wurde das stillschweigende Kalkül der Werkfortführung, in dem das Gedenken an Opfertod und Krieg dazu benutzt wird, Zustimmung für aktuelle Politik zu mobilisieren.[147]

2 Kalküle im Sport

Am Beispiel des Formel-1-Rennfahrers Ayrton Senna wurde oben argumentiert, dass Autorennen Aufmerksamkeit erregen, auch wenn es nicht notwendig zu tödlichen Unfällen kommt (Kap. 3, I.2). Ihre Faszination liegt darin,

---

147 Hier zeigt sich, dass die für die lokale Öffentlichkeit des Sterbens belegte Instrumentalisierung des Sterbens nach „säkularem Schema" (Kap. 2, I.7) in der globalen Öffentlichkeit eine Entsprechung hat.

dass das Sterben hinter jeder Kurve lauern kann. „Halbe Inszenierungen des Sterbens" reichen daher aus, um den erfolgreichen Fahrern und den hinter ihnen stehenden Unternehmen lukrative Einkünfte zu sichern. Es darf vermutet werden, dass Senna über ein Einkommen verfügte, das noch kein Fahrer vor ihm erreicht hatte. Wie sich ein solches Einkommen zusammensetzt, lässt sich den teilweise einsehbaren Einkommensverhältnissen des deutschen Senna-Nachfolgers Michael Schumacher entnehmen.[148]

Zum Ersten bezog der Fahrer ein Gehalt, das sich aus einem Vertrag mit seinem Rennstall ergab. Der Wechsel Schumachers vom Benetton-Sportsystem zum Ferrari-Team im August 1995 gibt Einblick in den Marktwert des Weltmeisters, der sich von ca. 12 Millionen DM pro Jahr auf ca. 70 Millionen erhöht haben soll. Als Zweites verfügte Schumacher über Einkünfte aus einer „Andenken-Produktion", deren Vielfalt die Feiern zutage brachten, die anlässlich der Formel-1-Weltmeisterschaft im Herbst 1994 organisiert wurden. Besonders auffällig waren T-Shirts, Kalender, Poster, Aufkleber, Fotos und Fahnen.[149] Als dritte Einkommensquelle kamen Werbeeinnahmen hinzu, die 1995 vor allem aus einer Verbindung mit dem Privatsender RTL entstammten. Das Werbegeschäft des Senders war nach einer Aussage des Ferrari-Sportchefs stark von Schumacher abhängig: Wenn er ausfalle, „geht die Einschaltquote drastisch nach unten [...] Wir sind auf ihn angewiesen und er auf uns wegen seiner Werbekunden."[150] Spezielle Präsentationen Schumachers am Bildschirm bestanden beispielsweise darin, dass er die Zuschauerinnen und Zuschauer vor dem Rennen begrüßte. Um welche Vertragspartner und Sponsoren es sich neben dem „Benetton-Sportsystem" im Einzelnen handelte, lässt sich den Aufdrucken auf Schumachers Rennwagen und auf seiner Kleidung entnehmen. Unter anderem waren es, wie Fotos der Tagespresse zeigen: Renault, Elf, Mild Seven, Bitburger, Ford, Dekra etc.

Kehren wir zu Senna zurück, an dessen Beispiel gezeigt werden kann, wie sich aus der Inszenierung seines Sterbens mehr als nur Kapital schlagen lässt: Unter Sennas Namen wurde eine Stiftung gegründet, in die alle Gelder fließen sollten, „die direkt mit Ayrtons Namen verbunden sind".[151] Hier ging es darum, nach dem Tode Sennas seine früheren Versuche fortzusetzen, zur

---

148 Die folgenden Illustrationen beziehen sich hauptsächlich auf die Phase von Schumachers vertraglicher Bindung an das „Benetton-Sportsystem" in den Jahren 1994/95.
149 Vgl. einen Bericht zum Empfang Schumachers in seiner Heimatstadt Kerpen (NRW) in: Süddeutsche Zeitung, 26./27.11.1994. Vgl. auch eine Postwurfsendung „An alle Haushalte mit Tagespost" durch die Michael-Schumacher-Collection (Hermann E. Sieger GmbH, 73545 Lorch/Württemberg), die eine Telefonkartenserie vertreibt.
150 Vgl. Detlef Hacke, Rad an Rad hinein in die Einschaltkurve. Die Kooperation zwischen RTL und Formel 1-Weltmeister Schumacher – Ein Lehrstück, wie Sport und Fernsehen funktioniert, in: Süddeutsche Zeitung, 22.3.1995: 40.
151 So Karin Sturm, Ayrton Senna. Das Senna-Imperium – wie geht es weiter? in: Formel 1. Rennsport-Magazin (Ende 1993): 42.

Linderung sozialer Not in Brasilien und anderswo in der Welt beizutragen. Dabei müssen solche „mildtätigen Instrumentalisierungen" des sportlichen Sterbeheroismus eher als Ausnahme gelten. Hingegen passt eine Buchveröffentlichung von Sennas Freundin, Adriane Galisteu, in das dominierende Muster „geldwerter Instrumentalisierung" (Sturm 1993: 43).

Bei der heroisierenden Ausschlachtung des Sterbens geht es keineswegs nur um materiell Messbares. Die Szenen von Sennas Sterben, die ebenso weltweit ausgestrahlt wurden wie die Feierlichkeiten zu seiner Bestattung, richteten eine politische Botschaft an die Welt, für die Senna schon vor seinem Tod gestanden hatte: „Wir Brasilianer", so lautete sie, „sind keineswegs so zurückgeblieben wie ihr über unser Land und über andere sogenannte Entwicklungsländer denkt. Schaut auf Senna und erkennt an seiner fahrerisch-technischen Raffinesse, dass auch wir auf dem Weg des Fortschritts sind." Darin steckt ein Hinweis sowohl auf die mediengesteuerte Internationalisierung des Sports als auch auf die national bis nationalistisch gefärbte Ausbeutung sportlicher Höchstleistungen. Besonders spektakulär sind diese offenbar dann, wenn sich die Leistungsträger in der Risikozone des Sterbens bewegen. Die Botschaft entwicklungspolitischer Emanzipation wird durch einen Rennbetrieb vermittelt, der sich als „Sportbetrieb" etabliert hat. In diesem gilt es als honorig, wenn einzelne Menschen nicht nur mit ihrem Leben spielen, sondern – vor allem bei riskanten Überholmanövern – das Leben konkurrierender Mitfahrer und möglicherweise auch des Publikums gefährden.

Entsprechend ambivalent ist die immaterielle Botschaft des Rennfahrers Schumacher, eines deutschen sozialen Aufsteigers. Einerseits enthält sie Bewunderung für lebensgefährliche Unfairness gegenüber Mitmenschen. Andererseits feiert sie den Aufstieg eines ehemaligen KFZ-Schlossers aus Kerpen bei Köln. Er habe „gezeigt, dass es geht. Er gibt Jugendlichen Mut."[152]

3 Kalküle in der Politik

Schon die bloße Beschreibung von Oskar Lafontaines und Wolfgang Schäubles „Attentatsheldentum" (1990) verbindet sich mit karrierefördernder Instrumentalisierung, die sich in gebotener Kürze präzisieren lässt. Darüber hinaus kann am Beispiel von Konrad Adenauers Kanzlerschaft belegt werden, dass sich aus hohem Alter, das auf Sterben verweist, die Möglichkeit ergibt, politische Sympathiewerbung zu betreiben. Das Beispiel der Selbsttötung des französischen Premierministers Pierre Bérégovoy (1993) und das Beispiel von Petra Kellys Ermordung, gefolgt von der Selbsttötung ihres Lebensgefährten Gert

---
152 Zit. nach: Jutta Voigt, Strahlende Sieger, gebrannte Kinder, in: Wochenpost, 10.8.1995: 4.

Bastian (1992), stehen dafür, dass Nachlebende aus der Dramatik des (Beinahe-)Sterbens von Mitmenschen Vorteile zu gewinnen versuchen. Im einen Fall bezieht sich die Instrumentalisierung auf das Sterben eines „Staatsakteurs"; im anderen Fall wird das Sterben von „Protestakteuren" ausgenutzt. Ansätze der Instrumentalisierung zeigt sich auch in Bezug auf das Sterben des Studenten Benno Ohnesorg (1967) einerseits, das Attentat auf den Studentenführer Rudi Dutschke (1968) andererseits. Schließlich belegen Materialien aus dem Umkreis der Geiselnahme des Arbeitgeberpräsidenten Hanns Martin Schleyer (1977), dass terroristische Gruppen den tödlichen Gewalteinsatz im Kampf gegen kapitalistische Systeme instrumentalisiert und umgekehrt die Staatsadministration das (Beinahe-)Sterben von Menschen als anti-terroristisches Instrument eingesetzt haben.

Instrumentalisierung von „Attentatsheldentum" (Oskar Lafontaine 1990 – Wolfgang Schäuble 1990)

Politiker wie Oskar Lafontaine und Wolfgang Schäuble bleiben nach den Attentaten auf sie in ihrem Metier. Kurzfristig erlangen sie wieder die physische und psychische Verfassung der Zeit vor dem Attentat. Sie machen weiter, als sei nichts geschehen. Dabei geht es zunächst um Selbsttherapie. Daran glauben und daran arbeiten, dass alles wie früher werden kann, hilft Kräfte zu mobilisieren, die den Prozess der Genesung fördern können. Dem Attentat zum Trotz wird Lafontaine 1990 Kanzlerkandidat der SPD und gibt nach wenigen Monaten Pause im Fernsehen eine Erklärung ab, er schaffe seine alte Jogging-Strecke in derselben Zeit wie früher. Das trägt zweifellos zur Beschleunigung seiner Erholung bei, ohne freilich die weiter bestehenden psychischen Belastungen zu beseitigen. Bei Wolfgang Schäuble ist das Bemühen noch deutlicher, einen durch das Attentat unbeeinträchtigten Politiker-Ehrgeiz zu therapeutischen Zwecken einzusetzen. Schon sechs Wochen nach dem Attentat sitzt Schäuble wieder am Kabinettstisch.[153]

Zugleich steckt im Weitermachen, im Besonderen in der Fortsetzung einer Politikerkarriere im Rollstuhl, auch ein prinzipielles Kalkül. Diese Karriere ist nur sinnvoll, wenn den offensichtlichen Nachteilen gegenüber Politikern ohne Handicap der Vorteil gegenübersteht, von Mitleids-, Bewunderungs- und Sympathie-Gefühlen getragen zu werden.[154] Ohne dass ein behinderter Politiker wie Schäuble sich um je spezielle Instrumentalisierungen seines Handicaps bemühen müsste, führt die Ausnahmepräsenz eines Mannes im Rollstuhl zu

---

153 Vgl. dazu: Jürgen Leinemann, „Das Beste daraus machen", in: Der Spiegel, 25.11.1991: 36ff.; vgl. auch: Der Stern, 4.4.1991: 24 („Manchmal träume ich, ich könnte wieder gehen").
154 Vgl. auf Schäuble bezogen etwa: Der Spiegel, 25.11.1991: 43.; vgl. ebenso: Herbert Riehl-Heyse, „Effektvoll auf dem Weg zum Mythos", in: Süddeutsche Zeitung, 23./24.11.1991: 3.

einem Bonus, der seine Durchsetzungskraft – einen gewissen Abnutzungseffekt eingerechnet – auf Dauer stützt.

Im Falle eines Politikers wie Lafontaine, der im „Leben nach dem Attentat" nicht visuell in Erinnerung halten kann, dass er dem Tode getrotzt hat, ist der Abnutzungseffekt des „Attentatsheldentums" sehr viel größer. Dennoch darf angenommen werden, dass sich auch mit der Karriere Lafontaines ein Sympathie-Bonus verbindet. Nachdem der saarländische Regierungschef als Kanzlerkandidat gescheitert war, konnte er diesen Bonus zunächst dafür nutzen, den Vorsitz seiner Partei zurückzuweisen und diese für die SPD problematische Entscheidung annehmbar zu machen. Als Lafontaine etwa fünf Jahre später die gegenteilige Entscheidung traf und den Parteichef Scharping auf dem Parteitag im Herbst 1995 überraschend ablöste, war Lafontaines „Attentatsheldentum" zweifellos ein stillschweigend wirksamer Erfolgsfaktor.

Instrumentalisierung von „Altersheldentum" (Konrad Adenauer 1949–1963)

Ein ständiger Bonus des ersten deutschen Nachkriegskanzlers, Konrad Adenauer, lag darin, dass er sein Amt in einem Alter führte, in dem sich Normalsterbliche längst auf ihr Altenteil zurückgezogen haben. Wer im Amt „Altersheldentum" zeigt, kann dieses für sich nutzen. Beginnend mit seiner Wahl zum Präsidenten des parlamentarischen Rates und dann des Bundeskanzlers der zweiten deutschen Republik kokettiert Adenauer mit seinem hohen Alter, spielt es aus und lässt es zu seinen Gunsten spielen. Nicht zufällig wird er „der Alte" genannt. Tag für Tag zeigt er physische und psychische Spannkraft. Durch die energische Entschiedenheit seines Politikstils beweist er, dass er als über Achtzigjähriger den Anforderungen des höchsten Amtes im Staate genügt.

Zweifel daran müssen zunächst im eigenen Lager immer wieder zerstreut werden. Spätestens seit dem Herbst 1955, als Adenauer sieben Wochen lang wegen Krankheit ausfällt,[155] ist die Frage „Was kommt nach Adenauer?" zumindest untergründig stets präsent.[156] In diesem Zusammenhang verdient die sogenannte Präsidentschaftskrise vom Frühjahr/Sommer 1959 besondere Aufmerksamkeit. Adenauer will es politisch, aber auch physisch und psychisch gegenüber dem jüngeren Ludwig Erhard noch einmal wissen. Diesem spricht er die Eignung für das Kanzleramt ab. Er zeigt unvermindertes Durchhaltevermögen. Letztlich kann Adenauer zwar Erhards Kanzlerschaft nicht verhindern, er zögert sie aber doch beträchtlich hinaus.[157] Dem an ihm zweifelnden Koalitionspartner FDP lässt er in einer Aussprache der CDU/CSU-Fraktion

---

155 Vgl. die Rundfunkrede v. 24.11.1955 anlässlich der Wiederaufnahme seiner Amtsgeschäfte in: Bulletin, 25.11.1955 (Nr. 221): 1865.
156 Vgl. dazu einen „Brief aus Bonn" (Fritz René Allemann), in: der Monat, Nov. 1955 (H. 86).
157 Vgl. die verharmlosende Darstellung der von Adenauer eingesetzten Mittel: Schwarz 1991: 502ff.

kurz vor der Konstituierung des vierten deutschen Bundestags (1961) ausrichten, er glaube es an Geisteskraft „mit dem einen oder anderen ihrer Herren" aufnehmen zu können.[158]

Adenauers Alter ist auch dann im Spiel, als es das schwierige Verhältnis zur Administration des jungen amerikanischen Präsidenten John F. Kennedy zu klären gilt. Dieser hat eine neue Deutschlandpolitik im Sinn (Schwarz 1991: 706f.). Im Konflikt mit den deutschlandpolitischen Neuansätzen des US-Präsidenten soll sich erweisen, ob die Klugheit des erfahrenen „Alten" mehr wiegt als das Ungestüm des jugendlichen Neulings. Dabei kommt Adenauer zu Hilfe, dass der Bau der Berliner Mauer den entspannungspolitischen Ansatz der USA zumindest kurzfristig stoppt.

Als Adenauer im November 1961, zwei Monate nach dem Mauerbau, in Washington verhandelt, ist besonders klar zu erkennen, dass er sein hohes Alter nur so lange für seine Politik nutzbar machen kann, wie es ihm und seiner Umgebung gelingt, gesundheitliche Krisen geheim zu halten: eine Lungenentzündung, die sich in Washington herausgestellt hat, wird mit Medikamenten abgewehrt, ohne dass es jemand merkt (Schwarz 1991: 709). Einer ähnlichen „Geheimpolitik" gelingt es dann auch im Januar 1962, der Öffentlichkeit einen Herzinfarkt des Kanzlers zu verbergen und so die Voraussetzungen für sein – vorläufiges – Verbleiben im Kanzleramt zu sichern (Schwarz 1991: 711).

Im Ganzen zeigt sich, dass Adenauer sein Greisenalter zu einem wichtigen Instrument seiner Kanzlerschaft machen kann. Auch noch in seinen letzten Jahren spielt er sein „Altersheldentum" erfolgreich aus.

Instrumentalisierung tödlicher Verzweiflung (Pierre Bérégovoy 1993 – Petra Kelly / Gert Bastian 1992)

Die Selbsttötung des französischen Premierministers Pierre Bérégovoy wurde in der Reihe beispielhafter (halb-)heroisierender Inszenierungen des Sterbens dargestellt. Dieser Charakterisierung muss hinzugefügt werden, dass hinter der Tat vom 1. Mai 1993 ein sorgfältiges Kalkül stand. Die Wahl des „Tages der Arbeit" verweist auf Bérégovoys Herkunft aus kleinen Verhältnissen. Indem dieses Merkmal seiner Politiker-Karriere in die referierten Abschiedsreden und -kommentare eingeht, wird die Generalbotschaft des Premierministers verbreitet: „Ich war ein Mann des arbeitenden Volkes und bin ungerecht behandelt worden." Dieselbe Botschaft hat noch einen weiteren anklagenden Akzent, der weniger deutlich zu erkennen ist.

Indem Bérégovoy, wie gezeigt wurde, im Akt der Selbsttötung seine Integrität zu verteidigen sucht, grenzt er sich zugleich von den Mitgliedern der politischen Klasse ab, zu der er indessen selbst gehört. Die meisten

---

158 Bremer Nachrichten (Bericht des Bonner Korrespondenten), 18.10.1961.

Parteigenossen schließt er dabei ein. Sie haben nichts mit dem 1. Mai zu tun und wollen auch nichts mit dem „Mann des 1. Mai" zu tun haben, als dieser in die Bredouille gerät. Die Ambivalenz der Beziehungen, die Bérégovoy zu seinem Umfeld hat, bringt der ehemalige Premier Laurent Fabius in einer Anmerkung zum Ausdruck, in der er mit einem Unterton der Selbstrechtfertigung zu verstehen gibt, er habe sich unter dem Eindruck der Gespräche, die er mit Bérégovoy vor dessen Tod geführt habe, sagen müssen: „Er riskiert eine Dummheit zu begehen." Was er aber dagegen hätte tun können, sei ihm nicht klar gewesen (Le Monde, 4.5.1993: 7).

Die Anklage Bérégovoys richtet sich zugleich gegen die Medien, am Rande auch an die Untersuchungsrichter, die der Korruptionsspur des Premiers folgten. Hier knüpfen einige Politiker an und wittern eine Chance, den gegen sie selbst gerichteten Anschuldigungen auszuweichen. Geht es auf der Hauptbühne um den Helden aus bescheidenen Verhältnissen und seine anklagende Botschaft, so werden auf einer Nebenbühne die Medien und zugleich die Richter zu Angeklagten eines Schurkenstücks. Praktiziert wird eine zweite Spielart der Instrumentalisierung, die nicht auf den Getöteten selbst zurückgeht. Vielmehr nehmen Politiker-Kollegen den „Fall Bérégovoy" zum Anlass einer Generalabrechnung mit den Medien. Dabei kommt die Trauer über den Tod eines Menschen nur noch nebenbei vor.

Für den Präsidentenberater und ehemaligen Minister Michel Charasse ist Bérégovoy „Opfer einer Medienkampagne." Sie sei „durch schwer wiegende Unterschlagungen der unter Geheimnisvorbehalt handelnden Untersuchungsbehörde genährt worden." Wäre er Journalist oder Untersuchungsrichter, so würde er angesichts des Todes von Bérégovoy kaum schlafen können (Le Monde, 4.5.1993: 7). Noch grundsätzlicher argumentiert François Léotard, ein Spitzenpolitiker des „Parti Républicain". Für ihn ist Bérégovoy das Opfer von Verhältnissen, die er als „nouvelle culture" versteht und dadurch gekennzeichnet sieht, dass Politiker in der Art eines „Holocaust" – wie er formuliert – durch die Medien lächerlich gemacht und dadurch getötet würden. Bérégovoy sei das erste Beispiel eines solchen Mordes (Le Monde, 4.5.1993: 7).

Denselben Tötungsvorwurf richtet auch Laurent Fabius an die Adresse der Medien: Von ihnen seien „Wörter und Bilder" mit der „Durchschlagskraft von Kugeln" gegen Bérégovoy gerichtet worden (Le Monde, 4.5.1993: 7). Etwas abstrakter noch bringt schließlich auch François Mitterand, der französische Staatspräsident, seine Überzeugung zum Ausdruck, dass die Medien für den Tod Bérégovoys verantwortlich seien. In ungerechtfertigter Weise sei durch sie „die Ehre eines Mannes und letztlich sein Leben vor die Hunde gegangen" (Le Figaro, 5.5.1993).

Mit Petra Kelly und Gert Bastian sterben 1993 zwei „Protestakteure": Bastian erschießt sich selbst, nachdem er Kelly im Schlaf getötet hat.[159] Dabei ist es für die Nachlebenden besonders enttäuschend, dass Kelly keine Abschiedsbotschaft hinterlässt (Beckmann/Kopelew 1993: 10f.). Die Bearbeitung dieses „doppelten Sterbens" durch die Emma-Herausgeberin Alice Schwarzer ist ein Beispiel dafür, dass Sterbevorgänge auch dann instrumentalisiert werden können, wenn sie keinen Ansatzpunkt für beschwichtigende Heroisierung bieten. Dabei folgt Schwarzer einer eigenwilligen „Negativ-Anwendung" des Prinzips der Werkfortsetzung. Aus feministischer Sicht nutzt sie die Möglichkeit, aus Kellys und Bastians Scheitern Lehren zu ziehen. Überlegt wird, wie viel Vorbildliches insbesondere Kelly für ihre Nachwelt hätte leisten können und nicht geleistet hat.

Als die Autorin gleich nach Kellys und Bastians Tod Recherchen aufnimmt, steht sie zum einen unter dem Eindruck der am Grab gehaltenen Gedächtnisreden. Sie fragt sich zum einen, warum hier niemand klar ausspricht, dass Bastian Kelly getötet hat (Schwarzer 1993: 13ff.). Zum andern fühlt sie sich besonders durch abstrakte und zugleich zynisch wirkende Appelle herausgefordert, die von linken Presseorganen kommen (Schwarzer 1993: 55 ff.; 167 ff.). Nach Schwarzers Darstellung hatte Bastian im Frühjahr 1992 einen Unfall (27ff.). Seither habe sich das Verhältnis zwischen ihm und Kelly zu einer „Beziehungskatastrophe" entwickelt. Dieser Weg wird in vielen Details „zum Teil fesselnd und […] zutreffend geschildert".[160] So undurchsichtig die Beziehung der beiden Menschen letztlich auch gewesen sein mag, so deutlich zeichnet sich – nach Schwarzer – doch ab, wie sehr beide ihr Geschlecht repräsentierten. Sie seien an der „Halbherzigkeit ihres Ausbruchs" aus der traditionellen Frauen- und Männerrolle gescheitert (Schwarzer 1993: 170). Entgegen ihrem Anspruch hätten sie vorgeführt, wie sich Frauen und Männer nicht verhalten dürften, soll sich im Geschlechterverhältnis Entscheidendes ändern.

Wenn Kelly als Frau die „Frauensache" nicht vorangebracht und nicht aus „archaischen Gewaltverhältnissen" (174) herausgeführt habe, so liege das an ihrem „Fassadenfeminismus" (97). Speziell in ihrem Verhältnis zu Männern stellt Schwarzer die Stärke, die Kelly ihnen gegenüber demonstriert habe, in doppelter Weise in Frage. Zum einen habe sie ihnen Bewunderung entgegengebracht: Bastian stehe in einer langen Reihe „starker Männer", die für sie Helden gewesen seien (108). Im privaten Verhältnis zu Bastian erinnere diese Attitude der Männerverehrung, die auch durch „(Kleinmädchen-)Kleidung" (111)

---

[159] An diesem Tathergang sind kaum Zweifel möglich (vgl. die Presseerklärung von Lukas Beckmann v. 30.4.1993, abgedr. in: Beckmann/Kopelew 1993: 81–86).
[160] Dies schreibt der Sohn von Gert Bastian, Till Bastian, der der Generalintention des Buches und seiner Recherchequalität sehr kritisch gegenübersteht (Ders., „Ein Buch der schnellen Antworten", in: Die Zeit, 10.9.1993: 80).

unterstrichen worden sei, an ein „klammerndes Kind" (138) und führe zum Eingeständnis der Hilflosigkeit: „Ich kann ohne dich nicht mehr leben" (172). Kellys Stärke wird von Schwarzer zum andern dadurch relativiert, dass sie die Männer – zuletzt Bastian – von ihrem „Piedestal" geholt, zu ihren „Lakaien" gemacht (110) und sie tyrannisch herumkommandiert habe.

Als männliche Figur ist Bastian für Schwarzer das Pendant zur weiblichen Kelly: Er ist der Held, den sie sich wünscht. Als General „Zickzack" (139) ist er immer noch „Waffennarr" (174). In den Augen Schwarzers ist er vor allem ein Mann geblieben, der Frauen – und im Besonderen Kelly – in ihrer Hilflosigkeit verachtet. Dies ist die Voraussetzung dafür, dass er seine Partnerin töten kann (171).

Alles in allem hat „ein Mann eine Frau erschossen. Und zwar ein im Kern traditioneller Mann eine im Kern traditionell weibliche Frau" (Schwarzer 1993: 52). Dies ist die emanzipatorische Botschaft, die Schwarzer aus Bastians Selbsttötung und aus Kellys unfreiwilligem Sterben herausholt.

Instrumentalisierung tödlicher Gewalt (Benno Ohnesorg 1967 – Rudi Dutschke 1968)

Benno Ohnesorgs Sterben ließ sich als „Propagandainstrument" nutzen, das der Studentenbewegung „zu ihrem Entsetzen" zugefallen sei, wie der Mitakteur Klaus Hartung rückblickend schreibt (Kursbuch 48/Juni 1977: 20). Die Repräsentanten der Bewegung konnten auf den Tod eines unschuldigen Menschen verweisen, der sich keine „sterbenswürdige" Tat habe zuschulden kommen lassen.

Die Studierenden reagierten als „solidarische Gruppe", in der – wie der an Freud geschulte Psychoanalytiker Paul Parin an zahlreichen Beispielen belegt – eine gemeinsame Trauersituation „das Ich […] vom Überich entlastet, für Gefühle offen, libidinösen und aggressiven Regungen aus dem Es zugänglich" macht. Das Ich empfange „einen starken Impuls, sich gegen den äußeren Angreifer (z. B. gegen die institutionelle Gewalt) zu wenden".[161]

In Berlin kam es am 3. Juni 1967 – trotz eines generellen Demonstrationsverbots des Berliner Senats – in der wirtschafts- und sozialwissenschaftlichen Fakultät der Freien Universität zu einer eindrucksvollen Protestversammlung mit 5000 Teilnehmerinnen und Teilnehmern, nachdem eine Schweigedemonstration vor dem Rathaus Schöneberg verhindert worden war (Friedeburg u. a. 1968: 391f.). Am 8. Juni nahmen 8000 Studierende an der Trauerfeier für Ohnesorg teil und geleiteten den Trauerkonvoi zur Autobahn, über die der Tote nach Hannover überführt wurde (396). Dort fand im Anschluss an die

---

161 Paul Parin, Die Angst der Mächtigen vor öffentlicher Trauer, abgedr. in: Frankfurter Rundschau (Dokumentation), 12.4.1989.

Beerdigung Ohnesorgs ein Kongress („Bedingungen des Widerstands") statt, der bundesweit Beachtung fand (Langguth 1983: 27). Dazu kamen Trauerfeierlichkeiten an den meisten Hochschulorten (Friedeburg u. a. 1968: 395f.). Ohne Zweifel war die zunächst in Berlin lokalisierte Protestbewegung mit dem Tod Ohnesorgs, vermittelt über solidarische Trauer, zum Ereignis der gesamten Republik geworden.

Als an Ostern 1968 der überregional bekannte Rudi Dutschke schwer verletzt wurde, fiel der Protestbewegung wiederum ein Propagandainstrument in die Hände. Nach Angaben des damaligen Innenministers, Ernst Benda, kam es in den fünf Tagen nach dem Attentat in bis zu 27 Städten zu Demonstrationen, die teilweise mit gewalttätigen Ausschreitungen verbunden waren (Langguth 1983: 28). Einzelne Aktionen und Blockaden richteten sich speziell gegen Druckhäuser und Redaktionen des Springerkonzerns, der für das Klima verantwortlich gemacht wurde, das den Anschlag auf Dutschke ermöglicht habe: „Man kann jetzt schon sagen", so hieß es auf einem Flugblatt des West-Berliner SDS, „dass dieses Verbrechen nur die Konsequenz der systematischen Hetze ist, welche Springer-Konzern und Senat in zunehmendem Maße gegen die demokratischen Kräfte in dieser Stadt betrieben haben (abgedr. in: Frankfurter Allgemeine Zeitung, 13.4.1968). Entsprechend hieß es in einer Flugschrift des Frankfurter SDS, als „wirkliche Täter" müssten diejenigen angesehen werden, „die Rudi Dutschke zum ‚Staatsfeind Nr. 1' gestempelt" hätten und „in den Redaktionsstuben des Springerkonzerns, im Senat und Abgeordnetenhaus West-Berlins" säßen (ebda.).

Auch Dutschke selbst suchte die Aufmerksamkeit, die sich auf seine Person konzentrierte, für sein politisches Projekt zu nutzen. Als er sich von seinen Verletzungen wieder einigermaßen erholt hatte, schrieb er an den Attentäter einen Brief: „Lieber Josef Bachmann! Pass auf, Du brauchst nicht nervös zu werden, lies diesen Brief oder schmeiß ihn weg" (abgedr. in: Dutschke/Berlin 1980: 122f.). Wie in einem P. S. vermerkt, ist der Brief an die „sogenannte Öffentlichkeit der ganzen Welt" gerichtet. Ihr möchte Dutschke seine Entschlossenheit signalisieren, dass er auch nach dem Attentat, das seine Gesundheit stark beeinträchtigt, seinen Kampf weiterführen will. Das Attentat habe ihn in dieser Absicht nur noch bestärkt. Er macht es zum Vehikel einer Anklage gegen die Herrschenden. Ihnen weist er die Verantwortung für Bachmanns krankhaften Anti-Kommunismus zu, in dem er die Triebkraft des Attentats sieht. Bachmann soll sich, so schlägt ihm Dutschke im Brief vor, mit den Studierenden zusammentun, um die Herrschenden zu bekämpfen.

Instrumentalisierung tödlicher Gewalt durch Terrorismus und Anti-Terrorismus

Der wichtige Unterschied zwischen der Studentenbewegung und den terroristischen Gruppen, die sich in den 1970er Jahren gegen den bundesrepublikanischen Staat wenden, liegt im Folgenden: Ohnesorg und Dutschke werden in eine Opferrolle hineingezwungen, aus der die terroristischen Gruppen herausstreben. Sie suchen sich Repräsentanten des Staates als Opfer, um dessen Grundlagen zu erschüttern. Dabei beziehen sie die Tötung politischer Gegner in ihr Kalkül ein und entscheiden sich für Kampfmittel, die von Dutschke entschieden abgelehnt werden.[162] Durch die zusätzliche Bereitschaft, sich auch selbst töten zu lassen, werden der Einstieg in die Kriegstechnik und die Entwicklung von „Stadtguerilla-Konzepten" möglich.

Seit Anfang der 1970er Jahre leiten diese Konzepte zum skrupellosen Einsatz von Waffen und Bomben gegen Menschen an.[163] Die Entschlossenheit, in der Auseinandersetzung mit dem herrschenden System Menschen umzubringen, wird zum ersten Mal im Mai 1970 unter Beweis gestellt. Bei der Befreiung von Andreas Baader, der wegen Kaufhausbrandstiftung im Tegeler Gefängnis sitzt, wird ein älterer Mann angeschossen und schwer verletzt.

Zu den Kriegstechniken, mit denen Terroristinnen und Terroristen ihre unversöhnliche Feindschaft gegenüber dem Staat demonstrieren, gehört die erpresserische Geiselnahme.[164] Im Fall der Entführung des Berliner Parlamentspräsidenten Peter Lorenz wird sie erfolgreich eingesetzt (März 1975). Sie scheitert dann bei der Besetzung der deutschen Botschaft in Stockholm (April 1975) und missglückt auch bei der Entführung des Chefs der Dresdener Bank, Jürgen Ponto (Juli 1977). Am hier beschriebenen Entführungsbeispiel Schleyer lässt sich erkennen, worin die in der Technik der Geiselnahme steckende Instrumentalisierung des Sterbens besteht:

Ein „Staatsakteur" wird als Geisel genommen. Mitglieder der ersten Generation deutscher Terroristinnen und Terroristen sollen aus dem Gefängnis freigepresst werden. Zugleich geht es darum, der Staatsadministration eine spektakuläre Niederlage beizubringen. Bei der Aktion sind die Terroristinnen und Terroristen sowohl zur Tötung von „menschlichen Hindernissen" (z. B. Begleitpersonal der Geisel) bereit als auch dazu, ihr eigenes Leben zu riskieren.

Für die Reaktion der Staatsadministration auf die terroristische Herausforderung gilt, dass hier, spiegelbildlich zur terroristischen Strategie, eine

---

162 Vgl. zur vielfachen Illustration von Dutschkes Ablehnung von Gewalt in den Metropolen Dutschke 1980: 98–106.
163 Seit April/Juni 1971 sind verschiedene Versionen des Konzepts der „Stadtguerilla" im Umlauf, die auf Texte von Ulrike Meinhof und Horst Mahler zurückgehen; vgl. Langguth in: Funke 1978: 106ff.
164 Vgl. zum Beleg ihrer Herkunft aus dem „Kriegshandwerk": Dienstvorschriften der amerikanischen Armee von 1914 und 1940, die Geiselnahmen ermöglichen, um feindliche Truppen und die Zivilbevölkerung zu kontrollieren; zit. und ref. in: Telford Taylor, Nürnberg und Vietnam. Eine amerikanische Tragödie, München u. a. 1971: 61f.

Gegenstrategie der Instrumentalisierung des Sterbens verfolgt wird. Dabei geht es um die Abschreckung terroristischer Gewalttaten. Diese Gegenstrategie zeigt sich an der Antwort auf die Schleyer-Entführung ebenso wie an der Reaktion, zu der sich der Krisenstab im Kanzleramt entschließt, als sich ein arabisches Terrorkommando in die Geiselnahme Schleyers einschaltet und eine Lufthansamaschine entführt.[165]

Indem der Krisenstab nicht auf erpresserische Forderungen nach Freilassung eingeht, riskiert er den Tod sowohl Schleyers als auch der Insassen der entführten Lufthansamaschine. Die terroristische Bedrohung soll durch das extremste aller verfügbaren Mittel zurückgewiesen werden: Die Tötung von Menschen in der defensiven Version der Bereitschaft, eine Tötung zuzulassen, obwohl diese Menschen – der Fall Lorenz belegt dies – durch das Eingehen auf die Forderungen der Geiselnehmerinnen und Geiselnehmer hätten gerettet werden können.

Wäre es den Polizeikräften gelungen, das Versteck der Geisel ausfindig zu machen, worauf der Krisenstab zunächst hoffen durfte, so wäre bei einer Befreiungsaktion mit dem Leben der Geiselnehmerinnen und Geiselnehmer zugleich das Leben der Geisel gefährdet gewesen.

Entsprechend stand bei der Befreiungsaktion durch die GSG-9-Einheit des Bundesgrenzschutzes in Mogadischu das Leben der Insassen der enführten Lufthansamaschine auf dem Spiel. Wenn keine der im Flugzeug sitzenden Geiseln Schaden nahm, so lag das an äußerst glücklichen Umständen, von denen selbst die Verantwortlichen überrascht waren.[166] Nicht anders als bei der Entführung Schleyers geht es darum, durch Hinnahme der Tötung sowohl von Geiselnehmerinnen und Geiselnehmern als auch von Geiseln tödliche Gegengewalt als anti-terroristisches Abwehrinstrument einzusetzen.

4 Kalküle in Abschiedsanzeigen und Abschiedsreden

Wenn Sterbeszenen mit dem Tod enden, so werden die in einer globalen Öffentlichkeit eingespielten Abschiedsrituale, zu denen auch Abschiedsanzeigen und Abschiedsreden gehören, zu wichtigen Bestandteilen heroisierender

---

165 Vgl. zu den Details der Entführungsszenarien im sogenannten „heißen Herbst 1977" das 5. Kapitel in: Aust 2020.
166 Einem Telefongespräch, das vor der Aktion zwischen dem Chef der GSG-9-Einheit, Wegener, und Bundeskanzler Schmidt stattfand, lässt sich entnehmen, dass der Tod von Geiseln einberechnet wurde: Als die Nachricht kam, dass es bei der Aktion keine „Verluste" gegeben hatte, weinte der Bundeskanzler vor Erleichterung. (Vgl. dazu die Dokumentation: Stefan Aust u.a., „Herbst der Terroristen", Spiegel TV, Video-Aufzeichnung)

Beschwichtigung des Sterbens.[167] Da diese Tendenz zur Heroisierung durch sowohl versteckte als auch offene Instrumentalisierung zusätzlichen Auftrieb erhält, muss auf das Abschiedszeremoniell unter diesem Gesichtspunkt gesondert eingegangen werden. Wie zunächst für den Abschied von den beiden „großen" Staatsakteuren Konrad Adenauer und Willy Brandt, anschließend am Beispiel des Abschieds vom „kleinen" Diplomaten Gerold von Braunmühl u. a. gezeigt werden kann, folgen diese dem aus dem lokalen Abschiedszeremoniell schon bekannten Prinzip der Werkfortsetzung.[168]

Instrumentalisierung des Abschieds von Konrad Adenauer (1967) und Willy Brandt (1992)

Als Konrad Adenauer 1967 starb, wurde der ehemalige Zentrumspolitiker und Exponent einer christlichen Partei für eine spezielle „Wertegemeinschaft" in Anspruch genommen, indem ihm im Kölner Dom ein imposantes Requiem gewidmet wurde. Im Vorfeld dieses christlich-katholischen Trauerakts hatte die gesamte Bevölkerung – über alle Religions- und Parteigrenzen hinweg – am Trauerritual dadurch Anteil, dass der tote Adenauer im feierlichen Trauerkondukt von Rhöndorf, dem Sterbeort, auf dem Rhein nach Köln überführt wurde.

Der parteiübergreifende Trauerakt findet als Staatsakt im Plenarsaal des Deutschen Bundestages statt. Unter Beteiligung internationaler Repräsentanten werden Adenauers Verdienste für die Bundesrepublik gerühmt. Bundeskanzler Kurt-Georg Kiesinger und Bundestagspräsident Eugen Gerstenmaier heben in ihren Gedächtnisreden Adenauers innenpolitische Aufbauleistung, die Verbindung Deutschlands mit dem freien Westen, sein Eintreten für die europäische Einigung und speziell für die deutsch-französische Versöhnung hervor (Bulletin, 26.4.1967).

Zu den Rundfunk- und Fernsehreden, die unmittelbar nach Adenauers Tod gehalten werden (Bundespräsident, Bundestagspräsident, Bundeskanzler, Bundesratspräsident/Bulletin, 20.4. 1967), gehört auch eine Ansprache des Parteivorsitzenden der SPD, Willy Brandt, zugleich Außenminister der Großen Koalition. Brandts Rede macht deutlich, dass Adenauers Tod dazu genutzt wird, parteiübergreifende Einigkeit zu zeigen. Die Adenauer zugedachten Hauptverdienste fallen – fast wörtlich übereinstimmend – mit den Bewertungen zusammen, die von Adenauers Parteifreunden in den schon genannten Reden geäußert werden. Hinzu kommt am Ende der Rede die Versicherung: „Auch

---

167 Wie gefährdet die Insassen der Lufthansamaschine waren, ist daran zu erkennen, dass der Ko-Pilot, Jürgen Schumann, vom Anführer des palästinensischen Kommandos auf dem Flugplatz in Aden brutal erschossen wurde (vgl. Peters 1991: 264f.).
Für die pazifizierende Beschwichtigung des Sterbens in lokaler Öffentlichkeit belegt dies Kap. 2, I.
168 Vgl. die sorgfältige Auswertung der Reden, die anlässlich des Abschieds von französischen Politikerinnen und Politikern gehalten wurden: Delphine Dulong, Mourir en Politique. Le discours politique des éloges funèbres, Revue Française de Science Politique, Août 1994 (No. 4): 635–640.

seine politischen Gegner sind sich bewusst, dass Deutschland ärmer geworden ist um einen Mann, der Maßstäbe setzte" (Bulletin, 20.4.1967: 337).

Als Willy Brandt 1992 starb, war er für die deutsche Sozialdemokratie zunächst „ihr Toter". Die sozialdemokratischen Landesorganisationen und Unterorganisationen hielten in der gesamten Republik Trauerveranstaltungen ab. Am Abend des 9. Oktober kam es vor dem Erich-Ollenhauer-Haus zu einem speziellen Trauerakt, an dem die Mitarbeitenden der Bonner SPD-Zentrale, Sozialdemokratinnen und Sozialdemokraten des Bonner Unterbezirks und im Besonderen auch die Bonner Jusos ihre Trauer zeigten. Im Schein von Fackeln und Kerzen hielten der Parteivorsitzende Björn Engholm und der langjährige Brandt-Vertraute Egon Bahr sehr persönlich gehaltene Reden (Generalanzeiger, Bonn, 10.10.1992). Wie sehr die Bonner Sozialdemokratinnen und Sozialdemokraten Brandt als „parteieigenen Toten" betrachteten, ist auch daran zu erkennen, dass am späten Nachmittag desselben 9. Oktober die sozialdemokratischen Ministerpräsidenten im Erich-Ollenhauer-Haus zusammenkamen und dann am 10. Oktober der SPD-Parteivorstand tagte (Rüdiger Reitz, Rote Fahnen mit Trauerflor. Die SPD nimmt Abschied von Willy Brandt, Videofilm, 1992).

Zur Repräsentationsfigur der gesamten Bundesrepublik wurde Brandt dann beim Trauerakt im Berliner Reichstag. Dieser trat, nachdem Berlin zur Hauptstadt des vereinigten Deutschlands geworden war, an die Stelle der noch für Adenauer geltenden Bonner Trauerkulisse. Ungefähr 2000 Menschen nahmen an der Trauerfeier teil (Welt am Sonntag, 12.10.1992), auf der die Redner der regierenden CDU/CSU in der Überzahl waren.[169] Das zu Ehren eines Sozialdemokraten entfaltete militärische Zeremoniell machte deutlich, dass Brandts Partei jetzt in das System der bürgerlichen Republik integriert war.

Die in den Abschiedsreden hergestellten Bezüge zu Brandts Außenpolitik versuchen zum einen parteiübergreifende historische Kontinuitäten herzustellen. Indem Bundeskanzler Helmut Kohl dem Sozialdemokraten Brandt bescheinigt, er habe „die Geschichte unserer Bundesrepublik Deutschland entscheidend mitgeprägt und viel zum Ansehen unseres Vaterlandes beigetragen" (Bulletin, 20.10.1992), stellt er ihn in die Nachfolge Konrad Adenauers. Zugleich versucht Kohl Brandts Eintreten für die Wiedervereinigung auf das Konto seiner eigenen Politik zu buchen. Er bedankt sich bei Brandt „für manchen guten Rat in den zurückliegenden Jahren der dramatischen Veränderung in Deutschland und in Europa". Brandt habe den Prozess der Wiedervereinigung „vorbehaltlos unterstützt" (Bulletin, 20.10.1992). Mit der Schlussformel „Wir

---

169 Neben dem Bundespräsidenten, der Bundestagspräsidentin, dem Bundeskanzler und dem regierenden Bürgermeister von Berlin sprach als Vertreter der SPD nur ihr Vorsitzender Engholm und, als Vertreter der Sozialistischen Internationale, der spanische Ministerpräsident Gonzalez (Bulletin, 20.10.1992).

danken Willy Brandt" übernimmt Kohl die Dankadresse, die als tragendes Motiv schon die „parteieigenen" Abschiede der SPD bestimmt hatte.

Die exemplarisch herangezogenen Abschiedsrituale und speziell die Abschiedsreden zu Adenauers und Brandts Tod machen klar, dass sie vor allem dazu dienen, über Parteigrenzen hinweg die Identifikation mit dem gemeinsamen politischen System zu befördern. Stillschweigend werden die beiden Toten den Nachlebenden als nachahmenswerte Vorbilder präsentiert, deren Werk fortgesetzt werden soll.

Instrumentalisierung des Abschieds von Gerold von Braunmühl (1986) u. a.

Es ist der Gedanke der Werkfortsetzung, der in vielfachen Wiederholungen auch den Abschied von Gerold von Braunmühl bestimmt. Der Diplomat wurde am 10. Oktober 1986 von einem terroristischen Kommando erschossen. Die Trauerreden, die bei seiner Beerdigung gehalten wurden, belegen, dass nach dem „säkularen Schema" der Beschwichtigung berufliche Leistungsbilanzen eröffnet werden, wie sie schon für lokale Sterbe-Netzwerke exemplarisch illustriert wurden (Kap. 2, I.7.).

Im Einzelnen hebt der Bundesaußenminister besonders von Braunmühls „Arbeit für die deutsch-französische Freundschaft [...], seine Arbeit für Europa" hervor.[170] Er verknüpft diese an erster Stelle stehenden Leistungen mit Elementen einer Intimbilanz. Den Angehörigen dankt er dafür, dass sie Braunmühls physische und zeitliche Belastungen mitgetragen hätten: „Und oft müssen unsere Kinder hören, ‚Es geht heute doch nicht' oder ‚es wird doch später'" (Genscher 1986: 12).

Zum Lob „erfüllten" beruflichen Lebens gehört auch der Verlauf der Karriere von Braunmühls, die von einem Kollegen vorgenommen wird, der für diejenigen spricht, die mit ihm in den auswärtigen Dienst eintraten (Genscher 1986). Er habe das beste Examen des Jahrgangs gemacht und „auf jedem Posten bewiesen, dass er der dafür geeignete Mann gewesen" sei. Es habe im Auswärtigen Amt niemand daran gezweifelt, „dass er ein hervorragender Staatssekretär geworden wäre" (Genscher 1986: 20). Die Terroristinnen und Terroristen hätten daher, indem sie ihn auswählten, „den Besten von uns getötet" (Genscher 1986: 23) und – wie es in der Rede des schon genannten Kollegen heißt – dafür gesorgt, dass sein Leben „nicht vollendet" werden konnte (Genscher 1986: 20).

Nach dem Muster der Werkfortsetzung wird von Braunmühls Leistungsbilanz mit der Versicherung seines Ministers verkoppelt, „der Gewalt noch

---

170 Vgl. die Gedenkrede von Hans-Dietrich Genscher, abgedr. in einer Broschüre des Auswärtigen Amtes, „Gerold von Braunmühls zu Gedenken", o.O, o. J. (im Folg. zit.: Genscher: 1986): 6.

deutlicher eine Absage zu erteilen". Speziell für das Auswärtige Amt verpflichtet sich der Außenminister, von Braunmühls Arbeit „für den Frieden in der Welt" als dessen „Vermächtnis" zu betrachten (Genscher 1986: 14).

Dies ähnelt der in Abschiedstexten nach dem Tod des Arbeitgeberpräsidenten Hanns Martin Schleyer in ähnlicher Weise ausgedrückten Verpflichtung, „seine Arbeit in seinem Sinne und ebenso unerschrocken fortzusetzen".[171]

Vergleichbare Schlusspassagen enthält auch die Rede des Justizministers Hans-Jochen Vogel anlässlich der Enthüllung eines Gedenksteins zu Ehren des Generalstaatsanwalts Buback, seines Fahrers und seines Bewachers, die ein halbes Jahr vor Schleyer erschossen wurden: „[...] und sie fragen uns [...] ob wir so zu dienen bereit sind, wie sie gedient haben? Ob wir alles tun, um dem Terror Einhalt zu gebieten?" (Bulletin, 8.4.1978, Nr. 31).

Die Formeln instrumentalisierender Beschwichtigung sind so eingespielt, dass Ludger Volmer, der Vorstandssprecher der unkonventionellsten aller deutschen Parteien, seine Rede bei einer Gedenkveranstaltung der Grünen zum Tode von Petra Kelly und Gert Bastian – prominenten Mitgliedern der Partei – mit dem Satz beendet: „Wir alle haben die Verantwortung, das Werk von Petra, Gert und Renate [gemeint ist: Renate Damus; der Verf.] weiterleben zu lassen" (zit. nach: Beckmann/Kopelew: 1993: 42).

Auch Abschiedstexte, die in anderen Traditionszusammenhängen formuliert werden, weisen keine speziellen Formelemente und Inhalte auf. Als 1953 der sowjetische Diktator Stalin starb, enthielt das amtliche Kommuniqué der parteilich-staatlichen Führungsinstanzen vielmehr den in das Muster der Werkfortsetzung passenden Kernsatz: „In diesen Tagen der Trauer schließen sich alle Völker unseres Landes noch enger als große, brüderliche Familie unter der bewährten Leitung der von Lenin und Stalin geschaffenen Partei zusammen" (zit. nach: Bortoli 1974: 275).

5 Kalküle in Werbebranche und Bestattungsgewerbe

Neben den „belebten Vermittlern" in der Medienbranche gibt es zwei Berufsgruppen, die in der Arena des Kriegs, des Sports, der Politik und besonders im Sterbealltag „kleiner Leute" vom Sterben profitieren. Zum einen ist dies die Werbebranche. Sie begibt sich auf die Suche nach „Sterbebildern" und wählt diejenigen aus, die besonders geeignet erscheinen, Aufmerksamkeit zu erregen. Diese lässt sich auf Firmen und auf Produkte lenken, für die geworben

---

171 So etwa in einer Anzeige des „Gemeinschaftsausschusses der Deutschen Gewerblichen Wirtschaft", in: Frankfurter Allgemeine Zeitung, 21.10.1977.

werden soll. Eine Werbeaktion der Firma Benetton, die in der ersten Hälfte der 1990er Jahre für Aufsehen sorgte, kann als Beispiel dienen.

Zum andern gilt ein Augenmerk dem Bestattungsgewerbe. Beim Abschiedszeremoniell, das in lokaler Öffentlichkeit entfaltet wird, hat es Anteil an pazifizierender Beschwichtigung des Sterbens. Darauf und im Besonderen auf die Instrumentalisierung seiner zeremoniellen Funktion beim lokalen Abschied wurde noch nicht hingewiesen (Kap. 2, I./II.). Diese Analyse lässt sich nunmehr unter dem Gesichtspunkt des speziellen Beitrags nachholen, den das Bestattungsgewerbe in globaler Öffentlichkeit zur beschwichtigenden Heroisierung leistet. Es profitiert davon, dass für die Durchführung einer Bestattung alle nur erdenklichen Dienstleistungen in Anspruch genommen und gekauft werden.

Instrumentalisierung von „Sterbebildern": Das Beispiel der Benetton-Werbung

Auf Plakatwänden und in Magazinen verbreitete die Firma Benetton seit Anfang der 1990er Jahre in großem Stil Bilder, mit denen sie sich in den internationalen Sterbediskurs – speziell auch in den deutschen Diskurs – einschaltete und dabei heroisierende Akzente setzte. Bei den dargestellten Bildinhalten handelt es sich in der Mehrzahl um Ausschnitte aus Sterbeszenen, die zu den Informationen passen, die für unterschiedliche Arenen exemplarisch ausgewertet wurden (KAP. 3, I.).[172]

Zu den „Sterbebildern", die besondere Aufmerksamkeit auf sich zogen, gehört die Darstellung eines jungen Aids-Kranken, der unter den Augen seiner Familienmitglieder stirbt. Besonders eindrücklich war auch das Foto einer ölverschmierten und verendenden Ente. Gezeigt wurde zudem das Bild einer Leiche, mit einem weißen Tuch überzogen, das indessen die Blutlache nicht ganz bedecken kann, in der trauernde Menschen einen toten Mitmenschen liegen sehen. Auf den massenhaften Tod im Golfkrieg verweisen einprägsam die präsentierten Kreuze eines Soldatenfriedhofs. Auf das Sterben im Jugoslawienkrieg wird der Blick durch ein blutverschmiertes T-Shirt gelenkt, das zu einer Art von Stillleben arrangiert wurde.[173]

Die Benetton-Bilder ähneln den Bildmaterialien des beispielhaft vorgestellten Reality-TV (KAP 3, I.4). Auch Benetton-Werbechef Oliviero Toscani wollte, wie er geltend zu machen versuchte, „Bilder aus dem wirklichen Leben

---

[172] Hinzu kommen vor allem Motive aus dem Bereich der Beziehungen zwischen Ethnien und Geschlechtern – z. B. das Bild eines Priesters, der eine Nonne küsst (vgl. das Bildmaterial, das einem zwischen Oliviero Toscani und Neil Postman geführten Gespräch beigegeben ist: „Darf man mit diesem Foto für Pullover werben?", in: SZ-Magazin (Nr. 41), 9.10.1992. Vgl. auch „United horrors of Benetton", in: Le Nouvel Observateur, 20.–26.2.1992: 85.

[173] Vgl. zum letzten Beispiel die Abbildung in „Benetton-Werbung verbieten! pro/Marion Gräfin Dönhoff – contra/Arno Widman", in: Die Zeit, 14.7.1995.

zeigen" (Toscani/Postman 1992). Der Unterschied liegt darin, dass Toscani auf unbewegte Bilder setzt, denen er das Firmen-Logo hinzufügt, um Käufer für die Marke Benetton zu mobilisieren. Demgegenüber schaffen die Sendungen des Reality-TV einen Rahmen, in dem den Zuschauerinnen und Zuschauern Werbespots präsentiert werden. Die Programme richten sich zugleich immer auch an die Auftraggeber der Werbung, von denen bei hohen Einschaltquoten lukrative Aufträge zu erwarten sind. Diese Unterschiede im Medium und im Adressatenkreis ändern indessen nichts daran, dass Benetton und Reality-TV „Sterbebilder" einsetzen, um mit ihrer Faszinationskraft Geschäfte zu machen.[174]

---

[174] Durch den Hinweis auf Diskussionen, die von der Benetton-Werbung ausgelöst wurden, kann die werbetechnische Instrumentalisierung des Sterbens präzisiert werden. Hier sind zum Ersten die von Richtern behaupteten und für rechtswidrig gehaltenen Mitleidseffekte der Benetton-Bilder zu nennen, zum Zweiten der mit der Werbung verbundene Anspruch, die Menschen aufzurütteln und zum Handeln zu bringen. Beachtung verdient schließlich der Vorwurf der „Geschmacklosigkeit" gegen Benetton.
Die richterliche Befassung mit dem Thema resultierte in einem abschließenden Urteil des Bundesgerichtshofs vom Juli 1995 in einem Werbeverbot. Die dafür genannten Gründe zielen auf die Darstellung schweren Leids, die das Mitleid von Verbraucherinnen und Verbrauchern errege: „Dabei stelle sich das Unternehmen gleichsam als betroffen dar und führe damit eine Solidarisierung der Verbraucher mit seinem Namen sowie der Geschäftstätigkeit herbei. Die Anzeigen seien sitten- und wettbewerbswidrig, weil sie Gefühle des Mitleids damit in intensiver Weise zu kommerziellen Zwecken ausgenutzt hätten".
In Übereinstimmung mit der in Kap. 1 skizzierten neuronalen Seite des Sterbenlernens (Kap. 1, II.) und in der Vorausschau auf Kap. VIER I. lässt sich argumentieren: Da eine kompliziert vermittelte neuronale Übertragung von Impulsen stattfinden, die verschränkten globalen und lokalen Sterbe-Netzwerken entstammen, kann die Benetton-Werbung, die über Fern-Kommunikation dargeboten und intellektuell-empathisch verarbeitet wird, auf direktem Wege kaum Mitleidseffekte erzeugen. Werbung dieser Art erregt Aufmerksamkeit und kann über sie vermittelt zu Konsumverhalten führen, ohne dass Mitleid im Spiel sein muss. Insoweit ist die Argumentation des Bundesgerichtshofs zu einfach.
Gegen die Beteuerung Toscanis, er wolle mit seiner Werbung die Leute „zum Nachdenken bringen" – gemeint ist zugleich: zum Handeln (Toscani/Postman 1992) – und gegen den „Benetton-freundlichen" Nachvollzug dieser Argumentation (Widman in: Dönhoff/Widman 1992) sprechen Beobachtungen, nach denen die Botschaft von „Sterbebildern", soweit diese wissentlich aufgenommen werden, vielfältig interpretierbar ist. Wer etwa das Bild der ölverschmierten Ente faszinierend findet, hat sich damit noch keinesfalls auf ökologisches Verhalten festgelegt. Für die Werbung sind „Sterbebilder" demnach tendenziell unabhängig davon attraktiv, ob überhaupt Konsequenzen gezogen werden. Mobilisierend wirken die Benetton-Bilder nicht deshalb, weil von ihnen ein konkreter Auftrag ausginge. Vielmehr reagieren Menschen, die „Sterbebilder" ansehen, sofern sie durch ihren neuronalen Apparat und dessen je individuelle Ausformung für sie präpariert sind.
Diese Einsicht muss auch bei der von Marion Gräfin Dönhoff in ihrem Zeit-Kommentar gestellten und beantworteten Frage berücksichtigt werden: Müssen die Benetton-Bilder als „geschmacklos" abgelehnt werden (Widman/Dönhoff 1995)? Die „Geschmacksbotschaft", so ist zu argumentieren, hängt davon ab, welche persönlich gefärbten ästhetischen Maßstäbe einzelne Betrachtende anlegen. Dönhoff kann zwar zu begründen versuchen, warum die Benetton-Bilder ihrem persönlichen Geschmack zuwiderlaufen. Da sich aber über Geschmack bekanntlich streiten lassen wird, bleibt letztlich unklar, in welcher „ästhetischen Verpackung" Bilder von Sterbevorgängen annehmbar wären oder nicht.
Zusammenfassend steht fest, dass die Werbebranche „Sterbebilder", von denen Menschen an einem „wunden Punkt" getroffen werden, für Firmen und Produkte mit gewissen Erfolgen instrumentalisieren können. Solche Geschäfte liegen jedoch jenseits unsicherer Mitleidseffekte (juristische Argumentation), jenseits auch von Aufklärungseffekten, die in ihrer Wirkung schwer abschätzbar sind (utilitaristische Argumentation). Zudem liegen sie auch jenseits von Maßstäben des Geschmacks, die als strittig angesehen werden müssen (ästhetische Argumentation). Für die hier interessierenden globalen Sterbe-Netzwerke ist wichtig, dass die Werbebranche in instrumentalisierender Absicht in der globalen Öffentlichkeit platzierte und zum Stoff intensiver Diskussionen gemachte „Sterbebilder" das Ambiente heroisierender Beschwichtigung des Sterbens anreichert.

In die Rubrik profitorientierter Werbung gehören auch die Aktivitäten des schon bezeichneten „Kunstunternehmers" Gunther von Hagens. Er warb für den Besuch einer besonderen Art von Jahrmärkten, auf denen plastinierte Leichen präsentiert werden. Die Geschäftsidee solch gruseliger Shows, die als Selbstbeschwichtigung eingeordnet wurden (KAP. 2, II.5.), führte zu riesenhaften Besucherzahlen und damit zu hohen Gewinnen. Im Jahre 2006 hatten nach eigenen Angaben 20 Millionen Besucherinnen und Besucher von Hagens' Ausstellungen gesehen (Pesch, in: Macho/Marek 2007).[175] Indem, neben den schon erwähnten Radfahrern, Schachspielern und Fechtern, beispielsweise ein in Aktion gezeigter Baseball-Spieler oder auch ein „Toter Reiter auf totem Hengst" dargestellt wurde,[176] enthielten von Hagens' Ausstellungen auch Elemente heroisierender Beschwichtigung.

Instrumentalisierung „sterblicher Überreste" durch das Bestattungsgewerbe

Hier braucht nicht gezeigt zu werden, worin das Profitsystem des Bestattungsgewerbes, speziell der deutschen Branche, im Einzelnen besteht.[177] Auch geht es nicht darum, einzelne „Skandalunternehmer" anzuprangern, die es auch in anderen Branchen gibt. Es soll ein Eindruck von den wichtigsten Mechanismen des Bestattungsgeschäfts vermittelt werden. Dabei kann auf eine Reihe wichtiger Beobachtungen zurückgegriffen werden, die von der US-amerikanischen Autorin Jessica Mitford in einer schon 1963 erschienenen Studie gemacht wurden (Mitford 1965). Punktuelle Hinweise und Belege sollen plausibel machen, dass Mitford nicht nur die „amerikanische Normalität" der 1960er Jahre beschreibt. Die elementaren Beobachtungen ihres „way of death" gelten noch für die jüngste Zeit und treffen speziell auch für die Bundesrepublik zu.

Um Mitfords Analyse zu aktualisieren, muss zunächst ein Entwicklungstrend hervorgehoben werden, der sich zum Zeitpunkt ihrer Untersuchung noch nicht so klar abzeichnete. Es geht um einen Trend zur „Billigbestattung", der zwei nicht notwendig miteinander verbundene Ursachen zu haben scheint. Zum einen gibt es Abschiede, aus denen die emotionale Komponente zwischenmenschlicher Beziehungen fast völlig verschwunden ist und die fast ausschließlich durch individuelle Nutzenkalküle bestimmt sind. Zum andern kann

---

175 Dabei bleibt im Dunkeln, ob von Hagens auch am Plastinationsgeschäft verdient: Was wird für „Körper-Material", was für Plastination gezahlt?
176 Vgl. etwa den mit Bildmaterial begleiteten Vorbericht zu einer Ausstellung in Hamburg: Thomas Assheuer, Die Olympiade der Leichen. Der Tabubruch erreicht eine neue Qualität: Gunther von Hagens' „Körperwelten ziehen in ein Hamburger Erotik-Museum", in: Die Zeit, 21.8.2003 (Nr. 35): 35.
177 Eine solche Untersuchung fehlt nicht zufällig. Die für die Branche kennzeichnende „Geheimniskrämerei" (vgl. dazu weiter unten) schafft auch sonst äußerst schwierige Untersuchungsbedingungen. Soweit hier auf Hintergründe des Bestattungsgewerbes verwiesen wird, schöpfe ich aus meinen Erfahrungen als Mitbegründer und langjähriger ehrenamtlicher Mitarbeiter der Genossenschaft BEGLEITUNG e. G./Köln (inzwischen aufgelöst).

das Denken in Kategorien ökonomischer Vorteile so weit entwickelt sein, dass sich Bestattungsprobleme – in Verbindung mit Emotionsleere, aber auch ungeachtet fortbestehender Gefühlsbindungen – selbst dann und oft gerade dann auf Fragen des günstigsten Angebots reduzieren, wenn die Nachlebenden relativ wohlhabend sind.

Für Menschen, die nicht in diesem Trend liegen, stellt der „Trauerfall" eine schwer zu meisternde Herausforderung dar. Der „Normalbürger", wie Mitford schreibt, sieht sich „meist zum ersten Mal vor die Notwendigkeit gestellt, ein Produkt zu kaufen, von dem er nicht das Geringste versteht und das zu einem Zeitpunkt, an dem er sich am wenigsten wehren kann" (Mitford 1965: 12). Zugleich bietet sich für diesen „Normalbürger", wie Mitford beobachtet, eine „Gelegenheit, ein Statussymbol zu zeigen und dem Familienstolz Auftrieb zu geben, [...] Schuldgefühle und Selbstvorwürfe durch die Veranstaltung einer schönen Feier weitgehend loszuwerden" (Mitford 1965: 17).

Eine solche Lage, in der sich die Aufgewühltheit von Nachlebenden mit großer Hilfsbedürftigkeit mischt, schafft für Anbieter von Bestattungsdiensten besonders günstige Marktbedingungen. Die größten Elastizitäten des „Geschäftemachens" liegen im Verkauf von Särgen, Sarginnenausstattung und Totenkleidern, in der Berechnung von Überführungsdiensten (Sterbeort–Ort der Aufbewahrung bzw. Einäscherung von Leichen–Bestattungsort) und im Dekorationsaufwand für Bestattungsrituale.

Einen Einblick in Ungereimtheiten der Rechnungslegung liefert ein Editorial, das der Geschäftsführer der Bundesgeschäftsstelle des Verbandes deutscher Bestatter (Düsseldorf) in der Zeitschrift „Das Bestattungsgewerbe" (4/1995) veröffentlichte. W. H. Zocher berichtet über Aufklärungs- und Schlichtungsprobleme seines Verbandes, der Reklamationen durch Schlichter untersuchen lässt. Deren Arbeit, so argumentiert Zocher, werde „sehr erschwert durch die Tatsache, dass auf vielen Rechnungen die Waren nicht oder nur ungenau beschrieben werden" (Zocher 1995: 185). Er zieht beispielhaft eine Rechnung heran, in der es heißt: „1 Sarg 2.345,– DM. Weder die Holzart, Vollholz oder nicht Vollholz, noch Oberfläche und Beschlag sind hier definiert. Vier Zeilen weiter taucht die Position Sarginnenausstattung auf, die mit 145,– DM berechnet wurde. [...] Und was sagt denn der Bestatter, wenn er gefragt wird, was dieser Sarg eigentlich kostet? 2.345,– DM oder 2.863,50 DM? Und was wurde im Verkaufsgespräch für ein Preis genannt? Mal ganz davon abgesehen, dass so etwas doch schriftlich in einem Auftrag fixiert sein sollte, also eigentlich keiner Nachfrage bedürfte" (ebda.).

Zocher kritisiert hier fehlende „Klarheit und Ehrlichkeit in unserem Gewerbe" (ebda.) und reagiert auf vielfältige Mängel in der Berechnung von Dienstleistungen mit der kritischen Frage: „Warum machen Bestatter aus ihren Preisen eigentlich solche Geheimnisse?" (ebda.). Die Neigung von

Bestattungsunternehmern, die Lage von Nachlebenden unter dem Deckmantel von „Geheimniskrämerei" auszunutzen, wird durch folgenden Umstand verstärkt: Die Auftragslage von Bestattungsunternehmen ist durch Phasen der Stagnation gekennzeichnet, denn es kommt immer wieder vor, dass über längere Zeiträume nur relativ wenige Menschen sterben und daher Aufträge ausbleiben. Dies veranlasst selbst Monopolisten, aus dem einzelnen „Sterbefall" möglichst viel herauszuholen.

Stehen die Unternehmen, wie es im städtischen Bereich die Regel ist, unter Konkurrenzdruck, so wird dieser durch die geschilderte Auftragsfluktuation verschärft. Insoweit illustrieren die Praktiken eines Regensburger Unternehmers, die im Herbst 1995 Aufsehen erregten, ein Konkurrenzverhalten bei der Akquise von Aufträgen, das zwar in dieser spektakulären Form branchenunüblich ist, in gemäßigter Form aber zum Alltag des Bestattungsgewerbes gehört. Der betreffende Unternehmer verschaffte sich durch Dumpingpreise Überführungsaufträge der Polizei, die bei Verkehrstoten, Wasserleichen u. ä. für schnellen Abtransport sorgen muss. Auf diese Weise versuchte er, Anschlussaufträge zu ergattern, machte aber dabei den Fehler, Hinterbliebene anzurufen, bevor diese vom Tode ihrer Angehörigen erfahren hatten (vgl. u. a.: Westdeutsche Allgemeine, Essen, 11.9.1995).

Im Ganzen werden die Beobachtungen, die schon Mitford machte, durch weitere Belege unlauterer Geschäftspraktiken im Bestattungsgewerbe bestätigt: Angebote werden möglichst vage formuliert, so dass sich die Zahlungsmöglichkeiten von unerfahrenen und wehrlosen „Normalbürgerinnen und -bürgern" (Vermögen, Einkünfte, Versicherungspolicen) so intensiv wie möglich ausschöpfen lässt. Mitford zitiert einen freimütig formulierenden amerikanischen Bestattungsunternehmer, der über seine Branche sagt, was auch für die aktuelle Bundesrepublik zutrifft: „Sie bestehen auf ihrem Recht, sechs verschiedenen Personen das gleiche Begräbnis zu sechs verschiedenen Preisen zu berechnen, je nachdem, was der Einzelne bezahlen kann. Es gibt sogar Gauner, die sich von einer Familie [hier gelten die Relationen und nicht die angegebenen Preise; der Verf.] 90 Dollar dafür geben lassen, dass sie ein armes kleines Baby in einem Sarg beerdigen, der nur 4,50 Dollar kostet" (zit. nach Mitford 1965: 41).

III Heroisierende Beschwichtigung in der Leistungsgesellschaft

Heroisierende Beschwichtigung in globalen Sterbe-Netzwerken lässt sich als Bestandteil industriegesellschaftlicher Zivilreligion einordnen. Zu ihrem Kernbereich gehört eine männlich und soldatisch gefärbte „Leistungs-Religion" (1.), von der sich zeigen lässt, dass sie die Sprache durchdringt, die in unterschiedlichen gesellschaftlichen Handlungsfeldern benutzt wird (2.).

1 Gesellschaft mit soldatisch gefärbter „Leistungs-Religion" mit rituellem Hintergrund

Der Begriff der Zivilreligion verweist auf säkulare Rituale, die vor allem von den elektronischen Medien zum Konsum angeboten werden (Bellah 1967: 1–21). Dabei handelt es sich beispielsweise um royale Krönungen und Hochzeiten sowie um Zeremonien, von denen die mediale Existenz herausgehobener Akteurinnen und Akteure der aktuellen Unterhaltungsindustrie begleitet wird. Einbezogen in die zivilreligiösen Rituale sind Sterbeereignisse, wie sie in den Arenen des Kriegs und des Kriegsgedenkens, des Sports und der Politik, daneben auch in speziellen Film- und Fernsehproduktionen heroisierend beschwichtigt werden. Angesichts der Penetranz, mit der Leistung eingefordert und honoriert wird, scheint es angemessen, Zivilreligion als „Leistungs-Religion" zu verstehen. Verherrlicht werden in der Regel Leistungen von Männern – eine nicht überraschende Folge geschichtlicher Männerdominanz, die sich in der Gegenwart fortsetzt (Badinter 1992: 13ff.).

Die Aufmerksamkeit konzentriert sich auf zwei Leistungsschwerpunkte, die auch im hier interessierenden Leistungsbereich des Sterbens erkennbar sind. Meist getrennt werden zum einen körperliche und mentale Leistungen bewundert. Zum anderen wird die Bereitschaft erwartet, sich für andere zu opfern. Es wurde schon hervorgehoben, dass diese „Opfer-Leistung" in der Form instrumentalisierender Beschwichtigung des Opfertods auf Sterbe- und Opfermythen der Menschheitsgeschichte zurückgeht und in die Gegenwart hineinreicht (KAP. 3, II. 1.).

Was die körperliche und mentale Leistungsfähigkeit angeht, so zeigt sie sich in der Art und Weise, in der Soldatinnen und Soldaten, Sportlerinnen und Sportler sowie Politikerinnen und Politiker („Staatsakteure" und „Protestakteure") ihren Beruf ausüben und dabei das Risiko des Sterbens eingehen. Sowohl körperlich als auch mental leistungsfähig zeigen sich auch „lebensrettende Berufsgruppen". Dabei handelt es sich um ärztliche und Pflege-Teams sowie andere Rettungsteams (Feuerwehren u. ä.), die sich – was bevorzugt auch filmisch und dokumentarisch festgehalten wird – für das (Über-)Leben von Menschen einsetzen.

Erfüllt werden die Standards der „Leistungs-Religion" durch Disziplin und Durchhaltefähigkeit, wie sie in Situationen des Beinahe-Sterbens und Sterbens unter Beweis gestellt werden. Formel-1-Fahrer demonstrieren in Kollisionsszenen souveräne Kaltblütigkeit. Nicht anders als Soldatinnen und Soldaten im Krieg bewähren sich (Oppositions-) Politikerinnen und Politiker bei Attentaten, Geiselnahmen und in persönlichen Situationen der Verzweiflung.

Aus religiöser Inspiration kommendes „Leistungsheldentum" hat sich jedoch nicht erst in bürgerlichen Industriegesellschaften ausgebildet. „Helden der (Arbeits-)Leistung" gab es bereits in der christlich-augustinischen Tradition des Mittelalters. Hier ist freilich die Leistungs- und Arbeitsmotivation in ein spezielles Welt- und Gottesbild eingelassen. In unterschiedlichen Ausprägungen einzelner Glaubensrichtungen des Christentums gilt Arbeit als Buße eines in der Erbsünde gefangenen Menschen, der sich der Mühsal der Arbeit um der „höheren Ehre Gottes" willen unterzieht (Groethuysen 1930: bes. 80ff.). Diese leistungsorientierten Einstellungen heroisierender Beschwichtigung des Sterbens setzen sich in der Gegenwart fort. Auf christlichem Boden gewachsen, werden sie von einem „christlichen Schema" auf ein „säkulares Schema" (vgl. KAP, 2, I. 6./7.), von lokalen Sterbe-Netzwerken auf globale Sterbe-Netzwerke übertragen.

Speziell beim Merkmal der „Opfer-Leistung" fällt auf, dass sich die Verherrlichung von „Opferheldentum" nicht nur auf Schauplätze des Krieges bezieht, wo fürs Vaterland gestorben wird. In den heroisierenden Trauerbekundungen zum Tod des Brasilianischen Formel-1-Fahrers Senna schwingt beispielsweise der Gedanke mit, er habe sein Land als Sportler triumphieren lassen (KAP. 3, II. 2.).[178] Auch die Verabschiedung des als Geisel ermordeten Arbeitgeberpräsidenten Hanns Martin Schleyer, wie sie beschrieben wurde (KAP. 2, I.8.), schließt an die Tradition der Opfer-Rituale und Opfermythen an, die durch den Filter unterschiedlicher Kulturen und Religionen gegangen sind.

Damit wird klar, dass die heroisierende Beschwichtigung des Sterbens, wie sie für die Gegenwart kennzeichnend ist, von Metaphern des Opfermuts geprägt wird. Sie sind mit einer „leistungsreligiösen" Rhetorik verbunden und betonen zugleich körperliche sowie mentale Stärke. Beide Leistungskomponenten sind in der Kommentierung aktueller Kriege, in der Vorausschau auf künftig mögliche Kriege und im Kriegs-Gedenken ebenso präsent wie im Spektakel des Sport- und Politikbetriebs sowie in Produktionen von Film und Fernsehen. Beide Komponenten sind, korrespondierend mit der männlichen Akzentuierung von Heroismus, soldatisch gefärbt. Vor rituellem Hintergrund folgt daher die heroisierende Beschwichtigung des Sterbens – schauplatzübergreifend – dem Muster des Opfermuts und soldatischer Leistung.

Auch wird in unterschiedlichen gesellschaftlichen Handlungsfeldern, die mit Krieg nichts oder wenig zu tun haben, eine Sprache verwendet, die von „soldatischem Vokabular" durchzogen ist. Dies lässt sich an ausgewähltem Sprachmaterial zeigen und macht umgekehrt auch plausibel, dass das

---

178 Im Blick auf eine nie auszuschließende „Todesfahrt" des deutschen Formel-1-Fahrers Michael Schumacher ist bemerkenswert, dass in einschlägigen Berichten auf „schwarz-rot-goldene Emotionen" Bezug genommen wird, die Schumacher errege (H. Lehbrink, in: ADAC-Motorwelt, 9/1995: 105. Der Autor bezieht sich auf Eindrücke vom Rennen auf dem Hockenheimring im August 1995).

gesellschaftliche Zusammenleben und speziell die hier interessierende Interpretation von Sterbeereignissen von soldatischem Sterbeheroismus geprägt ist.

2 Gesellschaft mit soldatisch gefärbter Sprache[179]

Das soldatische Vokabular erstreckt sich auf kleine und große Sozialräume, bezieht sich ebenso auf individuelle wie auf kollektive Sozialbeziehungen und wird in speziellen Anwendungsfeldern eingesetzt. In all diesen Feldern werden „Kriegserklärungen" abgegeben: Es werden „Großkriege" und „Kleinkriege" ausgetragen, die auf unterschiedlichen Schauplätzen stattfinden. Bezug genommen wird auf Mittel „psychologischer Kriegsführung", die zu „Nervenkriegen" führen. In soldatischer Metaphorik werden „Angriffe" in bestimmten „Schlachtordnungen" („Phalanxen") vorgetragen. Dabei gibt es „Frontalangriffe" und „Flankenangriffe". Je nach „Stoßrichtung" führen sie zu speziellen „Frontenbildungen". Es werden „Salven" und „Breitseiten" abgeschossen. Manchmal gehen „Schüsse (auch) nach hinten" los. Im sowohl individuellen als auch kollektiven „Feindesland" gelingt es oder auch nicht, „Brückenköpfe zu bilden". Im günstigsten Fall kommt es zu „Durchbrüchen der gegnerischen Front". Gelingt dies nicht, so werden Angriffe zumindest „zurückgeschlagen" und mit „Vergeltungsschlägen" beantwortet. In Auseinandersetzungen, die auf solche metaphorische Weise beschrieben werden, kommt es am Schluss möglicherweise zu „Entscheidungsschlachten", die aber teilweise schon „im Vorfeld" vermieden werden, wenn eine Seite vorzeitig „kapituliert".

Zur Vorbereitung von individuell oder kollektiv geführten „Kriegen" und zur „Abwehr" gegnerischer „Angriffe" gehört „Rüstung": Man muss „gut gerüstet/gewappnet" sein, „das Pulver trocken halten" und die Bereitschaft mitbringen, „zu kämpfen und nicht zu desertieren". Wer sich in den „Krieg hineinziehen" lässt oder absichtsvoll „hineingeht", muss wissen, dass ein „Überlebenskampf" stattfindet. Die Frage ist dann, ob „Tapferkeit vor dem Feind" oder „Feigheit vor dem Feind" gezeigt wird, ob Individuen oder Kollektive „an vorderster Front" oder „an mehreren Fronten" kämpfen, „unter Beschuss" („in die Schusslinie"), „in Kugelhagel", „ins Kreuzfeuer" geraten. Die Frage ist auch, wer wen „zum Schießen auffordert" („Schießen Sie los!") und wer „angeschossen wird", wer „sich opfert" und „wer geopfert wird".

Die internationalen Beziehungen stellen einem speziellen Bereich dar, in dem soldatisches Vokabular benutzt wird. Hier werden einerseits Kriege im

---

179 Auf Belege wird hier verzichtet. Das in Anführungszeichen gesetzte Sprachmaterial gehört zu den „Lesefrüchten" aufmerksamer Zeitungslektüre.

nicht-metaphorischen Sinne geführt. Es finden aber auch „Nachrichtenkriege", „Wirtschaftskriege", „Handelskriege" und „Drogenkriege" statt.

In nationalen Kommunikationsnetzen wird soldatisches Vokabular zur Bezeichnung der Konkurrenzbeziehungen eingesetzt, die zwischen Interessengruppen und Parteien bestehen: Zwischen Arbeitgeber- und Arbeitnehmerverbänden werden „Tarifkriege" ausgefochten. Speziell im Umfeld von Parteien und Regierungsapparaten sind (Partei-)„Soldaten" unterwegs. Ein französischer Staatspräsident nennt seine Premierministerin „mon petit soldat". Parteien und Verbände „sammeln ihre Truppen", um, von Werbeagenturen unterstützt, gegeneinander „Werbefeldzüge" zu führen. In der sozial-ökonomischen und politischen Auseinandersetzung, in programmatischen Texten oder auch in zugespitzten Formulierungen werden Wörter verwendet, die wie „Waffen" wirken, die „töten können". Von sorgfältig kalkulierten „Schlachtplänen" wird behauptet, sie seien „geheime Kommandosache". Werden „brisante" Informationen wider Willen öffentlich, so können sie „wie Bomben einschlagen".

Im Bereich der (internationalen) Wirtschafts- und Finanzpolitik demonstrierte Finanzminister Olaf Scholz die Abhängigkeit vom Kriegsvokabular, als er in der Corona-Krise 2020 die weitreichenden Maßnahmen der Regierung werbewirksam darzustellen suchte. In Übereinstimmung mit einer Äußerung des Präsidenten der Europäischen Zentralbank aus dem Jahr 2012 benutzte er die Metapher der „Bazooka", eines legendären zum Ende des Zweiten Weltkriegs eingesetzten Abschussgerätes für Panzer-Abwehr-Raketen, um die geldpolitische Durchschlagskraft der eingesetzten Instrumente zu unterstreichen (vgl. die im Internet vielfach verbreitete Formulierung in einer Pressekonferenz vom März 2020).

Soldatisches Vokabular macht sich auch im Gefüge kleinräumiger Sozialbeziehungen breit. Im Bildungsbereich kommt es zu „Schulkriegen", in denen zuständige Beamte und Ministerinnen und Minister „die Klingen kreuzen". Sind Bildungseinrichtungen ungenügend ausgestattet, so muss „nachgerüstet" werden. „Kriege" werden auch im familiären Umfeld ausgetragen: Eheleute führen „Ehekriege", Frauen „Zickenkriege".

Da es im Krieg um Leben und Tod geht, überrascht es nicht, dass das soldatische Vokabular bevorzugt dann benutzt wird, wenn Krankheiten bekämpft werden sollen. Susan Sontag wies darauf hin, dass Krankheit sowohl in der Geschichte der Medizin als auch in medizinischen Beschreibungen der Gegenwart als „Invasion körperfremder Organismen" verstanden wird, „auf die der Körper mit eigenen militärischen Operationen reagiert [...]" (Sontag 1989: 11). Sowohl bei Krebserkrankungen als auch in Bezug auf Aids fällt auf, dass die Kranken an sich selbst und die Gesellschaft Anforderungen stellen, die in der Sprache jener heroisierenden Beschwichtigung formuliert sind, die auch Sterbeszenen im Krieg, in der Vorausschau auf Krieg und im

Kriegs-Gedenken begleiten (KAP. 3, I.1). Eine solche „soldatische Bearbeitung" seiner Krebserkrankung liefert 1994 der NATO-Generalsekretär und frühere deutsche Verteidigungsminister Manfred Wörner.

Noch im Februar des Jahres befindet er sich „trotz mehrerer Operationen, trotz fortschreitender Schwäche nicht im Krankenhaus, sondern mitten im Gewühl" des Jugoslawienkriegs. Der Journalist, der dies schreibt,[180] übernimmt Wörners eigenes Verständnis seiner Erkrankung als Krieg, den der Krebs gegen ihn führe. Diesem setze Wörner seinen eigenen Krieg entgegen, wenn er sich vor der Presse – „witzelnd" – mit den schlankeren Streitkräften der NATO vergleicht: „Er sei nun *leaner* und *meaner* – dünner, aber schlagkräftiger". Auf diese Weise wird die kämpferische Einstellung gegenüber einer lebensbedrohenden Krankheit nicht nur in soldatischer Sprache artikuliert, sondern zugleich in die Perspektive erfolgreicher realer Kriegführung umgesetzt.

Die sprachlichen Mittel, die in unterschiedlichen Sozialräumen verwendet werden, passen zu den exemplarisch ausgewählten Sterbeszenen und ihrer Instrumentalisierung. In ihrer Dichte und Vielschichtigkeit formieren sie sich immer wieder neu zu einem sprachlich gestützten Gesamtbild heroisierender Beschwichtigung.

---

[180] Josef Joffe, Zum Tod von Manfred Wörner. Ein diplomatischer Bündnisstratege, in: Süddeutsche Zeitung, 16.8.1994.

KAPITEL 4

Vom lebenslangen Lernen zur letzten Lebensphase

Die exemplarische Empirie der in der Einführung dargestellten Sterbeschicksale (EINFÜHRUNG, I.) und die exemplarische Leidensbilanz der letzten Lebensphase, die sich in hermeneutischer Perspektive ergibt (EINFÜHRUNG, II.4), wird im Folgenden mit den Lernstoff-Kapiteln 2 und 3 in Verbindung gebracht. Es lässt sich ein Lernstoff-Mix erkennen, von dem lebenslang Heroismusdruck ausgeht (I.1./2.). Dem werden Beobachtungen hinzugefügt, die zeigen, dass der Heroismusdruck schon auf einer Vorstufe der letzten Lebensphase wirksam wird. Im Umkreis des Deutschen Herbsts 1977 kann am Beispiel von Hanns Eberhard Schleyer (Sohn von Hanns Martin Schleyer), von Helmut Kohl (in der Position des Oppositionspolitikers) und von Helmut Schmidt (in der Position des Bundeskanzlers) illustriert werden, welche Lerneffekte aus den Netzen kommen, von denen Sterbenlernende abhängig sind (II.1././2./3.).

Es kommt dann zu der für die hier entwickelte Spezialthese entscheidenden Gegenüberstellung: Auf der einen Seite steht die in hermeneutischer Perspektive gewonnene, pazifizierte Leidensbilanz der ausgewählten Sterbenden (EINFÜHRUNG, II.4.). Auf der anderen Seite befindet sich deren heroisierte Erfolgsbilanz, Ergebnis eines neurobiologisch inspirierten Zugriffs auf letzte Lebensphasen. Erkennbar wird: Lebenslanges Lernen unter Heroismusdruck führt dazu, dass Sterbenden in ihrer letzten Lebensphase abverlangt wird, ihr Ausgeliefertsein heroisch hinzunehmen und dabei körperliche Beschwerden für erträglich zu halten, Trennung zu verkraften und Angst „wegzustecken" (III.1.–4.).

Zusammenfassend ergibt sich ein Kreislauf des Sterbenlernens und Sterbens, der sich durch eine Kreislaufanalyse erschließen lässt (IV.1). Das Ergebnis lebenslangen Lernens kann als heroisierte letzte Lebensphase beschrieben werden, gegen den neuronale „Top-down"-Kontrolle wenig ausrichtet (IV.2.).

I Sterbenlernen unter sozio-medialem und neuro-medialem Heroismusdruck

1 Heroismusdruck aus lokalen und globalen Netzwerken

Aus der Zusammenschau von KAP. 2 und 3 ergibt sich, dass lebenslanges Sterbenlernen in widersprüchlichen Abhängigkeiten stattfindet. Aus dem Lernen aus lokalen Sterbeereignissen und ihrer lokalen Beschwichtigung ergeben sich überwiegend Imperative, die darauf zielen, dass sich Sterbende so ruhig, friedlich und entspannt verhalten, wie es Berichte und Bilder von früheren harmonischen Abschieden nahelegen. Dem stehen Imperative entgegen, die aus den globalen Netzwerken kommen. Hier wird von Sterbenden erwartet, dass sie denselben Sterbe-Heroismus demonstrieren, der im jahrhundertelangen Muster des soldatischen Sterbens angelegt ist.

Für die neuro-mediale Verarbeitung dieses Widerspruchs kommt es darauf an, dass die lokalen und globalen Netzwerk-Strukturen miteinander verschränkt sind: durch personelle Vermittlung, überlappende Inhalte, übergreifende Symbolsprache, über das Prinzip der Werkfortsetzung und speziell über das Muster (soldatischer) Höchstleistung.

Für die personelle Vermittlung zeigt sich in historischer Perspektive, dass auf dem Weg in die Gegenwart einerseits die Beschwichtigung in lokalen Netzwerken fortgeführt wird. D. h., Sprache und Schrift sowie Medien, die traditionell von „belebten Vermittlern" – Künstlerinnen und Künstlern, Philosophinnen und Philosophen, Theologinnen und Theologen – verwendet und in „leblose Vermittlung" (Bild-, Skulptur-, Buch- und Druckerzeugnisse) umgesetzt werden, sind immer noch da. Andererseits kommen in globaler Öffentlichkeit neue „leblose Vermittler" – vor allem Film, Fernsehen und Internet – hinzu. Sie befinden sich in der Regie von neuen „belebten Vermittlern", die diese Fotografien, Filme, Fernseh- und Internetbeiträge produzieren. Eine Schlüsselrolle, in der sie zugleich zwischen lokalen und globalen Netzwerken vermitteln, spielen Journalistinnen und Journalisten. Zum Teil sind sie Fachleute und bearbeiten den Stoff unterschiedlicher beruflicher Felder, wobei sie sowohl in lokaler als auch in globaler Öffentlichkeit präsent sind. Beispielsweise schreibt ein Print-Journalist Kommentare, die auch im Internet verbreitet werden. Zum anderen Teil gibt es Journalistinnen und Journalisten, die als Zeitungsleute zugleich Filme, Fernsehen und Internet „machen". Sie verbinden das Lokale und Globale durch ihre Vielfach-Kompetenz.

Die inhaltlichen Verschränkungen zwischen lokalen und globalen Netzwerken zeigen sich bei einem Blick auf die Arena des Krieges bzw. des Kriegsgedenkens (KAP. 3, I.1.). Angesichts der relativ geringen Zahl von Opfern in den hier angeführten Kriegen, entsteht im Kriegsgedenken eine Lücke. Diese wird jedoch problemlos durch die imposanten Heldenfriedhöfe geschlossen, die nach dem Zweiten Weltkrieg und teilweise noch in jüngster Zeit angelegt wurden. Die in globalen Netzwerken stattfindende Heroisierung des Sterbens ist indessen mit der pazifizierenden Beschwichtigung in lokalen Netzwerken mehrfach verklammert: Zum Ersten gibt es, komplementär zum globalen Techno-Heroismus neuerer Kriege, lokalen traditionell und mit traditionellen Waffen begangenen „Mord und Totschlag" und seine Beschwichtigung. Sie wird durch Berichte von Lokalzeitungen und vor allem die von ihnen verbreiteten Abschiedsanzeigen getragen. Zum Zweiten kann ein lokales „Mord und Totschlag"-Ereignis aufgrund des Tathergangs, der Prominenz beteiligter Personen oder auch seiner Folgen so spektakulär sein, dass es zum globalen Medienereignis wird. Zum Dritten hat sich im Gedenken an frühere Kriege komplementär zum Heldenfriedhof das Idyll des soldatischen Einzelgrabs erhalten.

Was die Symbolsprache der Beschwichtigung angeht, so variiert diese in den Medien Film, Fernsehen und Internet nur punktuell. Auch insofern greifen die lokalen und globalen Netzwerk-Sphären ineinander. Dies gilt beispielsweise für die erwähnten „Sensenmänner" des späten Mittelalters, die ihre pazifizierend beschwichtigende Wirkung, die sie lokal ausübten, auch in globalen Netzwerken, nunmehr in modernisierter Gestalt als Vampire und Zombies, entfalten.

Unabhängig von speziellen Inhalten der beschwichtigenden Interpretation von Sterbeereignissen wirkt das Prinzip der Werkfortsetzung. Lokale und globale Beschwichtigung gehen dabei ineinander über. Das „säkulare Schema" der Interpretation folgt sowohl lokal als auch global dem Gedanken, dass der Verlust eines Menschen nicht so schlimm sein kann, wenn das, was er im Leben zustande gebracht hat, von den Nachlebenden weitergeführt wird.

Diese Verkoppelung derjenigen, die gestorben sind, mit denjenigen, die zurückbleiben, ist darüber hinaus dadurch gekennzeichnet, dass beide zur (Höchst-)Leistung verpflichtet werden. Das in beiden Netzwerk-Sphären geläufige Vokabular weist zusätzlich darauf hin, dass sich der Leistungsgedanke sphärenübergreifend am soldatisch-militärischen Muster ausrichtet.

Aus einer Zusammenschau der Verschränkungen, die sich in und zwischen lokalen und globalen Netzwerken erkennen lassen, ergeben sich fein abgestufte Übergänge zwischen pointierten und weniger pointierten Heroisierungen, die in weniger und stärker pointierte Pazifizierungen übergehen. Der Gesamtkomplex dieser beschwichtigenden Interpretationen des Sterbens, die den Stoff des individuellen Sterbenlernens bilden, zeigt indessen ein Übergewicht globaler Netzwerke und der in diesen enthaltenen Momente heroisierender Beschwichtigung. So steht beim Kriegsgedenken beispielsweise das Idyll des soldatischen Einzelgrabs im Schatten ausstrahlungskräftiger Heldenfriedhöfe.

2 Heroismusdruck aus dem neuronalen Zusammenspiel von Lernfeldern der Nah- und Fern-Kommunikation

In der neurobiologischen Moralforschung gibt es Versuche, die neuronalen Areale und dazugehörigen Netzwerke ausfindig zu machen, über die moralische Entscheidungen vermittelt werden. Beschreibungen eines „moral brain" sollen neuronale Anhaltspunkte für Prognosen moralischen Verhaltens liefern (Moll u. a. 2005). Sind schon diese Bemühungen offensichtlich sehr ambitioniert, so wäre es überehrgeizig, die neuronalen Merkmale eines „death brain" ausfindig machen zu wollen. Selbst wenn Sterbende in den Scanner gelegt werden könnten, wäre es unmöglich, in die Komplexität und Differenziertheit der an der letzten Lebensphase beteiligten Areale und Netzwerke einzudringen. Dennoch lassen sich angesichts der im grundlegenden in KAP. 1 (II. 1./2.) zusammengefassten Merkmale des Lernapparats Gehirn einige erhellende Feststellungen machen. Diese beziehen sich zum einen darauf, dass die aus der Fern-Kommunikation kommenden Impulse neuronal anders verarbeitet werden als die Inputs, die auf Nah-Kommunikation zurückgehen. Zum andern muss berücksichtigt werden, dass in der Gegenwart viele Menschen mit Sterbenden in der Regel erst zu tun haben, wenn Eltern und Verwandte in hohem Alter sterben. Im Unterschied hierzu gehörte etwa im Mittelalter das Sterben nahestehender Menschen zum Alltag. Daher sind, wie schon einführend betont wurde, lokale Lernerfahrungen des Sterbens in der Gegenwart selten.[181]

Aus der Spezialisierung neuronaler Lernfelder und aus dem Seltenheitswert von Sterbe-erfahrungen in Nah-Kommunikation ergibt sich, dass das synaptische Repertoire sterbenlernender Individuen vorrangig durch die Verarbeitung von Imperativen des Sterbe-Heroismus geformt wird, die aus den übermächtigen globalen Netzwerken kommen. Da hierbei vor allem in Fern-Kommunikation gelernt wird, überwiegt die synaptische Ausformung gedanklicher Empathie für Sterbeheroen, die in den globalen Netzwerken agieren. Im Zusammenspiel mit neuronalen Arealen, die für affektiv gefärbte Nah-Kommunikation mit lokalen Sterbe-Netzwerken zuständig sind, kommt es zu einem Empathie-Mix, in dem die affektive Komponente stark reduziert ist.

---

181 Schweidtmann 1991: 15–18. Eine neuere Befragung im Rahmen einer DFG geförderten Palliativstudie (2005) ergab: Fast die Hälfte der Befragten (Alter: 18–50 Jahre) hat das Sterben eines nahestehenden Menschen noch nie miterlebt (vgl. Anm. 3). Ein Viertel der Befragten (Alter: 18–50 Jahre) hat ein einziges Sterbeerlebnis gehabt. (Vgl. einen Vortrag von: Alois Hahn/Matthias Hoffmann auf der Jahrestagung der Görres-Gesellschaft, Fulda 2007; Hinweis in: Göckenjan 2008: Anm. 1.) Die fehlende Vertrautheit mit Sterben in Nah-Kommunikation wird auch durch ein Ergebnis der Befragung der „Deutschen Hospiz Stiftung/Emnid-Umfrage 2003" belegt: Fast 90 % der Befragten konnten mit dem Begriff der „Palliative-Care" (Frage 1: Was ist Palliative Care?/Abb. 3) nichts anfangen (vgl. auch: Anm. 2).

Diese Prozesse des Sterbenlernens, die nach dem Prinzip sich überschneidender Lernfelder zum Sterben unter Heroismusdruck führen, können für die Problemkomplexe körperlicher Beschwerden und Angst als belegt gelten. Wie sich zeigen ließ, sind beide in „empathiehaltige" Mechanismen des Imitationslernens einbezogen (KAP. 1, II.2.). Es kann angenommen werden, dass der Unterschied zwischen der neuronalen Verarbeitung von Impulsen aus Nah- und Fern-Kommunikation sowie das Prinzip sich überschneidender Lernfelder auch für den übergreifenden Problemkomplex des Ausgeliefertseins und für den Komplex der Trennung gilt. Das bedeutet, dass die Imperative des Sterbeheroismus, die aus den dominierenden globalen Netzwerken kommen, mit hoher Aufdringlichkeit (Salienz) auf die allround zuständigen neuronalen Netzwerke stoßen. Daher kommt es auch hier zu einem Mix von Lernergebnissen, in denen „heroisierungsfreundliche" synaptische Strukturen stark, „pazifizierungsfreundliche" dagegen schwach ausgebildet sind.

Zu den je individuellen synaptischen Ausformungen gehört auch die Fähigkeit, die hohe Aufdringlichkeit von Impulsen bis zu einem gewissen Grade zu moderieren und zu steuern. Dies führt zwar in allen Problemkomplexen zu Varianten in der lernenden Verarbeitung je spezieller Mischungen heroisierender und pazifizierender Beschwichtigung, ändert indessen nichts am Übergewicht „heroisierungsfreundlicher" Lernergebnisse. Auch wenn dabei die synaptischen Effekte emotional gefärbter Pazifizierung verstärkt werden können.

II Lebensrettung oder Sterbenlassen? Die Abhängigkeit von Nah- und Fern- Kommunikation auf einer Vorstufe zur letzten Lebensphase

Aus der Perspektive lebenslangen Sterbenlernens sind diejenigen, die das Sterben Anderer begleiten, gegenüber diesen im Vorteil. Auf einer Vorstufe zur letzten Lebensphase müssen sie als Nachlebende – auf sich selbst bezogen – nicht umsetzen, was sie in ihrem bisherigen Leben gelernt haben (EINFÜHRUNG, II.1.). Als Sterbenlernende in die lokalen und globalen Sterbe-Netzwerke ihrer Vorstufe eingebettet, pazifizieren oder heroisieren sie von ihrem Lernstand her das Sterben Anderer. Für den Fall jedoch, dass sie auf dieser Stufe mit einer Situation zu tun haben, in der das Sterbeschicksal eines Menschen noch nicht besiegelt ist und auf dieses noch Einfluss genommen werden kann, reicht Beschwichtigung in der einen oder anderen Richtung nicht aus.

Es ist die Situation, in der sich all diejenigen befinden, die in die schon mehrfach geschilderte Geiselnahme von Hanns Martin Schleyer hineingezogen werden. Bei der Anwendung ihres Lernstands auf eine Problemlage, in der es um Überleben oder Sterben geht, kommt es darauf an, ob sich emotionale Empathie mit Lebensrettungs-Akzent oder gedankliche Empathie mit der Akzentuierung des Sterbenlassens durchsetzt.

In dieser Konstellation lässt sich die Wirkungsweise des Mechanismus nachahmenden Lernens am Beispiel der drei Politiker illustrieren, die durch die Geiselnahme Hanns Martin Schleyers in besonderer Weise herausgefordert werden. Diese punktuelle Illustration ist genauer, als dies im folgenden zusammenfassenden Abschnitt im Blick auf den Ablauf von Hanns Martin Schleyers, Peter Nolls, Isabell Zacherts und Hermines letzte Lebensphase möglich ist. Im Besonderen zeigen sich die Abhängigkeiten von Fern- und Nah-Kommunikation. Zugleich wird deutlich, dass ein vergleichbarer Lernstand unter jeweils besonderen Umständen zu unterschiedlichen Entscheidungen führen kann.

Bei der Bearbeitung des (drohenden) Sterbens von Hanns Martin Schleyer lassen sich ausführlich die Reaktionen des damaligen Bundeskanzlers Helmut Schmidt, weniger ausführlich diejenigen des damaligen CDU-Oppositionsführers Helmut Kohl und des Sohns von Hanns Martin Schleyer, Hanns Eberhard Schleyer, beobachten. Beginnen wir mit Letzterem.

1 Hanns Eberhard Schleyers Lernstand im heißen Herbst 1977 und seine Umsetzung

Für Schleyers ältesten Sohn und die Familie Schleyer kommt es darauf an, die Geiselnahme des Vaters so schnell es irgend geht zu beenden, um sein Leben zu retten. Gegenüber dem, was die lokal in der Familie gelernte emotionale Empathie gebietet, ist alles andere, im Besonderen die verlangte Freilassung von RAF-Mitgliedern, zweitrangig. Zuletzt macht Hanns Eberhard Schleyer den erfolglos bleibenden Versuch, beim Bundesverfassungsgericht eine einstweilige Verfügung zu erwirken, um die Schmidt-Regierung zum Einlenken zu zwingen.[182]

Beobachten lässt sich aber neben dem dominierenden emotional-empathischen Moment, das ein Einverständnis mit dem „Opfertod" des Vaters unmöglich macht, auch eine gedanklich-empathische Komponente zugunsten der Mitglieder des von Schmidt geführten Krisenstabs. Indem dieser der Geisel Schleyer Sterbebereitschaft zumutet, zeigt sich ihre Abhängigkeit von den globalen Netzwerken, die heroisches Sterben nahelegen. Als Politiker teilt Schleyers Sohn diese Abhängigkeit, wie sich nach dem Ende des

---
182 Vgl. zur Dokumentation der Initiativen von Hanns Eberhard Schleyer: Peters 2007: 437–442.

Geiseldramas zeigt, als er den Posten eines Bevollmächtigten des Landes Rheinland-Pfalz in jener Bundeshauptstadt bei den dort Regierenden, die den Vater nicht gerettet haben, übernimmt. Während des Geiseldramas setzt sich bei Schleyers Sohn die emotionale Bindung an den Vater durch, wogegen danach fern-kommunikative Abhängigkeiten die Oberhand gewinnen.

2 Helmut Kohls Lernstand vom Februar 1975 (Geiselnahme Peter Lorenz) ohne Umsetzung im heißen Herbst 1977

Für Hanns Eberhard Schleyers Verhalten hat es zweifellos große Bedeutung, dass der CDU-Parteivorsitzende Helmut Kohl, der Mitglied des von Helmut Schmidt geleiteten Krisenstabs ist, zumindest nach außen hin dem gedanklich-empathischen Rechnen mit Schleyers Sterben nicht widerspricht. Dieses Verhalten Kohls, der im heißen Herbst 1977 mit seinem in Geiselhaft sitzenden Freund korrespondiert, hebt sich in spektakulärer Weise von seinem emotionsbestimmten Eintreten für den Berliner Parlamentspräsidenten Peter Lorenz ab, der im Februar 1975 von der „Bewegung 2. Juni" als Geisel genommen wird, um Gefangene freizupressen. In Abhängigkeit von lokalen Netzwerken des Sterbens hat für Kohl hier das Leben des in Gefahr befindlichen Freundes Vorrang. Mit seiner Auffassung setzt er sich zu diesem Zeitpunkt gegen Schmidt durch, der sie nachträglich als falsch kritisiert und das eigene Einlenken mit seinem schlechten Gesundheitszustand erklärt (Maischberger: 199f.).

Im Vergleich mit der Konfrontation des Jahres 1977 reagiert die Staatsadministration auf die frühere Herausforderung vom Februar 1975 entgegengesetzt: Vor allem auf Drängen des CDU-Oppositionsvorsitzenden Helmut Kohl setzt sich spontan die emotionale Solidarität mit dem Parteifreund durch. Kohl bietet sogar an, sich an Stelle von Lorenz in Geiselhaft zu begeben. Diese durch die Nähe zur Geisel motivierte empathische Reaktion, die den Lernstand des damaligen Oppositionsführers zum Ausdruck bringt, setzt sich zu diesem Zeitpunkt durch. Zwei Jahre später wird sie dagegen aufgegeben, als Kohl in die fern-kommunikativen Abhängigkeiten des Krisenstabes einbezogen ist.

In den Reaktionen Hanns Eberhard Schleyers und Helmut Kohls zeigen sich exemplarisch je unterschiedliche Umsetzungen der Abhängigkeit von lokalen und globalen Netzwerken des Sterbens beim Umgang mit dem Sterben auf einer Vorstufe zur letzten Lebensphase. Welche Beobachtungen liefert das Beispiel Helmut Schmidt?

3   Helmut Schmidts Lernstand im heißen Herbst 1977 und seine Umsetzung

Wie schon dargestellt, lehnt Helmut Schmidt als Chef eines Krisenstabes die erpresserische Forderung nach Freilassung von RAF-Leuten entschlossen ab und riskiert dabei das Leben sowohl der Geisel Hanns Martin Schleyer als auch – in der Reaktion auf einen zweiten Erpressungsversuch – das Leben der Insassen der entführten Lufthansamaschine. In Reden und vor allem in rückblickenden Interviews und Buchtexten begründet Schmidt sein Verhalten ausführlich.[183] Die Reaktion des Krisenstabs, die in der Bevölkerung und in den Medien überwiegend gebilligt wird, steht einerseits für den Mainstream des neuronal abgestützten Lernstands im heißen Herbst 1977, bei dem gedankliche Empathie die emotionale Empathie dominiert. Andererseits wird dieser Lernstand durch die Entscheidungen bekräftigt, die von Schmidt, unterstützt von Krisenstab, Medien und Bevölkerung getroffen werden.

Die für gedankliche Empathie zuständigen Areale sind in der Weise beteiligt, dass sie Abwägungen ermöglichen, in denen es darum geht, ob entweder Schleyer sowie die Flugzeugpassagiere oder die potentiellen Opfer künftiger Erpressungen sterben sollen. Schmidts Argumentation und seine daraus folgenden Entscheidungen zugunsten eines starken, nicht erpressbaren Staates sowie die ergänzenden Hinweise darauf, er habe sich „unausweichlich [...] im Bereich von Schuld und Versäumnis" befunden,[184] laufen auf Folgendes hinaus:

Obwohl Schleyers Leben und das Leben der Flugzeugpassagiere durch die geforderte Freilassung von RAF-Mitgliedern hätte gerettet werden können, riskiert Schmidt und mit ihm der Krisenstab das Sterben der Geiseln mit der Begründung, dass der Staat ganz allgemein seine Fähigkeit zum Schutz von Bürgern und speziell seine Fähigkeit zur Abwehr terroristischer Erpressungen unter Beweis stellen müsse. Diese Richtungsentscheidung, die auf einem aktuellen neuronalen Lernstand beruht, hat umgekehrt – vermittelt durch Aufzeichnungen im Gedächtnisapparat – einen sich neuronal abbildenden Lerneffekt, der für künftige Entscheidungen die abwägend-gedankliche Empathie zu Lasten der emotionalen Empathie stärkt.

Bei seinem Versuch, die Zurückweisung der Erpressung der RAF zu rechtfertigen, bezieht sich der Bundeskanzler bewusst nicht auf Überlegungen der Staatsraison. Seine rigide Antwort hat mit demselben Lernstand zu tun, auf dem sich in Sachen Sterben auch Schleyer befindet. In dessen Beteuerung, nie

---

183   Vgl. die genaueren Informationen zum „zweistufigen Ablauf des Geiseldramas" in: EINFÜHRUNG, I.2.
184   In der hier gewählten analytischen Perspektive werden keine moralischen Bewertungen vorgenommen. So Schmidt in einer Erklärung der Bundesregierung im Deutschen Bundestag nach Schleyers Ermordung: Bundestagsprotokoll v. 20.10.1977 (50. Sitzung, 8. Wahlperiode): 3756.

um sein Leben „gewinselt" zu haben (KAP. 4, III.), steckt die heldenhafte Durchhalteposition, auf die ihn Schmidt und der Krisenstab festlegen.

Ein wichtiger Teil des Lernstoffs, von dem der gemeinsame Lernstand Schmidts und Schleyers abhängig ist (KAP. 3, I.1.), findet sich bei dem journalistischen Beobachter Jürgen Leinemann. Er verweist rückblickend darauf, dass die Mehrzahl derjenigen, die im Krisenstab über die Reaktionen auf die RAF berieten, in unterschiedlichen Rollen Kriegsteilnehmer waren. Für Leinemann liegt die Vermutung nahe, dass diese ehemaligen Soldaten aus ihrer soldatischen Erfahrung heraus handelten (Leinemann 2005: 126ff.). Diese teilen sie, so darf hinzugefügt werden, mit dem Kriegsteilnehmer Schleyer.

In der schon erwähnten bewussten Korrektur seines Verhaltens im Jahr 1975 (KAP.4, II.2.) lässt sich Schmidt 1977 in erster Linie von gedanklich-empathischen Impulsen leiten, ohne dass indessen die emotional-empathische Komponente völlig fehlt. In der Rückschau auf 1977 berichtet Schmidt immer wieder, er habe „einen der schlimmsten Momente seines Lebens" durchgemacht, als er sich beim Trauergottesdienst nach Schleyers Tod zwischen dessen Witwe und deren Sohn wiederfand.[185] Bilder zeigen einen knienden Kanzler, der offensichtlich sehr stark gerührt ist. Da war einer gestorben, den er gut kannte. Diese offenbar schwer kontrollierbare emotionale Erregung ist besonders aufschlussreich, weil sie einen Menschen ergreift, der sich bei vielen Gelegenheiten als „Verstandesmensch" darstellt (O-Ton Schmidt: „Wer dazu neigt, emotional bestimmte Visionen zu entwickeln, sollte zum Arzt gehen.") Es darf vermutet werden, dass Schmidt auch in den Wochen der Schleyer-Entführung ebenso emotional beteiligt war, mit dem Unterschied, dass es ihm nach außen hin gelang, dies im Dienste einer gedanklich-empathisch akzentuierten Politik zu verbergen.

Zur kalkulierend abwägenden Reaktion Schmidts gehört auch, dass er sich für den Fall eines Scheiterns der risikoreichen Befreiung der Flugzeug-Geiseln seinen Rücktritt als Kanzler vornimmt. So merkwürdig eine solche „kompensatorische Geste" aussieht, so deutlich zeigt sie, in welch „emotionaler Ferne" sich diese Geiseln befinden. In den ersten Wochen der Schleyer-Entführung kommt demgegenüber eine solche „Geste" nicht in Frage. Schmidt fühlt sich Schleyer offenbar doch so nahe, dass ihm ein kompensatorischer Rücktritt unangemessen erschienen wäre. Hier bestätigt sich, dass es im Bereich des Sterbenlernens für empathische Reaktionen bedeutsam ist, ob sie in Nah- oder Fern-Kommunikation eingefügt sind.

Eine zusätzliche Illustration und spezielle Variante der Abhängigkeit empathischer Reaktionen von kommunikativer Nähe oder Ferne kann zum

---

185 Vgl. die Zusammenfassung dieser rückblickenden Selbstbeobachtungen Schmidts in: Martin Rupps 2008: 269.

Abschluss der Beispiele realweltlicher Reaktionen auf das Sterben und des komplementären Lernens von Sterbenden noch angefügt werden: Derselbe Helmut Schmidt, der im heißen Herbst 1977 in der geschilderten Weise agiert und reagiert, blickt im Interview auf die im Juli 1977 gescheiterte Geiselnahme des Vorstandsvorsitzenden der Deutschen Bank, Jürgen Ponto, zurück. Er kommentiert und kritisiert die Ermordung Pontos in emotional engagierter Weise. Seine Abscheu begründet er im Besonderen damit, dass er mit Ponto befreundet gewesen sei und dessen Kinder in die Schulklasse seiner Ehefrau Loki gegangen seien.[186] Damit wird klar, dass der Grad emotionaler Erregung durch ein Verbrechen damit zu tun hat, ob man die Opfer direkt oder auch indirekt (näher) kennt oder nicht kennt.

Es zeigt sich für den Bereich des Sterbens und des komplementären Sterbenlernens, dass es bei Entscheidungen und komplementär bei neuronalen Lerneffekten zum Empathie-Mix kommt, dessen Komponenten sich – je nach situativer Sterbesituation und zum Teil zeitversetzt – stärker oder schwächer ausprägen können.

III Bilanz der letzten Lebensphase neurobiologisch betrachtet[187]: Heroisierte Erfolgsbilanz vs. pazifizierte Leidensbilanz

Einführend wurde in einer ersten Betrachtung ausgewählter Sterbeschicksale gezeigt, dass pazifizierendes Verstehen, das in lokalen Netzwerken des Sterbens dominiert, in einer professionell angewandten hermeneutischen Perspektive zu einer pazifizierten Leidensbilanz führt.

Vor diesem Hintergrund zeichnet sich bei einer zweiten Analyse eine heroisierte Erfolgsbilanz des Sterbens ab. Sie beruht auf einem neurobiologisch inspirierten Zugriff. Er erschließt Lernimpulse, die in globalen Netzwerken dominieren und lokalen Lernstoff überformen. Sie sind in ihren Lerneffekten daran erkennbar, dass sich aus den unsystematisch zusammengestellten Merkmalen des Sterbens ein Bias zu Gunsten des heroisierten Sterbens abzeichnet. Er lässt sich unter der übergreifenden Perspektive des Ausgeliefertseins erkennen und dann auch unter den speziellen Gesichtspunkten der körperlichen Beschwerden, der Trennung und der Angst aufspüren.

---

186 Vgl. etwa das Fernsehinterview mit S. Maischberger, abgedr. in: Hand aufs Herz. Helmut Schmidt im Gespräch mit Sandra Maischberger, Berlin 2009: 197f.
187 Belege werden nur angegeben, soweit Informationen hinzugefügt werden, die in der Einführung fehlen.

1 Ausgeliefertsein

Hanns Martin Schleyer kommt ohne eigenes Zutun in eine Lage, in der sich kranke und/oder alte Menschen befinden Sie müssen mit ihrem baldigen Sterben rechnen und hoffen doch auf Rettung, beispielsweise durch ärztliche Kunst. In der beschriebenen widerspruchsvollen Spannungslage, in der einer drohenden Exekution in der Geiselhaft der dringende Überlebenswunsch Schleyers gegenübersteht, kommt es in hermeneutischer Perspektive zu einem mitleidenden Nachvollzug dieser Sterbesituation. Dem stehen in neurobiologischer Perspektive folgende Beobachtungen entgegen:

Schleyers Briefen aus der Geiselhaft lässt sich zweifelsfrei entnehmen, dass er sich eine „doppelte Befreiungslösung" wünscht: seine eigene Befreiung durch Freilassung der RAF-Gefangenen. Diese Position hätte er mit Entschiedenheit vertreten können. Um dies zu erkennen, hilft er Vergleich mit der Lage, in der sich 1978 der ehemalige italienische Ministerpräsident und Vorsitzende der Democrazia Christiana, Aldo Moro, befindet.

Moro wird von den „roten Brigaden" in Geiselhaft genommen, die ebenfalls die Freilassung von Gesinnungsgenossen verlangen. In Briefen aus der Geiselhaft, die er an seine Partei und ihre Amtsträger richtet, hält Moro es für „unannehmbar, dass ein Unschuldiger im Namen eines abstrakten Prinzips der Legalität geopfert wird, während zwingende Notwendigkeiten dafür sprechen, ihn zu retten". Moro verweist auf die Möglichkeit, nach dem Muster des Austauschs von Spionen und der Ausweisung von Dissidenten, wie sie im Verhältnis zwischen Chile und der Sowjetunion praktiziert worden seien, seine Freilassung zu erreichen (Sciascia 1978: 31). Moro ist gläubiger Katholik und philosophisch umfassend gebildet. Er hat sich schon vor seiner Geiselnahme mit Fragen der Abwägung zwischen den Interessen Einzelner und den Belangen der Allgemeinheit beschäftigt. Insoweit muss er als Außenseiter und Ausnahmepolitiker gelten, der für eine bewusst vertretene Auffassung steht, die sich dem Imperativ des Sterbe-Heroismus entzieht.

Genau das Gegenteil tut Schleyer. Er vertritt eine andere als die Moro-Position, indem er sich – seiner Kritik an der Hinhaltetaktik des Krisenstabs zum Trotz – der Entscheidung bzw. Nicht-Entscheidung des Krisenstabs beugt. Schon in der ersten Schilderung seiner Lage nach der Entführung formuliert er den Wunsch, auf die Forderungen der RAF einzugehen und damit freigelassen zu werden. Er fügt ihm aber hinzu: „Das ist jedoch nicht meine Entscheidung" (Brief v. 6.9.1977). Nach soldatischem Vorbild versucht er Heldenmut zu demonstrieren und fügt seiner Bereitschaft, sich einer möglichst raschen Entscheidung der verantwortlichen Politiker zu fügen, die drastische Formulierung hinzu, er „habe nie um sein Leben gewinselt" (Tonband an Kohl v. 12.9.1977).

Diesem Durchhaltestandpunkt, auf den Schleyer festgelegt ist, entspricht auch die „Durchhaltepose" von Schleyers Ehefrau Waltrude. In einem Brief an „Bild" hebt sie die „innere Stärke" ihres Mannes und auch ihre eigene Stärke hervor. Es bestehe „kein Anlass", dass er sich „große Sorgen um seine Familie mache" (Streithofen 1978). Im Interview mit einer Illustrierten ist es ihr wichtig, die Tränen zu verbergen (Neue Revue, 42, 10.10.1977). Einbezogen in die Position des „Sich-nicht-unterkriegen-Lassens" ist auch Schleyers Kollegen- und Freundeskreis, aus dem keine Bekundungen des Mitgefühls kommen.[188]

Peter Noll sucht in der Situation des Ausgeliefertseins nach einem „Sonderweg". Mit seiner Ablehnung operativer Eingriffe will er skeptischen Fachleuten, Angehörigen und Freunden beweisen, dass er ohne die „Maschine" des Klinikbetriebs zurechtkommt. Dabei demonstriert er große Disziplin und Durchhaltefähigkeit. Unter dem Leitgedanken seiner „Diktate über Sterben und Tod" macht er „das Sterben und den Tod als ein für alle vorgeschriebenes und wirklich zu bewältigendes Ereignis" (Noll: 200).

In den „Diktaten", vor allem aber in den *post scriptum* beigefügten Erinnerungen seiner ältesten Tochter Rebekka und seines Freundes Max Frisch zeigen sich die Grenzen dieses „Heldenprojekts" (in: Noll 1987: 275ff.). Noll muss verschiedentlich Notaufnahmen in der Klinik in Anspruch nehmen. Er zwingt Angehörige und Freunde zum Mitvollzug einer letzten Lebensphase, die mit einem „schweren Tod" endet. Diese Einschätzung stammt von Rebekka (278), die eine Polenreise abbrechen muss. (Der Vater im Telefonat: „Es geht nicht so gut. Komm doch zurück.") Die letzten drei Wochen durchlebt sie mit dem Vater Tage der Verwirrung und der Verzweiflung, am Ende eine „Horrornacht", in der er sich gegen den Tod aufbäumt (277).

Im Ganzen zeigt Noll ein „veröffentlichungsreifes" Sterbe-Verhalten und eine Leistungsbereitschaft, die zum „leistungsreligiösen" Lernstoff der globalen Sterbe-Netzwerke passt, mit dem nicht nur Schleyers, sondern auch Isabell Zacherts Sterben in Verbindung gebracht werden muss.

Unter Anleitung ihrer Mutter versucht Isabell Zachert – parallel zu Noll – für Menschen, die in eine ähnliche Lage kommen, durch die Art ihres Sterbens Vorbild zu sein. Ihre Tagebucheintragungen, ergänzt um die nachträglichen Schilderungen ihrer Mutter, zeigen sie in einer „Leistungsgemeinschaft" mit den Ärzten und dem Pflegepersonal. Sie wird in alle Therapiegespräche einbezogen und bezahlt dafür den Preis, alle therapeutischen Maßnahmen, im Besonderen die aggressiven Chemotherapien hinnehmen zu müssen.

---

188 Bei aller Bereitschaft Schleyers, sein Ausgeliefertsein zu ertragen, gibt es keine Anhaltspunkte dafür, dass er sich aus freien Stücken für die Allgemeinheit und für sein Vaterland zu opfern bereit gewesen wäre. Entgegen dieser in den globalen Netzwerken verbreiteten Unterstellung (KAP. 3, II.4.) muss Schleyers Durchhalteposition aus seiner Sicht als Oktroi angesehen werden, der ihm unverdientermaßen zugemutet wird.

Für die „leistungsreligiöse" Ausrichtung des „Unternehmens Isabell" ist besonders bezeichnend, dass Christel Zachert Ärzte auf einer Rangliste platziert. Ganz weit oben steht ein namentlich genannter Professor an einer Kölner Klinik, der von einem Seminar im Ausland zurückerwartet wird. Ganz unten auf der Liste rangiert ein Stationsarzt, „ein unbedeutender Mann", an dessen Namen sich Frau Zachert nicht mehr erinnert (25). Damit stimmt überein, dass Isabells Bonner (Lieblings-)Arzt sich nach einer brieflichen Einschätzung des Mädchens durch seine „Überdurchschnittlichkeit" auszeichnet (Brief v. 13.11.82: 188). Überhaupt werden nur Ärzte sowie Personen anderer „höherer Berufe" beim Namen genannt. Die Krankenschwestern bleiben in den Beschreibungen Christel Zacherts fast immer namenlos. Auch in Isabells Tagebuch werden sie nur in Ausnahmefällen namentlich angesprochen („Schwester Claudia", die „Stärke für kritische Situationen beweist", 174). Das heißt nicht, dass sie nicht geschätzt und für ihren Einsatz nicht gelobt oder nicht beschenkt würden, sie sind aber „weniger bedeutend".

Auf diese subtile Weise wird klar, was Isabell – zum großen Teil über ihre Mutter vermittelt – von sich selbst fordert und was das Umfeld von ihr erwartet: Die Tennisspielerin, deren Pokale die Mutter „noch heute [...] im Schrank" hat (13), muss auch und gerade im Angesicht des Sterbens Leistung zeigen.

Das Sterben der alten Haushälterin Hermine, wie es von Anne Sorlin dargestellt wird, passt hingegen nicht zu dem in den globalen Sterbe-Netzwerken vorgezeichneten Muster: Nichts liegt Hermine ferner, als sich um heroisches Sterben zu bemühen. Das hängt mit hoher Wahrscheinlichkeit damit zusammen, dass sie, die einfache „Familienbetreuerin", überwiegend aus lokalem Sterbe-Netzwerken gelernt hat. Sie bringt deshalb die Erwartungshaltung mit, gemäß der in lokalen Sterbe-Netzwerken aufgebauten pazifizierenden Beschwichtigung (KAP. 2, I.) in Frieden sterben zu dürfen. Und doch passt auch ihr Sterben in die globalen Netzwerke heroisierender Beschwichtigung des Sterbens.

Das liegt am Klinikpersonal. Nach der Schilderung von Anne Sorlin fordert es von einer „unbedarften" Haushälterin die Erfüllung von Leistungsnormen des Sterbens, die es in der Lernkommunikation mit den globalen Netzwerken gelernt hat. Indem nun aber Hermine mit jener unnachgiebigen Verstocktheit reagiert, die ihrem Lernstand entspricht, kommt es zur ausweglos katastrophalen Sterbesituation, die Sorlins Bericht beschließt.

2   Körperliche Beschwerden

Die steckbriefartigen Fotos Hanns Martin Schleyers, die aus der Geiselhaft an die Öffentlichkeit kommen, zeigen einen „Schmerzensmann", der die ihm zugefügten körperlichen Beschwerden nicht ganz klaglos hinnimmt. Sein

Vorwurf der „Menschenquälerei" richtet sich indessen ausdrücklich auf die Hinhaltetaktik des Krisenstabs und nicht auf kaum erträgliche körperliche Strapazen. Peter Noll versteckt die in den „Diktaten" nur zwischen den Zeilen erkennbar werdenden Tumorschmerzen hinter Hinweisen darauf, dass er überdosiert Morphium einnimmt (275f.). Hinter Isabell Zacherts Erwähnung, sie habe „Angst vor Therapien", verbirgt sich körperliches Leiden, das sie jedoch nur in knappe Berichtsfetzen verpackt und nicht ausführlich erläutert (153). Es entspricht Hermines Sonderstellung, dass sie – gegen jeden Sterbeheroismus – ihr körperliches Leiden spektakulär zur Schau stellt.

3   Trennung

Unter dem Gesichtspunkt der Trennung von nahestehenden Menschen, die Sterbende zu erwarten haben, ist an der Sterbesituation Hanns Martin Schleyers Folgendes auffällig: Es passt zur Durchhalteposition, die er im allgemeinen Ausgeliefertsein zeigt, dass er den Gedanken an eine mögliche Trennung dadurch zu überspielen sucht, dass er eine Rückkehr nach Hause unterstellt. In der Reaktion auf einen Brief seiner Frau beschwört er „die Liebe seiner Familie, die um mich versammelt ist". Sie werde „dazu beitragen, dass er das Schreckliche des Anschlags von Köln und der Tage der Gefangenschaft verarbeiten kann" (Brief v. 21.9.1977 an „Bild").

Peter Nolls „Diktate" und die ergänzenden Berichte machen deutlich, wie eng und unverzichtbar seine Beziehungen zu Angehörigen und Freunden sind. Das gilt insbesondere für seine ältere Tochter Rebekka und seinen Freund Max Frisch. Dennoch verbietet er sich den auch nur angedeuteten Gedanken daran, dass er und sie sich voneinander verabschieden müssen.

Schleyers und Nolls Bemühen um „Trennungsheroismus" entspricht bei Isabell Zachert der Hinweis auf das „christliche Schema". Es enthält die in den Titel von Isabells Abschiedsbuch eingehende Erwartung: „Wir sehen uns wieder in meinem Paradies."

Was den Sonderfall Hermine angeht, so demonstriert sie ihren bedingungslosen Überlebenswunsch, ohne irgendetwas zu verbergen. In ihrem dramatischen Aufbegehren gegen das Ansinnen heroischen Sterbens steckt zweifellos auch der Protest dagegen, dass sie sich von all den Menschen trennen muss, für die sie sich ihr ganzes Arbeitsleben lang mit allen ihr zur Verfügung stehenden Kräften eingesetzt hat. Hinzu kommt vermutlich ihre untergründige Wut darüber, dass sie sich von eben diesen Menschen verlassen sieht.

4 Angst

In der EINFÜHRUNG ist schon darauf hingewiesen worden, dass die Angst nicht aus der letzten Lebensphase wegzuwischen ist (EINFÜHRUNG, II.4.). Allein schon Angstprobleme einzugestehen, widerspräche indessen dem Bemühen, nach außen möglichst den Eindruck von Gelassenheit zu vermitteln. Angst einzuräumen, fiele mit Versagen in der Sterbesituation zusammen.

In der letzten Lebensphase Hanns Martin Schleyers gibt es kein einziges Angstsignal. Dies wäre ein Zeichen mangelnder Stärke und fehlt daher auch bei Peter Noll. Bei ihml enthält die in den „Diktaten" erwähnte Beschäftigung mit Sterbeliteratur einen versteckten Hinweis darauf, dass ihn die angstbesetzte Frage, was nach dem Tode komme, beschäftigt. Isabell Zachert äußert Angst vor Chemotherapien, bezieht ihre Angst aber nicht ausdrücklich auf das Sterben. Ihre verdeckte Angst vor dem Sterben kommt aber in ihrer Trennungsangst zum Ausdruck, die sie dadurch eingesteht, aber zugleich zurückzudrängen sucht, dass sie sich nach dem „christlichen Schema" ein Wiedersehen im Paradies erwartet. Im Ausnahmefall Hermine ist Sterbeangst zweifellos ein wichtiges Moment des ebenso entschiedenen wie unheroischen Widerstands, den sie dem Sterben entgegensetzt. Umgekehrt verweist das weitgehend gelingende Verstecken von Angst auf die erfolgreiche Abwehr von Angstgefühlen.

Bei allen hier beobachteten Sterbenden – ausgenommen Hermine –, zeigt sich, dass sie lebenslang gelernt haben, dem aus den globalen Netzwerken kommenden Heroismusdruck nachzugeben. Sie verstehen sich in erheblichem Maße auf das Sterbemanagement, machen „gute Miene" zu den Herausforderungen ihrer letzten Lebensphase, die ihre Kräfte überfordern. Für Schleyer, Noll und Zachert gilt bei genauem Hinsehen, dass sie hinter der Fassade der Gelassenheit letztlich so sterben, wie Hermine ohne Fassade stirbt.

Die Wirkungen des Heroismusdrucks wurden im Rahmen eines kommunikativen Sterbe-Designs analysiert. Beim Sterbenlernen wirken Imperative pazifizierenden und heroisierenden Sterbens zusammen, die aus lokalen und globalen Netzwerken der Beschwichtigung stammen. Bei der lebenslangen Verarbeitung dieser Imperative führt das neuronale Zusammenspiel von Arenen emotionaler und gedanklicher Empathie zu einem einseitig von heroisierender Beschwichtigung geprägten synaptischen Repertoire, das in der letzten Lebensphase mobilisiert wird.

IV Zusammenfassung: Kreislauf des Sterbenlernens und Sterbens mit beschränkter Top-down-Kontrolle

Es gibt eine einleuchtende, überall und auch hier schon zitierte mittelalterliche Aussage, nach der „mitten wir im Leben von dem Tod umfangen" sind. Damit ist gemeint, dass der Tod unter speziellen Umständen jederzeit eintreten kann. Wie dann in dieser „Umfangenheit" gestorben wird, ist damit jedoch noch nicht gesagt. Dazu gibt es eine zweite sprichwörtliche Aussage, nach der „Menschen sterben, wie sie gelebt haben". Aus ihr ergibt sich, dass die „Umfangenheit" von speziellen Faktoren des alltäglichen und beruflichen Lebens darüber entscheidet, wie wir sterben. Wie aber werden diese Lebensumstände und wie werden die in ihnen liegenden Herausforderungen an das Sterben für je individuell Sterbende bedeutsam? Die Antwort entspricht dem, was für Handeln generell gilt: Wir sterben so, wie wir lebenslang Sterben gelernt haben.

Wie Sterben gelernt wird, ist von Sterbeereignissen und ihrer medialen Bearbeitung abhängig, in denen das Sterben in vielfältiger Weise beschwichtigt wird. Ereignisse und Beschwichtigungen machen den Lernstoff des Sterbenlernens aus. Er entsteht in Netzwerken lokaler Sterbe-Öffentlichkeit einerseits, in Netzwerken globaler Sterbe-Öffentlichkeit andererseits. Dies ist die sozio-mediale Seite des Sterbenlernens.

Zudem hat der Prozess des Sterbenlernens eine neuro-mediale (neurobiologische) Seite. Hier wird der in Nah-Kommunikation aus lokalen Netzwerken und in Fern-Kommunikation aus globalen Netzwerken aufgenommene Lernstoff von Arealen des menschlichen Gehirns verarbeitet, die für ihn zuständig sind. Kommt es zum Sterben von Menschen, die den lokal und global transportierten Lernstoff neuro-medial verarbeitet haben, so wird diese Sterbepraxis selbst wiederum medial übersetzt, interpretiert und multipliziert. Aus Sterbeereignissen und ihrer Beschwichtigung entsteht lokal und global neuer Lernstoff, der weiteres Sterbenlernen und davon abhängiges Sterben in Gang hält.

Erkennbar wird ein Kreislauf des Sterbenlernens und Sterbens. In einer auf ihn zugeschnittenen Kreislaufanalyse ließen sich das Ineinandergreifen des lokal und global erzeugten Lernstoffs und seine neuronale Verarbeitung beschreiben. Diese erfolgt in spezialisierten Arealen des Gehirns, die wiederum in übergreifende Netzwerke eingebunden sind. An ausgewählten Sterbeschicksalen ließ sich belegen, dass das Übergewicht der aus den globalen Netzwerken stammenden Imperative zu heroisierter individueller Sterbepraxis führt.

Der durch eine Kombination von Mediologie und Neurobiologie geschärfte Blick auf vier exemplarische Konstellationen des Sterbens zeigt, dass die Imperative der globalen Sterbe-Netzwerke und der mit ihnen verbundene Lerndruck lebenslang massiv wirksam sind. Die vor allem im Stirnhirn angelegten

Möglichkeiten der Top-down-Kontrolle sind hingegen so schwach entwickelt, dass sich an der Weichenstellung zum heroisierten Sterben kaum etwas ändern lässt. Im Sonderfall der Haushälterin Hermine hätte es einer solchen Top-down-Selbstkontrolle des Klinikpersonals bedurft, um gegenüber einer geborgenheitsbedürftigen alten und kranken Frau auf Anforderungen bedingungsloser Unterordnung zu verzichten. Offensichtlich war dies dem Klinikpersonal nicht möglich.

EXKURS A
Strategien gegen den Pseudo-Heroismus der letzten Lebensphase

Eine bewertende Auseinandersetzung mit der letzten Lebensphase und den Anforderungen an die sterbenden Subjekte ist bislang vermieden worden. Sie kann sich im Folgenden auf die normativ verstandene Bedürfnisforschung stützen (I.). Dabei lassen sich zwei Traditionslinien erkennen, in die spezielle Bedürfnisse von Sterbenden eingeordnet werden können (1.). Diese stehen in Bezug zu den in den Kapiteln 2 und 3 belegten lokalen und globalen Netzwerken des Sterbens (2.). Daraus ergibt sich ein an die Sterbenden gerichtetes Anforderungsprofil, das sich als Pseudo-Heroismus umschreiben lässt (3.).

Vor diesem Hintergrund kann auf Kritik am Pseudo-Heroismus eingegangen werden (II.). Sie artikuliert sich indirekt in dem Wunsch, möglichst „ohne Komplikationen" abrupt zu sterben (II.1.) und wird in Forderungen nach „menschenwürdigem Sterben" greifbar (II.2.). Hinzu kommt die praktische Umsetzung der Kritik am Pseudo-Heroismus durch palliativmedizinische Sterbebegleitung in Hospizen und klinischen Palliativstationen (II.3.).

Ausgehend von der Pseudo-Heroismus-Kritik und ihrer praktischen Umsetzung lassen sich dann in neurobiologischer Perspektive des Sterbenlernens einige Vorschläge machen, die darauf gerichtet sind, den Lernstoff pseudo-heroischen Sterbens zu korrigieren (III.1.–3.).

I Die letzte Lebensphase in der Perspektive normativ verstandener Bedürfnisforschung

Ein erster Ansatz der Bedürfnisforschung wurzelt ideengeschichtlich vor allem im Utilitarismus. Ein zweiter Ansatz, anti-utilitaristisch ausgerichtet, steht unter dem starken Einfluss der Moralphilosophie Kants.

1 Zwei Ansätze der Bedürfnisforschung und ihr Bezug zu den speziellen Bedürfnissen von Sterbenden

Der erste Ansatz macht die Entfaltung persönlicher Talente zur Verhaltensnorm. Mit dem Ziel eines zu erstrebenden Gesamtnutzens wird diese als moralisch gut bewertet. Dahinter steht eine Vorstellung vom Kapitalismus, die es erlaubt, wie Tugendhat einleuchtend formuliert, „das Wachstum der Ökonomie als solches ohne Rücksicht auf Verteilungsfragen moralisch zu rechtfertigen" (Tugendhat 1993: 327). Deshalb ist es konsequent, wenn sich die Menschen einer solchen „Wachstumsgesellschaft" sowohl in der Vorstellung als auch in der Praxis als (heroische) „Leistungsträger" des Sterbens profilieren und bewähren wollen. Dazu passt auch, dass das Sterben instrumentalisiert werden darf und mit dem Sterben Profite gemacht werden dürfen (KAP. 3, II.).

Besondere Schubkraft erhielt die dem Utilitarismus verpflichtete Bedürfnisforschung in der zweiten Hälfte des 19. Jahrhunderts durch die Soziobiologie. Sie knüpft an Darwins Prinzip des „Kampfes ums Überleben" an. Die menschlichen Bedürfnisse, die sich in der Evolution entfalten, gelten dabei schon auf der genetischen Stufe als so „programmiert", dass sie primär egoistische Interessen durchsetzen.[189]

Schon im Vorfeld der Soziobiologie wird der Gedanke eines auf persönliche Selbstentfaltung gerichteten Menschen von theologisch orientierten Philosophen und Sozialpsychologen entwickelt. Für diese Denk- und Forschungsrichtung stehen vor allem Namen wie Sören Kierkegaard und Otto Rank, der als Schüler Sigmund Freuds eigene Wege geht.[190] Der amerikanische Sozialpsychologe Ernest Becker hat den Ertrag dieses Nachdenkens und seiner

---

189 In kritischer Absicht und mit besonderer Bezugnahme auf Charles Darwin einerseits, Edward O. Wilson und Richard Dawkins andererseits, wird dieser Zugriff beschrieben von Bauer 2007: 12ff.
190 Die von Freud behauptete Triebstruktur weist eine große Nähe zu den Bedürfnissen nach Selbstentfaltung auf. Als Beleg kann summarisch auf Forschungen verwiesen werden, die nach Kriegsursachen fragen und friedenspädagogisch orientiert sind. Dabei handelt es sich oft um Studien, die therapeutisch-kontrollierend orientiert sind. Sie bauen auf Freud gelegten und durch neuere Forschungen modifizierten Grundlagen auf. Erkennbar werden konkurrenzorientierte Aggressionsneigungen und Gefühle der Gewaltlust, die – mit niedrigen Schwellen der Reizbarkeit versehen – auch in Kriegen ausgelebt werden (vgl. Moeller 1992 und dort verarb. Lit.).

klinischen Erprobung zusammengefasst (Becker 1976). Seine Einsichten laufen darauf hinaus, dass Menschen eine „doppelte Natur" haben. Auf der einen Seite sind sie ihrer Körperlichkeit verhaftet, die sie hinfällig, leidend, für sie selbst und für andere abstoßend macht (Becker 1976: Einführung). Zur Illustration dieses Mangels bedient sich Becker eines drastischen Epigramms von Montaigne, das zu Freuds entwicklungspsychologischen Beobachtungen eines frühkindlichen „Analismus" passt. Es macht deutlich, dass die menschliche Existenz auf Exkrementen aufbaut: „Auf dem höchsten Thron der Welt sitzt der Mensch doch nur auf seinem Arsch" (zit. nach Becker 1976: 61). Die in der EINFÜHRUNG exemplarisch illustrierten Probleme der letzten Lebensphase (II.4.) – im Besonderen die Angst vor dem Sterben – lassen sich hier einordnen.

Die andere Seite der Natur des Menschen besteht nach Becker in Fähigkeiten, die ihn von anderen tierischen Existenzen unterscheiden. Menschen können sich intellektuell von ihrer Körperlichkeit distanzieren und ein autonomes Selbst aufbauen, das zu vielfacher Kreativität in der Lage ist (Becker 1976: bes. Kap. 8). Während sich mit körperlichen Gebrechen Angst vor dem Sterben verbindet (Becker 1976: Kap. 2), können Menschen mit Hilfe ihres Intellekts Symbolwelten aufbauen und so ihre Mangelexistenz – speziell ihre Sterbensangst – erträglich machen. Der Aufbau kulturspezifischer „Heldensysteme" (Becker 1976: 25) ermöglicht eine Übertragung menschlicher Wünsche auf Leitfiguren, die stellvertretend das ausleben, was den in ihrer Kreatürlichkeit gefesselten Menschen nur unvollkommen gelingt. Projektionen dieser Art machen es möglich, sich von jener Sterbensangst zu entlasten, die für Becker zur Schattenseite des menschlichen Grundbefindens gehört (Becker 1976: bes. 235).

Der zweite Ansatz der Bedürfnisforschung zielt auf Bedürfnisse nach friedlichem Leben und geborgenem Sterben. Eine Durchsicht einschlägiger Texte und Materialien bringt drei zentrale Maßstäbe des Umgangs mit Lebenden und Sterbenden zutage: Das Fairness-Prinzip, das Sympathie/Empathie-Prinzip und das Prinzip der Nicht-Instrumentalisierung. Dabei lassen sich der Sympathie/Empathie-Gedanke einerseits und das Kriterium der Nicht-Instrumentalisierung andererseits als Präzisierungen und Anreicherungen des Maßstabs der Fairness verstehen.

In Bezug auf die sich überschneidenden Prinzipien der Fairness und der Sympathie/Empathie hat der Politikwissenschaftler James Q. Wilson „moral senses" herauspräpariert, die ihnen zugrunde liegen (Wilson 1994). Mit Fairness ist die Neigung gemeint, das auf Gegenseitigkeit angelegte Beziehungsgefüge zwischen Menschen so auszugestalten, dass den je individuellen Merkmalen der Beteiligten Rechnung getragen wird (Wilson 1994: 100ff.) Auf die letzte Lebensphase bezogen kann damit nur gemeint sein, dass diejenigen, die das Sterben von Menschen mitvollziehen, auf deren Lage so präzis wie nur möglich einzugehen haben. Umgekehrt heißt es aber auch, dass Sterbende zu berücksichtigen haben, was es für aktuell noch nicht vom Sterben bedrohte Nachlebende bedeutet, an ihrem Sterben teilzunehmen.

Das Sympathie-Prinzip, das in alltagssprachlicher Verwendung des Begriffs oft auch Empathie genannt wird, stützt sich nach der zusammenfassenden Darstellung Wilsons auf eine menschliche Grundfähigkeit, sich in Mitmenschen hineinzuversetzen (62ff.). Auf die letzte Lebensphase von Menschen bezogen kann Sympathie/Empathie das Bemühen um Fairness in der Weise abstützen, dass erst das Hineinversenken in das, was in Sterbenden vorgeht, eine individuell abgestimmte und in diesem Sinne faire Behandlung von Sterbenden möglich macht. Umgekehrt werden Letztere gegenüber Menschen, die ihr Sterben miterleben, nur dann fair sein, wenn sie deren Lage als Noch-nicht-Sterbende berücksichtigen.

Das Prinzip der Nicht-Instrumentalisierung lässt sich von einer Maxime her erklären, die sowohl in juristischen als auch politischen Argumentationsfiguren geläufig ist: das Prinzip der Verhältnismäßigkeit der Mittel. Was bedeutet es, wenn Mittel auf ein bestimmtes Ziel zugeschnitten sein sollen? Hierzu hat Kant in der zweiten Version seines kategorischen Imperativs folgende Antwort gegeben: „Handle so, dass du die Menschheit, sowohl in deiner Person als in der Person eines jeden anderen, jederzeit zugleich als Zweck, niemals bloß als Mittel brauchst" (Kant 1903: 429).

Mahatma Gandhi bezieht prinzipiell dieselbe Position und stützt sich dabei auf spezielle Erfahrungen im südafrikanischen Befreiungs- und indischen Unabhängigkeitskampf. Seine allgemeine Einsicht, dass Mittel und Ziele unlösbar miteinander verknüpft sind, gilt speziell für den Einsatz von Gewaltmitteln, durch die sich nach seinen Beobachtungen weder innenpolitisch noch außenpolitisch friedliche Beziehungen herstellen lassen (Sternstein 1970: 137).

Demnach lässt sich das Prinzip der Nicht-Instrumentalisierung als spezielle Version des Gedankens der Verhältnismäßigkeit verstehen: Es sind keine Ziele denkbar, die es rechtfertigen würden, Menschen auf diese hin zu instrumentalisieren. Bei einer Übertragung auf die letzte Lebensphase heißt das: Weder dürfen sich Lebende aus Sterbevorgängen Vorteile verschaffen noch dürfen umgekehrt Sterbende ihre Lage dazu nutzen, Noch-nicht-Sterbenden bestimmte Verhaltensweisen abzuverlangen.

Stellt man den Bezug zum Fairness-Prinzip her, das in den Bemühungen um eine anti-utilitaristische Position als Leitprinzip verstanden werden kann, so ergibt sich Folgendes: Lebende und Sterbende verhalten sich fair, wenn sie sich gegenseitig so behandeln, wie es sorgfältig sondierten Bedürfnissen nach Zuwendung, speziell nach Geborgenheit, angemessen ist.

Diese Stoßrichtung der Bedürfnisforschung, die durch Intuitionen bestimmt wird, erfährt massive Unterstützung durch zwei Forschungszugriffe, die Ansprüche naturwissenschaftlicher Empirie einzulösen versuchen. Ein älterer Ansatz ist mit dem Namen des amerikanischen Sozialpsychologen Abraham K. Maslow verbunden,[191] auf den schon hingewiesen wurde (EINFÜHRUNG, II.3.). Beim neueren Ansatz handelt es sich um den neurobiologisch inspirierten empirisch-analytischen Zugriff, der den Kapiteln 1–4 zugrunde liegt.

Maslow stellt eine hierarchisch angeordnete Abfolge von Grundbedürfnissen zusammen, die sich an der Unterscheidung zwischen materiellen Bedürfnissen (v. a. Hunger, Durst) und immateriellen Bedürfnissen orientiert. Zu Letzteren gehören die Bedürfnisse nach Zuwendung und Liebe. Auf höherer Stufe geht es um Selbstaktivierung und Selbstverwirklichung. Nach Johan Galtungs erhellender Analyse kann das Verlangen nach Zuwendung als Fundament aller historischen und aktuellen Bemühungen angesehen werden, universell geltende Menschenrechte formell und informell abzusichern.[192] Zu den Vertretern der neurobiologisch inspirierten Bedürfnisforschung, verstanden als Motivationsforschung, gehört u. a. Joachim Bauer (Bauer 2007). Seine Arbeiten konzentrieren sich, aufbauend auf Kenntnissen über Areale des menschlichen Gehirns, durch die empathische Fähigkeiten abgestützt sind, auf Botenstoffe (v. a. Dopamin, Opiode, Oxytozin), die im Umkreis dieser Areale produziert werden und motivierend wirken. Als Ergebnis der Evolution stützen sie menschliche Fähigkeiten zur Kooperation, die im Netz sozialer Beziehungen eingefordert werden können.[193]

2 Diskriminierung von „pazifizierungsnahen" gegenüber „heroisierungsnahen" Bedürfnissen

Stellt man den Bezug zu der sich in den lokalen und globalen Netzwerken entfaltenden Beschwichtigung des Sterbens her, so ist die Stoßrichtung des ersten Ansatzes „heroisierungsnah". Sie verläuft parallel zum Aufbau „medialer Heldensysteme" in den globalen Netzwerken, wie sie in Kapitel 3 für Krieg und Kriegsgedenken, Sport und Politik – mit medialer Beteiligung – illustriert wurden. Demgegenüber ist die zuletzt skizzierte, sowohl intuitiv als auch biologisch-

---

[191] Eine Zusammenfassung der wichtigsten Ergebnisse der von Maslow inspirierten sogenannten „basic needs"-Forschung gibt Galtung 1994: 91ff.
[192] Die von Galtung (ebda.) in menschenrechtlicher Perspektive analysierten Bedürfnisse nach Zuwendung und Liebe sind den – in der heroisierenden Traditionslinie der Bedürfnisforschung prominenten – Bedürfnissen nach Selbstentfaltung entgegengesetzt, die ebenfalls zu den immateriellen Bedürfnissen gehören.
[193] Bauer versteht seine Forschungen und seine Interpretation vorliegender Forschungsergebnisse als „anti-darwinistisch", mit einer Tendenz, die neuronalen Grundlagen zu ignorieren, durch die „anti-kooperative" Verhaltensmotive abgestützt sind.

empirisch fundierte Richtung der Bedürfnisforschung „pazifizierungsnah". Sie ist auf „heroismusfeindliche" Fairness ausgerichtet, parallel zur Bearbeitung des Sterbens, wie sie in Kapitel 2 dargestellt wurde: In lokalen Sterbe-Netzwerken ist Fairness die stillschweigende Bezugsgröße der Beschwichtigung.

Da nun aber, als zentrales Ergebnis der hier vorgelegten Analyse, die aus den globalen Netzwerken stammenden Imperative sehr viel wirksamer sind als der lokal aufgebaute Lernstoff, werden die Bedürfnisse nach Pazifizierung gegenüber denjenigen nach Heroisierung diskriminiert. Den Sterbenden wird, ihrem Bedürfnis nach fairer Behandlung zum Trotz, vorrangig Heroismus abverlangt. Er wird deshalb im Folgenden Pseudo-Heroismus genannt.

3 Pseudo-Heroismus

Die Lage, in der sich Sterbende befinden, die lebenslang unter Heroismusdruck stehen und heroisiert sterben, lässt sich durch einen Annäherungsvergleich mit Kolonisierten verdeutlichen. Diese befinden sich lebenslang in der Abhängigkeit von Kolonisatoren, in deren Dienst sie gezwungen werden. Dabei lernen die Kolonisierten, in der Erwartung unberechenbarer Willkürakte zu bestehen. Sie lernen, sich mit ihrem Ausgeliefertsein zu arrangieren, körperliche Qualen zu erdulden, sich in der Trennung von vertrauten Menschen ihres bisherigen Lebenskreises einzurichten und angstbesetzte Unsicherheiten zu ertragen. Kolonisierte verhalten sich in der Regel so, als mache ihnen alle Bedrückung nichts aus, als seien sie zufrieden und in ihrer Lage glücklich.

Dies hat eine Entsprechung im Verhalten von Sterbenden, die so tun, als könnten sie die Probleme ihrer letzten Lebensphase heroisch meistern. Diese Durchhaltepose steht aber zu ihrem Ausgeliefertsein, ihren körperlichen Beschwerden, ihrer erzwungenen Trennung von Mitmenschen und ihrer Angst im Widerspruch.

Der todgeweihte Peter Noll verschweigt aber in seinen „Diktaten über Sterben und Tod" diese widersprüchliche Lage, die durch eine Episode belegt wird, die genauso in einem Bericht über Schleyers und Zacherts Sterben verzeichnet sein könnte. Die Noll-Episode steht für pseudo-heroisches Sterben, „zensiert" durch Coolness, das plötzlich als unheroisch entlarvt wird. Sie wird in einem Interview von Max Frisch berichtet, der sich an eine Szene in einem Hotel am Nil erinnert. Als er sich mit seinem Freund auf einer Ägyptenreise befindet, wird dieser von seiner Krankheit eingeholt. Frisch erinnert sich, dass Noll, auf der Kante seines Hotelbetts sitzend, nicht mehr aufgehört habe, „Scheiße, Scheiße ..." herauszuschreien.[194]

---

[194] Die genaue Sendezeit und der Ort des von Frisch einem Fernsehsender gegebenen Interviews ließen sich nicht mehr rekonstruieren.

II Kritik am Pseudo-Heroismus

1 Die Wunschvorstellung vom abrupten Sterben

Wenn die Beobachtung stimmt, dass in Kriminalfilmen das Sterben überwiegend als „Sekundentod" dargestellt wird, so lassen sich die Filmemacherinnen und Filmemacher offenbar von der richtigen Annahme leiten, dass sich viele ihrer Adressatinnen und Adressaten einen schnellen und abrupten Tod wünschen (Schneider 2004: 104). Auch die Ergebnisse von Meinungsumfragen belegen diesen Wunsch.[195] Der Schweizer Lyriker Kurt Marti hat auszuformulieren versucht, was viele denken:

> *wunsch*
> *den jedermann teilt*
> *gebet von gebetlosen auch:*
> *dass der tod uns einst treffe*
> *plötzlich und sanft*
> *von einer sekunde zur andern*
> *leichter behender*
> *wie gemsen im fels*
> *wie fische im meer*
> *ließe sich leben*
> *wüssten wir diesen*
> *wunsch uns gewährt*
> *(zit. in: Jens/Küng 2009: 118)[196]*

Wie kommt es zu diesem Wunsch? Es lässt sich kaum daran zweifeln, dass er unter dem Eindruck des Klinikbetriebs der Gegenwart formuliert wird, soweit dieser im Zeichen lebenserhaltender Maßnahmen „wildes Sterben" (*mort*

---

[195] Vgl. als wichtige ältere Untersuchung: Feifel, in: Feifel (Hrsg.) 1959; vgl. eine EMNID-Untersuchung im Auftrag des „Spiegel": eingearbeitet in: „Sag lächelnd good bye", Der Spiegel, 6.2.1995 (Nr.6): 114ff. (bes. 118). Im Auftrag der Deutschen Hospizstiftung wurde eine Umfrage durchgeführt (Emnid-Umfrage 2003: Was denken die Deutschen über Palliative Care? Neues Konzept für menschenwürdiges Sterben), die im Fragenkomplex: „Wenn Sie nun die Wahl hätten, entweder schnell und plötzlich zu sterben oder lieber begleitet, im Sinne des Palliative-Care-Ansatzes, wie würden Sie sich persönlich entscheiden?", zu folgendem Ergebnis führte (N.=1005):
81 % der Befragten wollten „schnell und plötzlich" sterben;
13 % wollten von „Palliative Care begleitet" werden;
4 % antworteten „weiß nicht";
3 % machten „keine Angabe". (Online unter: www.hospize.de/docs/stellungnahmen/14.pdf; abgerufen am 20.03.2020.)
[196] Indem Walter Jens diese Zeilen am Schluss eines Vortrags zitiert, vergisst er darauf hinzuweisen, dass sich langsamem Sterben (wofür Jens sich interessiert) zu entziehen sucht, wer dem Tenor des Gedichts folgt.

sauvage) erzwingt.[197] Stimmt dies, so darf der Wunsch nach einem abrupten Tod als indirekte Kritik am Pseudo-Heroismus gewertet werden: „Ich möchte am liebsten plötzlich umfallen", heißt dann: „Ich möchte nicht so enden müssen, wie es mir insbesondere die heroisierenden Inszenierungen des Sterbens in globaler Öffentlichkeit vorführen. Eine solche Einstellung kann durch hautnahe Erfahrungen mit sterbenden Menschen abgestützt sein. Da jedoch Primärerfahrungen mit dem Sterben Anderer Seltenheitswert haben (vgl. Anm. 3), ist das tägliche Medienspektakel der heroisierenden Beschwichtigung des Sterbens und Beinahe-Sterbens die maßgebliche Richtgröße.

In neurobiologisch inspirierter Perspektive liegt die Unreflektiertheit des Wunsches nach einem abrupten Tod im Folgenden: Die meisten Menschen müssen mit einer sich länger hinziehenden letzten Lebensphase rechnen. Es ist das Sterben von immer älter werdenden Menschen, die an Krankheiten leiden (Herz-Kreislauf-Erkrankungen, Krebs, Aids ...), bei denen zwischen Diagnosen, operativen Eingriffen, Therapien und Tod oft lange Phasen liegen, die – nach dem hier zugrunde gelegten Verständnis (EINFÜHRUNG, IV.1.) – Phasen des Sterbens sind. Insoweit gehört die Wunschvorstellung vom abrupten Tod zu den Strategien der Selbstbeschwichtigung, die mit Bezug auf den antiken Philosophen Epikur zugleich als Moment der Pazifizierung des Sterbens beschrieben wurden.

2 Die Wunschvorstellung vom „menschenwürdigen Sterben"

Es gibt eine Minderheit von Menschen, die pseudo-heroisches Sterben dadurch auf indirekte Weise kritisieren, dass sie „menschenwürdiges Sterben" einfordern. Die Anstöße zu solcher Kritik kommen aus Erfahrungen, die diese Minderheitsgruppe oft – wenngleich nicht ausschließlich[198] – als „Professionals von Sterben und Tod" gewinnen: als Ärztinnen und Ärzte, Pflegerinnen und

---

197 In seiner „pazifizierenden Sicht" war Ariès einer der ersten, der die Aussicht auf „*mort sauvage*", dem er „*mort domestiquée*" gegenüberstellt (EINFÜHRUNG, II.3.) besonders drastisch beschrieben hat (Ariès 1982: 713ff.).

198 Zu dieser Minderheitsgruppe gehören auch Menschen, die durch persönliche Erfahrungen – zumeist mit dem Sterben nahestehender Menschen – so „gepackt" wurden, dass für sie nur noch pazifiziertes Sterben in Frage kommt. Das gilt beispielsweise für einen Frankfurter Banker, von dem Gronemeyer berichtet, dass er seinen Erfolgsjob aufgab und sich dazu entschloss, in einem Hospiz in Kalkutta mitzuarbeiten (Gronemeyer 2008: 128).
Zu dieser Minderheitsgruppe gehören auch Menschen wie die Schriftstellerin und Verlegerin Ulla Berkéwicz (Berkéwicz 2008), die in ihrer persönlichen Biographie vielfache Sterbeerlebnisse mit nahestehenden Menschen hatte („Ich habe viele Tote, ich bin reich": 137) und im besonderen Milieu ihrer Familiengeschichte pazifiziertes Sterben lernte. Von solchen Prägungen her bäumen sich diese Menschen dagegen auf und wehrte sich Berkéwicz beim Sterben ihres Ehemannes, Siegfried Unseld, dagegen, dass „dem Sterbenden das Recht verweigert (wird), zu erfahren, dass er stirbt, und bis in den Tod hinein von ihm verlangt (wird), sich zu verhalten, als ginge es um Überleben" (77).

Pfleger, Theologinnen und Theologen, Juristinnen und Juristen, Bestatterinnen und Bestatter, Schriftstellerinnen und Schriftsteller.

Um die Auffassungen dieser Gruppe exemplarisch zu erschließen, kann auf die Erträge einer Vortragsreihe zurückgegriffen werden, die der Literaturwissenschaftler Walter Jens und der Theologe Hans Küng 1994 für das Studium Generale der Universität Tübingen organisierten und mitgestalteten. Ergänzt durch ärztlichen (Dietrich Niethammer, Direktor der Tübinger Kinderklinik) sowie juristischen Sachverstand (Albin Eser, Universität Freiburg) und abgesichert durch einschlägige Literatur, die in den Vorträgen verarbeitet wurde, bildet die von Jens und Küng herausgegebene Publikation die kritische Auseinandersetzung mit der vorherrschenden Sterbepraxis in jüngster Zeit gut ab (Jens/Küng 2009). Ohne alle Einzelheiten zu berücksichtigen, sind die wichtigsten Merkmale dieser Minderheitsposition bezüglich der Probleme und der Problembearbeitung gegenwärtigen Sterbens:

- Es wird ein Höchstmaß menschlicher Zuwendung gefordert, die geeignet erscheint, das Ausgeliefertsein von Sterbenden, ihre sich im Sterben anbahnenden körperlichen Beschwerden, ihre soziale Trennung und ihre Angst zu mildern.
- Speziell das Ausgeliefertsein der Sterbenden soll dadurch gemindert werden, dass Sterbende an der Ausgestaltung ihrer letzten Lebensphase möglichst intensiv beteiligt werden. Die eingeforderte Selbstverantwortung hat sich im Zusammenwirken mit dem Klinikpersonal und mit nahestehenden Menschen zu bewähren.
- Körperliche Beschwerden von Sterbenden sollen durch die Anwendung geeigneter Therapien soweit wie nur möglich eingedämmt werden.
- Besonders schwierig wird es, wenn über Begrenzungen der intensivmedizinischen Behandlung und im äußersten Fall auch darüber entschieden werden muss, ob die „menschliche Würde" es gebietet, das Leben früher zu Ende gehen zu lassen, als es die apparative Medizin ermöglichen würde.
In diesem zentralen, besonders strittigen Punkt der Auseinandersetzung liefert der Satz des Physik-Nobelpreisträgers Percy Bridgeman eine Einigungsplattform: „Wenn das Leben unausweichlich seinem Ende zustrebt, dann hat der Einzelne das Recht, seinen Arzt darum zu bitten, es für ihn zu tun" (zit. nach: Jens/Küng 2009: 192).

Um zu zeigen, von welch unterschiedlichen Temperamenten die Auffassungen der Minderheitsgruppe getragen werden, lässt sich einerseits auf den Chirurgen Julius Hackethal verweisen. In spektakulär aufgezogenen Aktionen leistete er Beihilfe zum Suizid und verfasste marktschreierische Texte gegen eine „Verschwörung der Ärzte" und für die „Selbstbestimmung der

Patienten"[199] und vertritt dabei im Kern die geschilderten Positionen. Andererseits kommt auch ein diszipliniert und differenziert argumentierender Ethiker wie Hans Jonas zu Schlussfolgerungen, die ihn beim schwierigen Sterbebeistandsproblem auf die von Percy Bridgeman gezimmerte Einigungsplattform bringen. Zugleich verweist er die richterliche Gewalt in ihre Grenzen, wenn er für den Fall „des leidenden bewussten Patienten" die Meinung vertritt, es solle „das Erlauben freigemacht werden von der Befürchtung gesetzlicher (straf- und zivilrechtlicher) wie auch berufsständischer Repressalien, wenn es dem standhaften Verlangen des Patienten nachgibt (nicht der Bitte eines verzweifelten Augenblicks), ihn z. B. von dem Atemgerät abzuschalten, das allein ihn am Leben erhält ohne andere Aussicht als das Andauern eben dieses Zustands" (Jonas 1985: 256).

Nicht vergessen werden darf, dass zur Minderheitsgruppe auch die Initiatorinnen und Initiatoren von (Selbsthilfe-)Gruppen gehören, die niederdrückende Erlebnisse mit Sterbenden in vielfältige Aktivitäten umsetzen und sich in kirchlichen Zusammenhängen, Vereinen oder auch Genossenschaften zusammentun.

An den Vorträgen des Tübinger Studium Generale lässt sich ablesen, dass es den Argumenten, die gegen die „Menschenunwürdigkeit" des etablierten Klinikbetriebs vorgebracht werden, oft an der wünschenswerten Präzision fehlt. Als zum Beispiel der Arzt Dietrich Niethammer seine Sicht der gängigen Sterbepraxis darstellt, beklagt er sich darüber, dass „von vielen Menschen das Recht auf Maximaltherapie wie das Recht auf Gesundheit eingefordert" werde (in: Jens/Küng 2009: 129). Das ist für ihn ein Beleg dafür, dass es „nicht nur die Medizin (ist), die die Menschen in der Situation des Sterbens allein lässt, sondern es sind auch die Mitglieder der modernen Gesellschaft, die von den Sterbenden häufig nichts wissen wollen" (ebda.). Wer ist diese Gesellschaft, wer sind ihre Mitglieder? Auch Hans Küng trägt nichts zur Erhellung dieses diffusen Gesellschaftsbezugs bei, wenn er an die „ganze Gesellschaft" den Vorwurf richtet: „Jeder, der einen Todkranken nicht besucht, den er besuchen könnte, ist mitschuld" (in: Jens/Küng 2009: 168).

Aus neurobiologisch inspirierter Perspektive fehlt es dieser indirekten Kritik am Pseudo-Heroismus an einer reflektierten gesellschaftlichen Einbettung des Sterbens. Kombiniert mit einem lockeren Voluntarismus („Es kommt auf den Willen zum Besuch eines Todkranken an"), verfehlt sie die Abhängigkeit des Klinikbetriebs von den in KAP. 3 analysierten globalen Sterbe-Netzwerken. An Küngs Argumentation wird deutlich, zu welcher Problemvereinfachung es führt, wenn der Radius der Betrachtung tendenziell auf

---

[199] Dies ist der Untertitel einer der letzten Publikationen Hackethals: Der Meineid des Hippokrates, Bergisch-Gladbach 1992.

den Klinikbereich beschränkt wird. Es entsteht fälschlicherweise der Eindruck, als seien die sorgfältig begründeten und abgewogenen Maximen „menschenwürdigen Sterbens", wie sie oben überblicksartig zusammengefasst wurden, durch Kraftanstrengungen einzelner Personen durchsetzbar. Suggeriert doch Küng in der Erinnerung an seinen vor 40 Jahren qualvoll an Krebs gestorbenen Bruder, dass ein langsamer, mit Ersticken endender Sterbeprozess heutzutage verhindert werden könne (54ff.). Dabei übersieht er, was insbesondere am Beispiel der Haushälterin Hermine belegt werden konnte (EINFÜHRUNG, I. 2.): Alle Bemühungen der Angehörigen Hermines, auf ein „menschenwürdiges Sterben" für sie hinzuwirken, waren vergeblich, weil das medizinische Personal nach den Heldenmaximen der globalen Sterbe-Netzwerke handelte. Selbst die Schülerin Isabell Zachert (EINFÜHRUNG, I.2.), die intensive menschliche Zuwendung erfährt, selbstverantwortlich an allen therapeutischen Maßnahmen beteiligt und schmerztherapeutisch vorbildlich betreut wird, stirbt „menschenunwürdig". Das liegt auch hier daran, dass alle Beteiligten an einem Heldenideal orientiert sind, dem übrigens auch Küng selbst verhaftet ist. Er will in seinem Vortrag demonstrieren, dass er als „Gottgläubiger" die Einstellung der „Ungläubigen" zum Tode respektiert. Er tut dies mit dem durch Belege gestützten Hinweis, „dass auch Ungläubige tapfer sterben können" (41).

Im Ganzen wird klar, dass eine Minderheit von vorwiegend „Professionals", die auf letzte Lebensphasen in der Klinik konzentriert ist, mit ihrer indirekten Kritik am Pseudo-Heroismus nur in dessen Randzonen vordringt. Es ist zweifellos von Bedeutung, dass diejenigen, die theoretisch und praktisch mit dem Sterben zu tun haben, klare Vorstellungen davon entwickeln, wie „menschenwürdiges Sterben" auszusehen hat. Wer jedoch mehr als nur Korrekturen an einzelnen Sterbeschicksalen erreichen will,[200] muss den Radius des Denkens und des praxisbezogenen Forderns auf den Heroismusdruck ausdehnen, der insbesondere von den globalen Netzwerken des Sterbens ausgeht.

3 Die Institutionalisierung der Kritik am Pseudo-Heroismus durch palliative Sterbebegleitung

Sterbende, die in Hospizen und klinischen Palliativstationen aufgenommen oder ambulant betreut werden, können sich glücklich schätzen.[201] Sie werden nach Konzepten ganzheitlicher Sterbebegleitung betreut, die auf die Hospizbewegung zurückgehen. Diese entstand vor allem aus der Unzufriedenheit mit

---

200 Dies ist die Absicht der Minderheitsgruppe, deren Auffassung hier exemplarisch beschrieben wurde (Jens/ Küng 2009: 18f.).
201 Besonders illustrativ und eindrucksvoll ist aus dem französischen Erfahrungsfeld: Hennezel 1996.

psycho-sozialen Defiziten des traditionellen Klinikbetriebs und breitete sich seit der zweiten Hälfte der 1960er Jahre von England her aus. Daneben führten die speziellen Herausforderungen der Therapie von Krebspatienten dazu, dass in Kliniken Palliativstationen eingerichtet wurden.[202] Neben der psycho-sozialen Betreuung steht hier die medizinische Versorgung von Sterbenden und vor allem die Therapie körperlicher Beschwerden im Vordergrund (Stein/Mathis 2017).

Die Hospizarbeit war zunächst allein auf gemeinnützige Vereine und das von ihnen organisierte Engagement von Ehrenamtlichen angewiesen. Wenngleich es in den 2000er Jahren gelang, die Finanzierung palliativer Leistungen im System der Kranken- und Pflegekassen zu verankern,[203] bleibt die ehrenamtliche Mitarbeit unentbehrlich. Breiten Teilen der Bevölkerung fehlt aber noch ein Verständnis für die Bedeutung palliativer Betreuung von Sterbenden.

Wie schwierig es ist, diese Entwicklung zu fördern, zeigt der Blick auf den Lernstoff heroisierend beschwichtigten Sterbens, der in den globalen Sterbe-Netzwerken dominiert (KAP. 3). Die aus ihnen kommenden Impulse zur soldatischen (Höchst-)Leistung und zur Bereitschaft, sich den Zwängen des etablierten Kliniksystems zu unterwerfen, müssten zurückgedrängt werden. Zur eher abstrakten Wunschvorstellung vom „menschenwürdigen Sterben" gehört die Einsicht, dass die Palliativ-Medizin von ausgewählten Einzelpersonen getragen wird. Die institutionelle Umsetzung der Forderungen dieser Minderheitsgruppe beruht auf besonderen Voraussetzungen, beispielsweise ihrer familiären Herkunft und auf ihren speziellen Sterbeerlebnissen. Lebenslanges Sterbenlernen hat bei diesen „Ausnahme-Menschen" zu einem Lernstand geführt, der sie pseudo-heroisches Sterben abwehren lässt und ihnen den Einsatz für pazifiziertes Sterben ermöglicht. Nimmt man diese Indizien einer nur minderheitlichen Verankerung der Pseudo-Heroismus-Kritik und ihrer Institutionalisierung ernst, so ist nicht zu erwarten, dass die Idee palliativer Sterbebegleitung im Gesundheits- und speziell im Kliniksystem zum Standard im Umgang mit Sterbenden werden kann. Darüber hinaus wird es auch deshalb bei einer Nischen-Existenz palliativer Sterbebegleitung bleiben, weil die Regeln kapitalistischer Systeme einer Ausweitung der Palliativmedizin sehr enge ökonomische Grenzen setzen.

---

202 Vgl. zur Einrichtung von Palliativstationen unter Bezugnahme auf Spezialliteratur Schaeffer 2008: 130ff.
203 Nach dem Sozialgesetzbuch (SGB V, § 39a, Abs. 1) und einer Rahmenvereinbarung aus dem Jahr 2002 werden 95 % der Kosten stationärer Hospize von Kranken- und Pflegekassen bzw. Städten und Gemeinden getragen. Die Abrechnung der Kosten, die auf Palliativstationen innerhalb von Krankenhäusern anfallen, werden wie andere Krankenhausleistungen behandelt (plus 10 Euro tägliche Eigenleistung der Patientinnen und Patienten). Ambulante Hospizdienste werden nach der Rahmenvereinbarung von 2002 finanziert. (Vgl. Information des Hospiz- und Palliativ-Verbands Bremen e. V.; online unter: www.lag-hospiz-bremen.de/cms/finanzierung/stationaer.html; abgerufen am 18.04.2020.)

III Begrenzte Möglichkeiten einer Korrektur des Pseudo-Heroismus

Die Warnung vor überhöhten Erwartungen, die für die Palliativmedizin zutrifft, gilt für alle Strategien, die in normativer Absicht dem Pseudo-Heroismus entgegenzuarbeiten suchen.

1 Weniger (Höchst-)Leistungs- und Heldenschau in den Inszenierungen des Sterbens? Weniger Schaugeschäfte?

Für das Erlernen gelassenen, ruhigen und geborgenen (pazifizierten) Sterbens bestehen besonders ungünstige Voraussetzungen, wenn Kriege geführt werden, Kriegs- und Opferheldentum zelebriert wird und sich kriegsbezogene Denkfiguren bis in die Alltagssprache hinein aufdrängen.

Immerhin fanden – im Rahmen der hier präsentierten Illustrationen (Golfkrieg 1991; Jugoslawienkrieg ab 1991; KAP. 3, I.1.) – Anti-Kriegs-Demonstrationen statt. Im Vorfeld des Einsatzes von Soldaten auf Kriegsschauplätzen regte sich Widerstand gegen symbolisches Einverständnis mit „Kriegshandwerk", wie es etwa in feierlichen Zapfenstreichen zum Ausdruck kommt. Auch wenn solche Aktionen Kriege nicht verhindern können, stehen sie für Versuche des Gegensteuerns, die positiv besetztes Kriegsheldentum ablehnen. Indirekt werden auf diese Weise Maßstäbe einer kriegsorientierten „Leistungs- und Opferreligion" in Frage gestellt. Es handelt sich um abweichende Voten, an die sich Forderungen nach pazifiziertem Sterben anschließen lassen.

Eine Art heroisierend akzentuierter Zivilreligion wird auch auf Schauplätzen praktiziert, auf denen es nur scheinbar friedlich zugeht, nämlich in Sportarenen, beispielsweise Rennstrecken, auf denen Formel-1-Wettbewerbe stattfinden. Durch die Medien vielfach multipliziert, setzen Rennfahrer ihr eigenes Leben, das Leben von Konkurrenten und auch des zuschauenden Publikums aufs Spiel. Nach dem Muster des Kriegsheldentums werden hier Maßstäbe gesetzt, die dann indirekt für die vielen Menschen gelten, die in zum Teil jubelnder Bewunderung das Sterben oder auch nur Beinahe-Sterben ihrer Idole miterleben.

Im Unterschied zu Krieg und Kriegsheldentum lassen sich dabei kaum Versuche des Gegensteuerns ausmachen. Wenn irgendwo Unmut aufblitzt, dann richtet er sich nicht prinzipiell gegen den „Sterbe- und Todessport". Moniert werden allenfalls skrupellose Geschäftspraktiken einzelner Rennfahrer und ihres Managements.[204] Könnte es im Interesse pazifizierten Sterbens nicht massive Proteste gegen diese Art von „Sport" geben?

---

[204] Vgl. etwa die kritische Kommentierung des geglückten Versuchs des Formel-1-Weltmeisters Michael Schumacher, über seine Ernennung zum UNESCO-Botschafter (Aktion „Kinder in Not") sein Image als

Ähnliche Fragen lassen sich auch auf das (Beinahe-)Sterben von Politikern beziehen (KAP. 3, I.3.), das die Medien als bewundernswertes Beispiel dafür präsentieren, dass sich (Beinahe)Sterben „einfach wegstecken" lässt. Besonderen Eindruck machte der Fall des Politikers Wolfgang Schäuble, der nach einem fast tödlich verlaufenen Attentat, auf den Rollstuhl angewiesen, weitermachte, als sei so gut wie nichts geschehen. Die Eindrücke, die im Umkreis des Attentats auf Schäuble entstanden, verdichteten sich zu der Botschaft: „Schaut alle her, da ist einer, der dem Sterben trotzt." Solche Botschaften werden im Ganzen ebenso wenig geplant wie die Positionsvorteile durchkalkuliert sind, die Schäuble aus seiner „Heldenvergangenheit" ziehen kann. Indem aber Aussagen dieser Art in den Sterbe-Netzwerken verbreitet werden, schrumpfen die Räume des Erlernens pazifizierten Sterbens. Daher entsteht auch hier der Wunsch, den Inszenierungen beschwichtigender Heroisierung des Sterbens entgegenzusteuern.

Zu wünschen wäre eine prinzipielle Diskussion, in der die Vorbildlichkeit dieser Art des Umgangs mit (Beinahe-)Sterben entschieden in Zweifel gezogen werden müsste: Was für Politikinhalte verfolgt ein Politiker, der mit Problemen des Sterbens so umgeht wie Schäuble? Welche Umgangsformen im Politikbetrieb wählt er? Welche Herausforderung stellt er für politische Freunde und Gegner dar? Welche Figur macht ein solcher Mann als Vorgesetzter in seinen politischen Funktionen als Ehepartner, Familienvater, Patenonkel?[205]

Soweit Sterbeschicksale in Spielfilmen, speziell in Fernsehfilmen und auch in Fernsehdokumentationen, konstruiert werden, so passen sie in der Regel zum dominierenden Kriegs-, Sport- und Politiker-Heldentum. Beispielsweise steht der oben angesprochene Film von Jim Jarmusch, „Dead Man" (KAP. 2, II.3.), für eine Minderheitsposition, die dem Haupttrend beschwichtigender Heroisierung des Sterbens entgegenläuft.

Wie speziell bei Fernsehdokumentationen ein Gegensteuern möglich wäre, zeigt die bereits zitierte Interviewäußerung des Schriftstellers Max Frisch: Sie artikuliert die verzweifelte Lage seines Freundes Peter Noll, der auf einer Ägyptenreise von seiner Krebserkrankung eingeholt wird. Es sind solche Kontrapunkte, die helfen könnten, für Nöte, Klagen und Schwächen von Sterbenden mehr Raum zu schaffen und auf diese Weise den Lernstoff des Sterbens von überzogenem Heldentum zu „säubern".

Was die Vermarktung des Sterbens angeht, so setzt der Fairness-Gedanke Maßstäbe, die das folgende entschiedene Urteil ermöglichen: Wer, wie beispielsweise die Firma Benetton, aus „Sterbebildern" Profite herausschlägt,

---

Großverdiener zu beschönigen (Alfred Weinzierl, Zwischen Manta und Ferrari, in: Der Spiegel, 25.9.1995: 290–292).
205 Anknüpfungspunkte für solche Überlegungen liefert ein Gespräch Wolfgang Schäubles mit Peter Radtke: vgl. KAP. 3, I.3. (Lebensgefährliche Attentate …).

setzt sich – jenseits aller Erwägungen des Mitleidseffekts (juristische Argumentation), der Aufklärung (Argumentation der Nützlichkeit) und des Geschmacks (ästhetische Argumentation) – genauso ins Unrecht wie Bestattungsunternehmen, die aus der Hilflosigkeit von Trauernden Gewinne ziehen (KAP. 3, II.5.).

2 Andere Abschiedsformulierungen? Andere Denkmäler und Inschriften?

Wie sich ausführlich zeigen ließ, folgen Texte, die den Inszenierungen beschwichtigender Heroisierung des Sterbens unterlegt sind und sie begleiten, in der Regel der traditionellen Maxime: „Über Tote soll nur Gutes gesagt werden." In ihr fallen die Techniken der (gute Eigenschaften eines Toten) hochspielenden und der (schlechte Eigenschaften eines Toten) herabspielenden Beschwichtigung des Sterbens zusammen (KAP. EINS, I.2.). Wer von dieser Maxime abgehen will, muss darüber nachdenken, ob das entgegengesetzte Prinzip einer negativen Beurteilung von Toten nicht genauso unangemessen wäre wie die einseitige Hervorhebung des Positiven. Zu fragen ist, ob das Unbehagen, das sich gegen die „Nur-Gutes-Maxime" richtet, nicht so sehr das Prinzip als vielmehr dessen Umsetzung berührt.

Wenn etwa der Gedanke „erfüllten Lebens" im Falle des Sterbens im Krieg zur „heldenhaften Erfüllung des Lebens im Dienste des Vaterlands" hochstilisiert wird, so passt das ebenso wenig in die Perspektive des „Kriegshandwerks" wie in diejenige anderer Berufsfelder, in denen die Lebenden ihre Fähigkeiten noch in vielfacher Weise hätten unter Beweis stellen können. Generell zu sagen, das Leben eines Menschen sei „früh vollendet",[206] ist nicht nur im Falle jüngerer Menschen falsch. Auch auf Erwachsene bezogen ist diese Behauptung unsinnig, weil sie über die „Unfertigkeit" des Lebens von Sterbenden hinweggeht. Nicht einmal das Leben sehr alter Menschen lässt sich in einem präzisen Wortsinn je „erfüllt" nennen. Man nehme als Beispiel den greisen Bundeskanzler Konrad Adenauer. Hätte er noch einige Jahre länger gelebt, so wäre für ihn sowohl in seinem öffentlichen Wirken als auch im Kreis seiner Familie noch viel zu tun gewesen.

Demnach käme es im Rahmen der allgemeinen „Nur-Gutes-Maxime" auf eine Vermeidung von Überdosierungen an. Eine Gegenstrategie zur gängigen „Überbeschwichtigung" könnte sein, von der unbezweifelbaren Unerfülltheit menschlichen Lebens auszugehen. Auf solcher Grundlage wäre es dann

---

206 Als Beispiel lässt sich aus christlichen Zusammenhängen auf einen Satz aus dem „Buch der Weisheit" (4,13) verweisen, der als Motto für das Totenbild des Bruders von Hans Küng gewählt wurde: „Wer in kurzer Zeit zur Vollendung gelangt ist, hat lange Zeiten erfüllt" (zit. nach Jens/Küng 1995: 79).

möglich, in der Lebensbilanz alles Gute zu würdigen, daneben aber auch weniger Gutes zu berücksichtigen.

Vorbild für einen Ansatz, der in beliebigen Abschiedstexten und Abschiedsreden gewählt werden könnte, könnte die Inschrift eines „alternativen Kriegerdenkmals" sein, das in der Naturlandschaft eines kanadischen Nationalparks am Pazifischen Ozean steht. Hier fehlt jeder Bezug zu „heldenhafter Erfüllung" des Lebens. In der Inschrift, die unter dem kanadischen Nationalsymbol (Ahornblatt) eingemeißelt ist, wird den Gefallenen für das Gute, das sie für die Nachlebenden getan haben, gedankt. Sie haben durch ihren Tod ein „unerfülltes Leben" in Kauf genommen und darauf verzichtet, die schöne Landschaft des „Pacific Rim" zu genießen, die für die Fülle des Lebens steht:

> *„They Will Never Know The Beauty Of This*
> *Place, See The Seasons Change, Enjoy*
> *Natures Chorus. All We Enjoy We Owe To*
> *Them, Men And Women Who Lie Buried In The Seven Seas.*
> *Dedicated To The Memories Of Canadiens Who Died*
> *Overseas In The Service Of Their*
> *Country And So Preserved Our Heritage.*
> *Canada"*[207]

Gutes über Tote zu sagen heißt hier, den ihnen durch den Tod aufgezwungenen Verzicht auf „erfülltes Leben" zu würdigen.

Soweit oben ausgewertete Abschiedsanzeigen und Abschiedsreden (KAP. 2, I.4.–7./ KAP. 3, II.4.) auf „Fülle des Lebens" verweisen, wird einerseits die Berufslaufbahn der Toten in den Blick genommen. Andererseits werden Bezüge zum persönlichen Umfeld hergestellt, in dem sie verwurzelt waren. Die Auswertung zeigt, dass sich die übermäßige Umsetzung der „Nur-Gutes"-Maxime vor allem in einer Überakzentuierung beruflicher Leistungsbilanzen ausdrückt, die zu Lasten einer Würdigung persönlich-charakterlicher Eigenschaften der Toten geht. Für eine Gegenstrategie, der es darum zu tun sein könnte, bei der offensichtlichen „Unfertigkeit" menschlichen Lebens anzusetzen, würde das für die Ausgestaltung von Abschiedsanzeigen und Abschiedsreden Folgendes bedeuten:

Beim Lob von Toten müsste die Akzentuierung beruflicher Leistung eher zurückgenommen werden. Diese wirkt oft wie ein stilisiertes und zu spät abgeliefertes Arbeitszeugnis, von dem die Toten keinen Gebrauch mehr machen können. Stattdessen könnte mehr Wert darauf gelegt werden, persönlich-

---

[207] Das Denkmal steht unterhalb des Wickaninnish Centre, Pacific Rim National Park, British Columbia, Canada.

charakterliche Eigenschaften herauszustellen. Gegen den dominierenden Heroismusdruck könnte im Lernstoff des Sterbens die menschliche Zuwendungskomponente verstärkt werden, um auf diese Weise sich die Voraussetzungen für pazifiziertes Sterben zu verbessern.

3 Andere Journalistinnen und Journalisten? Andere Trauernde?

Der Lernstoff, der sich in den globalen Sterbe-Netzwerken aufbaut, ist maßgeblich von Journalistinnen und Journalisten abhängig. Als „belebte Vermittlerinnen und Vermittler" unterschiedlicher Spezialisierung und Kompetenz (KAP. 1, I.1.) nutzen sie die Handlungsspielräume, die sich ihnen vor allem in den Printmedien und in Fernsehproduktionen bieten (KAP. 3, I.4.).

Um der heroisierenden Kriegsberichterstattung weniger Raum zu geben, wäre zumindest denkbar, dass sich kein journalistisches Personal mehr finden ließe, das bereit wäre, in Kriegsgebieten „auf Todesrecherche" zu gehen, so dass die Inszenierungsroutine auf diese Weise ausgedünnt würde.

Bescheidenere Erwartungen lässt das Beispiel des in Sarajewo „zu Tode laufenden" 16-jährigen Soldaten zu (KAP. 3, I.4.). Wer die Ausstrahlung solcher Filme systematisch ablehnt, wird in der Konkurrenz mit anderen Sendern nicht bestehen können und seinen Job verlieren. Und doch hätten etablierte Medienleute mit Urteilsvermögen, sofern sie nicht problemlos ersetzbar sind, die Chance, aus der Routine heroisierender Inszenierungen des Sterbens herauszukommen. Zu überlegen wäre das Folgende:

Könnte nicht wenigstens etwas mehr Nachdenklichkeit in das verfügbaren Bildmaterial „eingeschleust" werden? Was ist der Heroismus letztlich wert – könnte gefragt werden –, den wir Journalistinnen und Journalisten euch Zuschauerinnen und Zuschauern (und auch Leserinnen und Lesern) anbieten? Das setzt freilich eine gewisse Vertrautheit mit Kriterien der Fairness voraus (EXKURS A, I.). Ließe sich von solchen Maßstäben her vielleicht auch die im Medienbetrieb übliche, oft beliebig eingesetzte Pflichtformel („Ich/wir halte(n) es für unsere Informationspflicht ...") mit durchdachten Inhalten füllen? In Schauspiel des Soldatentods (beispielsweise des 16-jährigen Soldaten in Sarajewo) oder des tödlichen Unfalls eines Rennfahrers (beispielsweise Senna; KAP. 3, I.2.; II.2.) könnten Kommentare folgender Machart „eingeschmuggelt" werden:

- Wir zögern, liebe Zuschauerinnen und Zuschauer, diese Bilder zu zeigen. Haben wir doch den Verdacht, dass wir etwas tun, was uns widerstreben sollte: Wir amüsieren uns beim leidvollen Tod von Menschen, der alles andere als heroisch ist.

- Hätte dieser Mann gewusst, was ihm geschieht, so wäre er mit den Bildern, die wir hier zeigen, zweifellos nicht einverstanden gewesen.
- In seinem tiefsten Inneren hätte dieser Mann diesen Krieg/dieses Rennen verdammt, wenn er gewusst hätte, was ihm selbst abgefordert wird und was sein Tod für seine Frau, seine Freunde und für viele andere bedeutet.

Welche alternativen Möglichkeiten Journalistinnen und Journalisten haben, lässt sich am Beispiel eines Nachrufs zeigen, den Jean Daniel im „Nouvel Observateur" anlässlich des Todes von Pierre Blanchet schrieb, eines Reporters, der auf dem jugoslawischen Kriegsschauplatz durch eine Mine getötet wurde.[208] Das „Gegen-Modellhafte" dieser Würdigung, das sich auch auf Unglücksfälle außerhalb von Kriegen übertragen ließe, besteht im Verzicht darauf, Heldenportraits zu malen. Daniel berichtet von der unmissionarischen Entschiedenheit, mit der Blanchet sich am Ort des kriegerischen Geschehens durch persönlichen Augenschein davon überzeugen wollte, was sich abspielte. Er habe vertreten, was er für richtig hielt, ohne nach dem eigenen Vorteil zu schielen. Darin habe seine menschliche Qualität bestanden. Die jähe Zerstörung einer über viele Jahre gewachsenen Vertrauensbeziehung ist für Daniel deshalb besonders schmerzlich, weil der Tod des Freundes aus der Verwicklung in einen ebenso alptraumhaften wie lächerlichen Konflikt stamme.

Der Nachruf von Daniel steht nicht nur für die unkonventionelle Nutzung journalistischer Spielräume. Es ist auch ein Text der Trauer, der auf eine oftmals ungenutzte Schlüsselrolle verweist, die Trauernde zur Abrundung der letzten Lebensphase von Mitmenschen übernehmen könnten. Zur „Trauergemeinde" gehören auch Journalistinnen und Journalisten, soweit sie über ihre eigene Trauer berichten und dazu beitragen, die Trauergefühle nahestehender Nachlebender zu multiplizieren.

Viel wäre gewonnen, wenn es Trauernde nicht beim eingespielten Abschiedszeremoniell bewenden ließen. Mehr als nur einige wenige müssten die Kraft und den Mut finden, das Elend von Sterbenden, an dem sie teilhaben, sowohl in ihre nächste Umgebung als auch – von Medien gestützt – in die „globale Öffentlichkeit" hinauszuschreien. Eine wirksamere punktuelle Durchbrechung der Tendenz zur Heroisierung des Sterbens, die in den globalen Sterbe-Netzwerken dominiert, lässt sich nicht denken.

Vorbildlich wirkten in dieser Richtung die Gebrüder Braunmühl, als sie ihren Schmerz, ihre Entrüstung, aber auch ihre Bereitschaft zur Versöhnung zum Thema machten, nachdem ihr Bruder, Gerold von Braunmühl, von einem

---

208 Jean Daniel, A la mémoire de Pierre Blanchet. Le Métier d'Homme, in: Le Nouvel Observateur, 3.–9. Okt. 1991: 56.

terroristischen Kommando ermordet worden war (KAP. 3, II.4.).[209] Eine ähnliche, vielleicht noch wirksamere Reaktion hätten beispielsweise Frau und Kinder des ermordeten Arbeitgeberpräsidenten Hanns Martin Schleyer zeigen können. Das „Idyll" vom heldenhaften Opfertod (KAP. 2, I.8.) wäre nicht vermittelbar gewesen, wenn die Nachlebenden ihre leidvolle Verstrickung in das unfreiwillige Ende des Ehemanns und Vaters, ihr Entsetzen und ihre Verzweiflung nach außen getragen hätten. Enthielten die globalen Sterbe-Netzwerke mehr Zeugnisse verzweifelter Trauer, so wären Sterbende darauf vorbereitet, dass sie in ihrer letzten Lebensphase Schwächen zeigen dürfen. Diejenigen, die beim Sterben dabei sind und zurückbleiben, könnten lernen, dass es darauf ankommt, gegenüber Sterbenden mitmenschliches Verständnis, geduldige und tröstende Fürsorge zu praktizieren.

---

209 „Wir haben gespürt, wie feindselig die Sprachlosigkeit ist" (Dokumentation, in: Frankfurter Rundschau, 13.1.1987: 10).

EXKURS B
Zur Vereinbarkeit von verstecktem und veröffentlichtem Sterben

Die in der Auseinandersetzung mit dem Sterben in der Gegenwart immer wieder gestellte „Verdrängungsfrage"[210] wird unterschiedlich und insgesamt sehr unpräzise beantwortet. Um eine sowohl ideengeschichtlich als auch empirisch breit abgestützte Behandlung des Themas bemühten sich Ende der 1980er Jahre Armin Nassehi und Georg Weber. Ihre „Verdrängungsthese",[211] die sich auf das Wegbrechen religiöser Sinnsysteme zu stützen sucht, ist angesichts einer Empirie vielfältiger Veröffentlichung des Sterbens nicht haltbar.[212] Diese These wird von Nassehi auch ausdrücklich zurückgenommen. Freilich ist es unbefriedigend, wenn er in einer vagen Formulierung Korrekturen vornehmen will, „ohne freilich das Grundmotiv (scil.: der ‚Verdrängung') ganz fallen lassen zu müssen" (Nassehi/Saake 2005: 37).

Die Spannbreite gegensätzlicher Positionen hat Reimer Gronemeyer deutlich gemacht. Er ersetzt den Gedanken der „Verdrängung" durch den Begriff des Tabus und formuliert in einem einleitenden Abschnitt seiner Analyse die Zwischenüberschrift: „Nicht einmal mehr ein Tabu" (Gronemeyer 2007: 157). Indessen verwischt Gronemeyer diese Einschätzung wieder dadurch, dass er die von ihm behauptete „Abtrennung der Bereiche Tod und Leben" als „eine Steigerung der Tabuisierung" ansieht (158).

---

210 Um Unklarheiten zu vermeiden, die – an die Psychoanalyse Freuds anschließend – mit der Terminologie der „Verdrängung" verbunden sind, wird hier als Gegenbegriff zur Veröffentlichung des Sterbens der Begriff des Versteckens verwendet.
211 Sie zielt empirisch auf das Sterben im Krankenhaus und auf Begräbnis- sowie Trauerrituale und übersieht die mediale Bearbeitung von Sterbeereignissen (Nassehi/Weber 1989: bes. III. Teil).
212 Mit guten gesellschaftstheoretischen Gründen ist die These zurückgewiesen worden von Alois Hahn, in: Kölner Zeitschrift für Soziologie und Sozialpsychologie 43 (1991): 162–164.

Unbefriedigend ist auch Alois Hahns Bezugnahme auf Nassehi. Die Frage nach dem genauen Verhältnis zwischen dem Verstecken und der Veröffentlichung des Sterbens wird durch den allgemeinen Hinweis auf spezielle Subsysteme beantwortet, die vom Sterben „auf ihre je eigene Weise handeln". Dabei belässt es Hahn bei einem punktuellen Beleg dafür, dass im Subsystem Gesundheitspolitik Aids zum Medienthema wird (Hahn/Hoffmann, in: Transit, 33/2007: 12). Wird aber Aids vielfach nicht auch versteckt? In dieser unklaren Argumentationslage kann der neurobiologische Blick auf Sterbeereignisse, die medial in lokalen und globalen Sterbe-Netzwerken interpretiert werden, zu einer Klärung beitragen.

In der neurobiologischen Forschung und im Besonderen in der Empathie-Forschung wird untersucht, was in Kapitel 1 skizziert wurde: Was geschieht in zuständigen Arealen neuronal-synaptisch, wenn Erfahrungen – beispielsweise Erlebnisse körperlicher Beschwerden – verarbeitet werden (KAP. 1, II.1.)? Diese Verarbeitung läuft über zwei Lernpfade. Es konnte gezeigt werden, dass über einen ersten Pfad Lerneffekte entstehen, die sich aus der Nah-Kommunikation mit Sterbenden in lokalen Sterbe-Netzwerken ergeben. Gelernt wird eine emotionale Verarbeitung von Sterbe-Erlebnissen, die tendenziell eine unkontrollierbare emotionale Ergriffenheit auslöst. Sterbenlernen führt auf diesem Pfad – verdichtend formuliert – zu peinlicher Faszination des Sterbens, die besonders eindrücklich wird, wenn Kinder sterben.

Daneben konnte auf Lerneffekte hingewiesen werden, die über einen zweiten Pfad führen. Auf diesem kommt es zur Verarbeitung von Sterbe-Erlebnissen, die aus der Fern-Kommunikation mit globalen Sterbe-Netzwerken stammen. Gelernt wird eine intellektuelle Verarbeitung von Sterbe-Erfahrungen. Sie ist vom Nachvollzug der Überzeugungen, Absichten und Motive begleitet, die den aus der Distanz betrachteten Sterbenden zugeordnet werden. Sterbenlernen führt auf diesem zweiten Pfad – verdichtend formuliert – zu heiterer Faszination des Sterbens.

Es erscheint einleuchtend, dass im Falle peinlicher Faszination und der sie begleitenden Emotionen die Neigung besteht, diese tendenziell unkontrollierbaren und daher eher unangenehmen Reaktionen möglichst zu verstecken. Umgekehrt macht es im Falle heiterer Faszination weniger Probleme, intellektuell nachvollziehbare Sterbe-Erlebnisse zuzulassen und zu veröffentlichen. In KAP. 3 ließ sich ausführlich illustrieren, dass – quer über unterschiedlichste gesellschaftliche Bereiche hinweg in globalen Sterbe-Netzwerken Sterbe-Ereignisse heroisierend beschwichtigt und massiv verbreitet werden. Daher besteht aus neurobiologischer Perspektive kein Anlass zur „Geheimniskrämerei", wenn diese Sterbe-Ereignisse in neuronal dafür zuständigen Arealen aus der Distanz und daher als heiter faszinierend verarbeitet werden. Umgekehrt haben jedoch Sterbe-Erlebnisse in lokalen Netzwerken des Sterbens Seltenheitswert und stehen im Schatten von globaler Öffentlichkeit (KAP. 4, I.). Dies hat folgende Konsequenz: Gegenüber einer Entwicklung, die zur massiven „Sichtbarmachung" des Sterbens geführt hat (Macho/Marek 2007), fällt das Verstecken des Sterbens kaum mehr ins Gewicht. Und doch darf keineswegs behauptet werden, das Bemühen um „Unsichtbarkeit" sei verschwunden. In Kliniken ablaufende „Sterbe-Versteckspiele" belegen, dass lokal als peinlich faszinierend verarbeitetes Sterben nach wie vor versteckt wird.[213]

Darüber hinaus muss beachtet werden, dass die beiden zusammenfassend gekennzeichneten Pfade des Sterbenlernens sich überschneiden, weil – wie mehrfach hervorzuheben war – spezialisierte neuronale Areale miteinander verknüpft sind. Das aber bedeutet, dass verstecktes Sterben medial in die „globale Öffentlichkeit" gezerrt und zum Objekt heiterer Faszination werden kann. Umgekehrt gilt, dass veröffentlichtes Sterben in verstecktes Sterben umschlagen kann, wenn herausragende Figuren des Sport-, Kunst- und Politik-Betriebs in großer Distanz zu ihrem Publikum sterben und ihr Tod diesem trotzdem „nahe geht". Im Ganzen ermöglicht der neurobiologische Blick auf lokal und global interpretierte Sterbe-Ereignisse das Verständnis dafür, dass verstecktes Sterben mit breit veröffentlichtem Sterben vereinbar ist und beide ineinander übergehen können.

---

213 Vgl. die Zusammenfassung der Untersuchungsergebnisse im Rahmen einer Palliativstudie: Göckenjan,Gerd/ Dreßke 2005. Es wird beobachtet, dass auf „Normalstationen" keine Palliativversorgung stattfindet. Sterbeverläufe seien „in die Stationsroutinen eingewoben, als wäre der Patient nicht sterbend. Dem Sterben wird auf diese Weise [...] vielleicht der Schrecken genommen, indem man bis zum Exitus so tut, als würde ein solches Ereignis nicht stattfinden können" (11).

EXKURS C
Zur gleichrangigen Berücksichtigung von Sterbenden und Nachlebenden im Streit um Organspenden

Das Überleben von Menschen hängt im Falle von Organversagen davon ab, dass Organe zur Transplantation verfügbar sind. Sie stammen von Mitmenschen, die für den Fall ihres irreversiblen Sterbens der Entnahme von Organen zugestimmt haben. In den Parlamenten, die damit zusammenhängende Fragen diskutieren und Rahmenbedingungen schaffen, geht es um die Frage, wie sich die Bereitschaft zur Organspende fördern und von der Transplantationsmedizin für die Rettung von Leben nutzen lässt. Im Folgenden wird die kontroverse Diskussion der letzten Jahre kurz aufgenommen, die am 16.1.2020 mit der Verabschiedung einer revidierten sogenannten Zustimmungslösung (auch: Entscheidungslösung) einen vorläufigen Abschluss fand. Die Diskussion passt in den Rahmen der in dieser Studie gewählten hermeneutischen Ausgangsperspektive, in der die Aufmerksamkeit auf Sterbende gerichtet ist (1.).

Dem wird hier eine neurobiologisch inspirierte Perspektive entgegengesetzt, in der sich die Aufmerksamkeit auf die Nachlebenden richtet. Diesen wird bei Fragen der Gewinnung und Transplantation von Organen nur mangelhaft Aufmerksamkeit geschenkt. Dieses Defizit kann erst als behoben gelten, wenn einerseits diejenigen in ihrer Ausnahmelage berücksichtigt werden, die als Angehörige von Sterbenden in den Ablauf einer Organentnahme einbezogen sind. Andererseits müssen die besonderen Belastungen bedacht werden, unter denen das ärztliche und pflegerische Personal steht, das die Organentnahme vornimmt (2.).

1 Die Durchsetzung der Zustimmungslösung (Entscheidungslösung) in der aktuellen Gesetzgebung

In den Diskussionen um eine als dringlich angesehene Revision der gesetzlichen Voraussetzung der Organtransplantation trat am 14.2.2019 eine mehrheitlich verabschiedete Gesetzesnovelle in Kraft, die darauf zielte, die Organisation und die strukturellen Grundlagen des Organentnahmeverfahrens zu verbessern. Durch finanzielle Anreize sollten die Kliniken dazu angehalten werden, mehr Entnahmen als bislang vorzunehmen. Zugleich wurde die Position der sogenannten Transplantationsbeauftragten der Deutschen Stiftung Organtransplantation (DSO) gestärkt.

Im Anschluss daran wurden zwei Gesetzesentwürfe erarbeitet und in einer ersten Fassung am 1.4.2019 vorgelegt. Sie fanden die Unterstützung von Abgeordneten, die am Thema interessiert waren und unabhängig von ihrer Fraktionszugehörigkeit unterschrieben. Der eine Entwurf kam aus dem Ministerium des CDU-Gesundheitspolitikers Jens Spahn und wurde vor allem von Karl Lauterbach (SPD) mitgestaltet und unterstützt (Drs. 19/11096 = „Fraktionsübergreifende Eckpunkte für eine verbindliche Entscheidungslösung und Gesetzentwurf zu einer Widerspruchslösung"). Der Gegenentwurf ging auf eine Initiative vor allem von Stephan Pilsinger (CDU), Ulla Schmidt (SPD) und Annalena Baerbock (Bündnis 90/Die Grünen) zurück (Drs. 19/11087 = „Fraktionsübergreifende Eckpunkte/Initiative") Letztere wendet sich gegen die Widerspruchslösung und setzt auf Freiwilligkeit und Selbstbestimmung.

Beide Entwürfe, von denen der zweite – wie schon kurz erwähnt – in der 3. Lesung des Bundestags am 16.1.2020 eine klare Mehrheit bekam, sehen vor, dass präventiv – gewissermaßen vom Schreibtisch aus – entschieden wird, ob Organe auf Intensivstationen verfügbar gemacht werden dürfen. Der Unterschied zwischen den beiden Positionen besteht darin, dass es im zweiten sich durchsetzenden Entwurf einer ausdrücklichen präventiven Zustimmung bedarf, wogegen im anderen Fall ein fehlender Widerspruch als Zustimmung gewertet wird

2 Zum diskursiven Hintergrund der Entscheidung: Der juristisch-philosophisch verengte Blick auf das Transplantationsproblem

Verfolgt man die hier nicht im Einzelnen nachzuvollziehenden Diskussionen in den Lesungen des Bundestags – zumal in der entscheidenden Lesung vom 16.1.2020 – und die vielfältigen Beiträge im Diskussionsumfeld, so bilden diejenigen, die das Spenden von Organen als mit großen Risiken verbunden ansehen, eine kleine Minderheit. Die große Mehrheit möchte diese Risiken in der Erwartung eingehen, durch hohes Spendenaufkommen das Über- und

Weiterleben möglichst vieler Empfängerinnen und Empfänger zu sichern. Dabei werden zur hirntodabhängigen Organspende vor allem Rechtsfragen gestellt, die zum Teil philosophisch fundiert sind: Handelt es sich bei der Organentnahme um Tötung? Inwieweit wird bei der gesetzesförmigen Aufforderung zur Spende das Selbstbestimmungsrecht der Spendenden verletzt? Insbesondere wird im Blick auf die sogenannte Widerspruchslösung überlegt, ob es mit dem Selbstbestimmungsrecht der potentiell Spendenden vereinbar ist, dass es als Zustimmung gewertet wird, wenn sie die Frage nach ihrer Spendenbereitschaft mit Schweigen beantworten.

Hier wird auf juristisch-philosophischer Schmalspur, angetrieben durch den Mangel an Spenderorganen, ein stark vereinfachtes Abwägungsproblem bearbeitet: Auf der einen Seite geht es um Menschen, die auf lebensrettende Organe angewiesen sind. Auf der anderen Seite stehen Menschen, die in einer irreversiblen Sterbephase Leben retten können, wenn ihre Organe verfügbar sind. Da die Sterbenden ihre Entscheidung zugunsten einer Spende in der Regel nicht mehr selbst treffen können, wird ihnen als Lebenden eine Vorentscheidung abverlangt, die mit Einschränkungen ihrer Selbstbestimmung verbunden ist. Ohne auf die unterschiedlichen Varianten und die Modalitäten dieser Einschränkungen eingehen zu können, wird deutlich, dass es bei der Abwägung gegenüber den Weiter- und Überlebensmöglichkeiten der Empfängerinnen und Empfänger keine salomonische Lösung gibt.

Auffällig aber ist, dass die Abgeordneten – mit wenigen Ausnahmen – und auch der große Teil der außerparlamentarischen Diskussionsteilnehmerinnen und -teilnehmer so tun, als befänden sich die Angehörigen auf Intensivstationen nicht in einer emotionalen Ausnahmesituation, was auch für das ärztliche und pflegerische Personal gilt. Diese Perspektive findet in der Diskussion keine Berücksichtigung.

3 Im Prozess der Organtransplantation ist palliative Intelligenz von Angehörigen und medizinischem Personal gefragt

Wenn es um Leben und Sterben geht, so ist in unseren Gesellschaften für ein dichtes Netz von staatlich und privat organisierten Institutionen der Lebenshilfe und Lebensberatung gesorgt. Existenzielle Bedeutung haben diese Einrichtungen, wenn eingestandene und uneingestandene Sterbensängste zu bearbeiten sind, die in komplizierter Weise mit alltäglichem Beratungsbedarf zusammenhängen.

Menschen, die in Naturkatastrophen und in unterschiedlichsten Unfall- und Krankheitssituationen herausgefordert werden, bedürfen psychiatrischer und psychotherapeutischer Hilfe. Dem wird beispielsweise im polizeilichen

Ausbildungssystem Rechnung getragen. Auch in der geltenden deutschen Arbeitsschutzgesetzgebung werden Maßnahmen verlangt, die Arbeitnehmerinnen und Arbeitnehmer in ihrer Arbeitswelt vor psychischen Gefährdungen schützen sollen. Wenn Soldatinnen und Soldaten aus schwierigen Kriseneinsätzen zurückkehren, können sie zumindest kurzfristig darauf vertrauen, dass sie mit ihren – wie es in der Alltagssprache heißt – traumatischen Erfahrungen nicht allein gelassen werden. Erkranken Menschen an Krebs, so wird in den Kliniken in zunehmendem Maße dafür gesorgt, dass sie bei der Vor- und Nachbereitung von Operationen von dafür ausgebildetem Personal betreut werden. Was aber geschieht auf Intensivstationen?

Es ist ein neurobiologisch belegbarer Gemeinplatz, dass es Tätigkeiten gibt, die automatisierbar sind. Das gilt beispielsweise für das Fahrrad- und das Autofahren. Es trifft indessen nicht auf das zu, was hier palliative Intelligenz genannt wird. Diese kann, wenn es um Leben und Tod geht, nicht einfach abgerufen werden. Sie ist in dem Sinne fragil, dass sie immer wieder mobilisiert werden muss und immer wieder neuer Ermutigung und Unterstützung bedarf.

Die Angehörigen und das Personal, die auf Intensivstationen herausgefordert werden, haben gemeinsam, dass sie im Falle scheiternder Lebensrettung von einer Pro-Lebensperspektive auf eine solche der bloß palliativen, d. h. nicht mehr lebensrettenden Beteiligung (lat. *pallium* = verdeckender Mantel), umdenken müssen. Im Falle der Organentnahme schließt das die Bereitschaft der Angehörigen ein, das Verlöschen des künstlich am Leben gehaltenen Todkranken zuzulassen. Für das mit der Organentnahme betraute medizinische Personal bedeutet es, dabei mitzuwirken.

Die speziellen Herausforderungen, die auf Intensivstationen an die beteiligten Angehörigen einerseits und das in unterschiedlicher Funktion agierende medizinische Personal andererseits gestellt werden, sehen folgendermaßen aus:

Die Angehörigen der Sterbenden befinden sich in der Erfahrungswelt von Intensivstationen fast alle in einer völligen Ausnahmesituation. Der Grad der emotionalen Herausforderung ähnelt dem, was auf Friedhöfen mit Angehörigen geschieht, die plötzlich mit dem Tod eines nahestehenden Menschen konfrontiert werden und diesen, weil sie es selten oder noch nie erlebt haben, nicht begreifen können. Die emotionale Überwältigung in einer solchen Situation lässt sich mit neurobiologischen Abläufen in Verbindung bringen, die im Kern, vereinfacht dargestellt, auf das Folgende hinauslaufen: Ist ein nahestehender Mensch in Lebensgefahr, so droht die lebenslang entstandene Bindungen gesprengt zu werden. Dadurch geraten die für diesen Input zuständigen neuronalen Areale, begleitet von aktivierten Transmittern, in Zustände höchsten Aufruhrs. Dieser ist so groß, dass er die im Stirnhirn angelegten und ebenfalls lebenslang entwickelten Möglichkeiten mäßigender Steuerung stark einschränkt. Bei allen Unterschieden in der neuronalen Verfassung heißt das, dass den einzelnen Angehörigen, je nach Erfahrungshintergrund, palliative Intelligenz abgefordert wird, die nur bei wenigen so entwickelt ist, dass sie ausreicht, diese Ausnahmesituation zu meistern. Diese vorhandene oder nicht vorhandene Fähigkeit ist Ergebnis lebenslangen Lernens.

Man stelle sich Menschen vor, die in dieser Situation am Überlebenskampf eines geliebten Menschen teilnehmen, hoffen und bangen. Und just in dieser unvertrauten Lage ahnen sie zunächst, dass der Kampf vergebens geführt wird. Und völlig unvorbereitet bekommen sie mit, dass dem ihnen nahestehenden Menschen, Organe entnommen werden sollen, um unbekannte Menschen zu retten. Dabei ist es völlig unerheblich, wie die Vorentscheidung des irreversibel Sterbenden ausgefallen ist. Die verklausuliert oder auch direkt gestellte Frage nach dem Einverständnis mit der Organentnahme und der Hinweis auf die vorausgehende Hirntodfeststellung sind in jedem Falle völlig „unpassend" und keinesfalls mit den etablierten Vorstellungen von Abschied und Bestattung vereinbar.

Im Internet zugängliche Erlebnisberichte, insbesondere die Publikationen eines Vereins zur „Kritischen Aufklärung über Organtransplantation" (KAO), ergänzt durch qualitative Befragungen von Betroffenen,[214] stimmen in folgenden Punkten überein: Es besteht Unklarheit über den Todeszeitpunkt. Ist der sterbende Mensch mit der Hirntodfeststellung, also vor der Organentnahme, oder erst danach tot? Mit dieser Unklarheit verbindet sich das leidvolle Erlebnis, dass der nahestehende Mensch – nach der Hirntodfeststellung – für tot und daher für „transplantationsreif" erklärt wird, obwohl seine Atmung und sein Kreislauf erkennbar noch funktionieren. Dies trifft für alle Nachlebenden zu, unabhängig davon, ob sie über den Zusammenhang, der zwischen Hirntod und organischem Tod besteht, informiert sind. Sie werden zum Abschiednehmen gezwungen, obwohl die zu Verabschiedenden augenscheinlich, d. h. nach kulturell etabliertem Verständnis, noch am Leben sind.

Für das ärztliche und pflegerische Personal ist, im Unterschied zu den Angehörigen der irreversibel Sterbenden, die Intensivstation, eingeschlossen die Bereiche, in denen der Hirntod festgestellt und Organe entnommen werden, ihr vertrautes Arbeitsfeld. Dabei wird stillschweigend unterstellt, dieses Personal gehe ganz einfach seinem Beruf nach und müsse analog zu anderen Berufen seine Professionalität unter Beweis stellen. Nur so wird verständlich, dass die Herausforderungen dieses Berufsfelds in Sachen Organentnahme im geschilderten Abwägungsprozess so gut wie unterschlagen werden.

Wie wenig dies haltbar ist, zeigt eine öffentliche Veranstaltung, die am 12. Dezember 2018 vom Deutschen Ethikrat zum Thema „Pro + Contra:

---

[214] Vgl. dazu: Vera Kalitzkus, Leben durch den Tod. Die zwei Seiten der Organtransplantation. Eine medizintheologische Studie, Frankfurt/M. 2003.

Widerspruchsregelung bei der Organspende" (dbb forum Berlin) organisiert wurde.[215] In einer Podiumsdiskussion mehrerer kontroverser Referate meldete sich auch Claudia Wiesemann als Vizevorsitzende des Deutschen Ethikrates zu Wort. Noch wichtiger ist, dass sie als Medizin-Ethikerin Praxiserfahrung mitbringt. Sie versucht die Aufmerksamkeit auf die Anforderungen zu lenken, die an das an der Transplantation beteiligte medizinische Personal gestellt werden. Im Kern betont sie einerseits, dass es für das Personal äußerst schwierig sei, von der Sorge um die Lebenserhaltung eines ihm anvertrauten Menschen auf die Sorge um die Lebenserhaltung eines unbekannten Dritten „umzuschalten" (21). Zugleich verweist sie darauf, dass nur bei einer kleinen Minderheit des Personals Zweifel an der Gleichsetzung von Tod und Hirntod des Menschen bestünden (22).

Wiesemann sieht hier „organisationsethische Probleme", die in der Diskussion zu Unrecht ausgespart würden. Am Juraprofessor Reinhard Merkel, einem prominenten Vertreter des hier als juristisch-philosophisch verengt kritisierten Diskussionsansatzes, kritisiert sie die fehlende Bereitschaft, in der Diskussion transplantationsmedizinischer Probleme die Belastungen sowohl der Angehörigen als auch des medizinischen Personals einzubeziehen. Implizit kommt zudem eine Kritik an der Borniertheit der die Medien beherrschenden Argumentation zum Ausdruck. Gerichtet an ihren Kollegen im Deutschen Ethikrat sagte sie in resigniertem Ton: „Nun bist du Philosoph, Reiner; da sehe ich dir nach, dass du das hier völlig empiriefrei geäußert hast" (27).

In neurobiologischer Sicht besteht die von Wiesemann „organisationsethisch" verstandene Empirie – parallel zu dem, was zur stärkungsbedürftigen palliativen Intelligenz der Angehörigen angemerkt wurde – im Folgenden:

Das medizinische Personal auf Intensivstationen wird über Vorentscheidungen, von denen die von ihnen betreuten Menschen betroffen sind, nicht einbezogen. Stillschweigend wird von ihm erwartet, diese Entscheidungen professionell umzusetzen. Dabei bleibt unberücksichtigt, dass sich aktiver Einsatz im Sterbeumfeld nur unvollkommen routinisieren lässt, da beispielsweise Bindungen zwischen dem Personal und den ihm anvertrauten Menschen entstehen. Dies zeigen exemplarisch Erlebnisberichte des Pflegepersonals, die auf kaum steuerbares emotionales Engagement und darauf verweisen, dass die palliative Intelligenz auch bei Professionals als höchst fragil gelten muss. Von den Todkranken emotional vereinnahmt, wird zugleich die Bereitschaft abgefordert, die aufwühlende Trennung von ihnen auszuhalten und diese im Falle einer Beteiligung an der Organentnahme selbst herbeizuführen.

---

215 Vgl. Veranstaltungsprotokoll v. 12.12.2018 (Pro + Contra: Widerspruchsregelung bei der Organspende), hrsg. v. Deutschen Ethikrat.

4   Der unverzichtbare Auftrag an die Gesetzgebung

Beim Versuch, auf Intensivstationen lebensrettende Organtransplantationen gesetzgeberisch zu ermöglichen, darf die Ausnahmesituation nicht übersehen werden, in welcher sich sowohl die Angehörigen potentieller Spenderinnen und Spender als auch die Ärztinnen und Ärzte sowie die Pflegerinnen und Pfleger auf Intensivstationen befinden. Alle Genannten benötigen angesichts der Fragilität ihrer palliativen Intelligenz massive Beratung und Hilfe, woraus sich das Folgende ergibt:

Beide vorgestellten Gesetzesentwürfe verfolgen auf unterschiedlichem Weg das Ziel, zu mehr Organspenden zu kommen. Jedoch fehlt es an unverzichtbarer struktureller und finanzieller Absicherung derjenigen, die in den Transplantationsprozess in unterschiedlicher Weise einbezogen sind. Nach dem Vorbild vieler anderer Lebens- und Arbeitsbereiche, in denen verpflichtend Supervision praktiziert wird, müssen die Abläufe auf Intensivstationen begleitet werden. Durch die Auswertung von Ausschuss-Anhörungen, die den Prozess der Gesetzgebung begleitet haben, und auf der Grundlage vorliegender Publikationen müssen über die erwähnte Gesetzesnovelle vom Februar 2019 hinaus zusätzliche Finanzmittel verfügbar gemacht werden. Es geht um die Frage, durch welche personellen Maßnahmen einerseits die Angehörigen aufgefangen werden können und andererseits das medizinische Personal angemessene Hilfe erfährt. Zu überlegen ist, ob nach dem Vorbild der Betreuung von Krebskranken auch auf Intensivstationen psychotherapeutisch ausgebildetes Personal eingesetzt werden kann. Nachzuprüfen ist auch, ob im Umfeld von Ethik-Kommissionen supervisionsfähige Menschen rekrutiert werden können.

Es war die Absicht der Gesetzesnovelle vom Februar 2019, die Transplantationsabläufe in den Entnahmekliniken strukturell zu verbessern. Dazu gehört die finanzielle Absicherung der Arbeit sogenannter Transplantationsbeauftragter. Zweifellos können sie neben den Beauftragten der Deutschen Stiftung Organtransplantation (DSO) wertvolle Unterstützung leisten. Letztere passen dagegen nicht in das Gedanken- und Emotionsspektrum, in dem sich Angehörige und medizinisches Personal in der hier beschriebenen Ausnahmesituation befinden, da sie „Transplantationspartei" und daher als Stützen palliativer Intelligenz ungeeignet sind.

5   Zusammenfassung

Die Auseinandersetzung um die Organtransplantation bestätigt die etablierte Konzentration auf Sterbende, die im einführend skizzierten hermeneutischen Zugriff mitleidenden Verstehens angelegt ist (EINFÜHRUNG, II.3.). In

Sachen Organspende ist diese Konzentration zweigeteilt: Sie gilt einerseits den potentiell Sterbenden, deren Leben gerettet werden kann, wenn es Spenderorgane gibt. Sie gilt andererseits den todgeweihten potentiellen Spenderinnen und Spendern, die ihre Organe zur Verfügung stellen können, weil ihr Leben nicht mehr zu retten ist. Es leuchtet also ein, dass diejenigen, die mit Spenderorganen weiterleben können, diese von denjenigen bekommen sollten, die mit diesen Organen keine Lebensperspektive mehr haben. Für den Fall einer solchen Sterbesituation sollten Letztere den Ersteren eine Organspende präventiv zusichern.

Es ist dieser Gedanke, der sowohl hinter der am 16.1.2020 beschlossenen Zustimmungslösung (Entscheidungslösung) als auch hinter der unterlegenen sogenannten Widerspruchslösung steckt. Beide Lösungsvorschläge lassen aber gleichermaßen die Ausnahmelage, in der sich die nachlebenden Angehörigen befinden, tendenziell ebenso unberücksichtigt wie die Probleme, die das nachlebende ärztliche und pflegerische Personal zu bearbeiten hat.

Was fehlt, lässt sich im Vergleich mit den Zumutungen abschätzen, die im Bereich der Palliativmedizin zu bearbeiten sind. Aus ihm stammt der Begriff der palliativen Intelligenz. Er zielt zum einen darauf ab, dass gegenüber Sterbenden medizinisch-pflegerische und menschliche Zuwendung verlangt wird. Zum andern bedarf es aber auch der Einsicht, dass Todkranke in dem Sinne todgeweiht sind, dass sie keine Überlebenschance mehr haben.

Dieser doppelte Anspruch und die sich aus ihm ergebenden Balanceakte, die den Nachlebenden auf Intensivstationen abverlangt werden, sind nur schwer zu bewältigen. Umso dringlicher wäre es, wenn der Gesetzgeber jenseits von Zustimmungs- und Widerspruchslösung den hier skizziert Auftrag, die Nachlebenden angemessen zu unterstützen, erfüllen würde.

EXKURS D
Der Umgang mit dem Sterben in der Corona-Krise[216] (2020f.)

Wenn die hier aus neurobiologischer Perspektive formulierten Beobachtungen und von ihnen abgeleiteten Thesen stimmen, so muss sich der Umgang mit dem Sterbethema, der sich in der aktuellen Corona-Krise erkennen lässt, einordnen lassen. Die im Januar/Februar 2020 einsetzende Krise muss als Ausnahmelage betrachtet werden. Mit der Normallage ist sie dadurch verbunden, dass gesellschaftliche Prozesse medial übersetzt, befeuert und gesteuert werden. Der hier interessierende Unterschied zur Normallage besteht prinzipiell darin, dass der Sterbediskurs im Rahmen eines umfassenden gesellschaftlichen Diskurses normalerweise nur einen sehr kleinen Ausschnitt besetzt.

Die Corona-Ausnahmelage ist dadurch gekennzeichnet, dass Probleme des Umgangs mit dem Sterben ins Zentrum der Aufmerksamkeit rücken. Es kommt zu einer außerordentlichen Akzentuierung des Sterbethemas, die zunächst kurz zusammengefasst wird (1.). Diese Abweichung von der Normallage ist damit verbunden, dass der im Zeichen pazifizierender Beschwichtigung des Sterbens stehende lokale Abschied (KAP. 2) aus dem Schatten heroisierenden Umgangs mit dem Sterben (KAP. 3) heraustritt. Der neuronale Aufruhr im Gehirn der Nachlebenden, der von den für empathische Nah-Kommunikation zuständigen Arealen getragen wird (KAP. 1, II.1.5) und sich in lokaler Öffentlichkeit als Schock zeigt, rückt ins Rampenlicht globaler Öffentlichkeit (2.). Was die in ihr sich entfaltende heroisierende Beschwichtigung des Sterbens angeht, so erweist sich, dass ihr in der krisenhaften Ausnahmelage die Anknüpfungspunkte fehlen. Dasselbe gilt für den „epikureischen Ansatz" der pazifizierenden Selbstbeschwichtigung des Sterbens (KAP. 2, II.1.). Angesichts der medialen

---

216 Diese Skizze zur Einordnung der Corona-Krise wurde Ende September/Anfang Oktober 2020 verfasst.

Präsenz des sogenannten Infektionsgeschehens und seiner quantifizierenden Erfassung kann sich dem Sterbethema so gut wie niemand entziehen (3.).

1 Das Szenario eines lebensbedrohenden Virus

Beliebige Ereignisse werden in unserer Gesellschaft zum Medienthema, das in großer Öffentlichkeit abgehandelt wird, wenn sich viele Menschen herausgefordert fühlen und daher mobilisiert werden können. In der Normallage kommt es zu Episoden eines kleinen Sterbediskurses, wenn prominente Zeitgenossen in Lebensgefahr geraten oder ihr Leben verlieren. Sie werden wie Sternschnuppen am Firmament sichtbar, lösen kurze Zeit Bewunderung aus, um dann aber schnell wieder zu verschwinden. Man denke an das Beispiel der 1997 bei einem Unfall ums Leben gekommenen britischen Prinzessin Diana. Punktuell sind es auch unbekannte Menschen mit besonderem Sterbeschicksal, die plötzlich Aufmerksamkeit auf sich lenken, um dann aber schnell wieder vergessen zu werden.

Das ist in der Corona-Krise anders. Sie kündigte sich seit Januar/Februar 2020 zunächst vage an, um sich dann in der zweiten Märzhälfte zu verschärfen und wuchtig sowie „langlebig" zu etablieren.

Die Blicke richten sich auf Infizierte, zumeist unbekannt und relativ gering an Zahl, die das Corona-Virus erreicht hat. Menschen kämpfen um ihr Überleben. Eindrucksvoll sind die Bilder und die sie begleitenden Informationen vor allem deshalb, weil sie einerseits auf die vom Sterben bedrohten Menschen in ihren Spezialbetten – möglicherweise Sterbebetten – verweisen, andererseits das ärztliche und Pflegepersonal in ihrer Schutzbekleidung zeigen. Es sind Indizien, die in ihrer peinlichen Faszination an die mittelalterlichen Darstellungen von Totentänzen erinnern – mit dem Unterschied freilich, dass hier real am Rande des Todes stehende Menschen vorgeführt werden.

Zum Szenario des Sterbediskurses gehören die täglichen Gefährdungsberichte aus den staatlichen sowie privaten Forschungseinrichtungen und ihren Laboren, immer wieder neu interpretiert und kommentiert durch epidemiologische Fachleute, die hauptsächlich aus dem Kliniksystem kommen. Die Sonderrolle, die ihnen im gesellschaftlichen Erwartungshorizont der Ausnahmelage zukommt, muss im folgenden dritten Abschnitt noch umschrieben werden.

Die Faszinationskraft des Szenarios, in das tendenziell alle einbezogen sind, hat eine evolutionsbiologische Voraussetzung, auf die einführend hingewiesen wurde (EINFÜHRUNG, II.2.). Die Bilder, die sie begleitenden Informationen sowie die Art und Weise, in der diese medial präsentiert werden, treffen auf Gehirne, die so gebaut sind, dass sie den Blick zuallererst auf diejenigen richten, denen sie gehören: Dieses Virus und das, was es anrichtet, kann jede und jeden von uns treffen. Was aber machen unsere Gehirne, die ihren „eigenen Kopf" haben, im Einzelnen mit uns?

2 Der „eigene Kopf" unserer Gehirne in der Corona-Krise

Der Tübinger Oberbürgermeister Boris Palmer ist dafür bekannt, dass er gewollt provoziert und seine unbedachten Äußerungen zu Missverständnissen führen. Ende April 2020 ging es Palmer in einem Fernsehinterview um eine Kritik an entwicklungspolitischen Versäumnissen, die er durch kontrastierende Hinweise auf aktuelle Verhaltensweisen in der Corona-Krise zu unterstreichen suchte. Aus diesem Interview wird in den Medien eine Passage verbreitet, die den Eindruck sozialer Kälte gegenüber alten und vorerkrankten Menschen vermittelt: „Ich sage ihnen mal ganz brutal", sagt Palmer: „Wir retten in Deutschland möglicherweise Menschen, die in einem halben Jahr sowieso tot wären – aufgrund ihres Alters und ihrer Vorerkrankung." (Live-Interview im Sat-1-Frühstücksfernsehen; online unter: https://www.sat1.de/tv/fruehstuecksfernsehen/video/202083-palmers-kritische-meinung-zur-corona-politik-clip (24.8.20), abgerufen am 15.05.2020.

Es kommt zu einem Sturm der Entrüstung. Dabei fällt auf, dass es so gut wie keine Wortmeldung gibt, die Palmer in der ihm zugeschriebenen Rücksichtslosigkeit gegenüber Alten und Kranken unterstützt hätte. Von besonderer Bedeutung ist, dass es sich hier nicht um eine mediale Episode, sondern um ein Zeichen dafür handelt, dass sich der Diskurs einer ganzen Gesellschaft auf das Sterbethema und speziell darauf ausrichtet, in Übereinstimmung mit der eingangs erörterten „biologischen Hypothese" (EINFÜHRUNG, II.2.) auf das Überleben zu setzen und diesem den Gedanken der Unentrinnbarkeit des Sterbens unterzuordnen. Indem sich die Zusicherung des Lebensschutzes – dies ist die dazu passende juristische Terminologie – speziell auf die von Palmer angesprochenen alten und vorerkrankten Menschen bezieht, wird die Orientierung am Überleben in besonderer Weise zugespitzt.

Den neurobiologischen Untergrund dieser Schnellreaktionen auf die in den Medien verbreiteten Bilder von Überlebensszenen bilden die auf Empathie ausgelegten neuronalen Netzwerke der Adressatinnen und Adressaten. Sie wurden hier als Lernapparate beschrieben (KAP. 1, II.). Die Reaktionen erinnern an das, was sich bei Nachlebenden als Schock beobachten lässt, wenn sie mit dem Sterben von nahestehenden Menschen konfrontiert werden. Hier zeigt sich, dass unsere Gehirne in dem Sinne einen „eigenen Kopf" haben, dass sie auf Außenimpulse antworten, ohne dass wir diese kontrollieren können. Dabei fällt es in der Corona-Situation nicht ins Gewicht, dass die vom Sterben bedrohten Infizierten von den Adressatinnen und Adressaten weit weg sind. Es sind die Medien, die durch die Breite und Intensität ihrer Berichterstattung Nah-Kommunikation herstellen. Daher kommt es – personenübergreifend – zu ebenso schneller wie tiefgehender Erregung.

Auch nach ihrem Abflauen, an dem moderierende Einflüsse aus dem Präfrontalen Cortex beteiligt sind (vmPFC), ändert sich an der Parteinahme für die Alten und Kranken im Ganzen nichts. Auch rechtsextreme Demonstrantinnen und Demonstranten, die in den Streit um die Lockerung von beschränkenden Maßnahmen eingreifen, konzentrieren sich auf Freiheitsrechte, die außerhalb der als vorrangig angesehenen Sorge um das Überleben stehen. Sie stellen diese nicht in Frage. Insoweit sorgen unsere Gehirne ohne unser Zutun für eine Konzentration auf das Sterbethema.

3 Der Leerlauf der heroisierenden Beschwichtigung sowie der Selbstbeschwichtigung des Sterbens und die „Einbürgerung des Sterbethemas"

Darf man annehmen, dass die nicht-vorerkrankten und speziell die jüngeren Menschen unter Hinweis auf ihre noch bevorstehende lange Lebenszeit (Familienarbeit, Berufsleben, sportliche Ertüchtigung) von den Corona-Infizierten Sterbebereitschaft erwarten? Eine solche Erwartung könnte – beispielsweise im Falle eines medizinischen Behandlungsverzichts der Infizierten – mit deren Heroisierung verbunden sein: „Du stirbst als Heldin oder Held, weil du uns zu überleben hilfst."

Berücksichtigt man indessen, dass die Gesunden durch die mediale Präsentation aufreibender Überlebenskämpfe der Corona-Kranken – wie hier geschildert – peinlich berührt sind, so kann diesen nicht gleichzeitig heldisches Durchhaltevermögen zugesprochen werden. Das aber heißt: Die in der Normallage angewandte Strategie heroischer Beschwichtigung des Sterbens hat in der Corona-Krise keine Anknüpfungspunkte.

Da sich demnach Corona-Kranke als Heldinnen und Helden nicht eignen, fällt den schon genannten epidemiologischen Expertinnen und Experten eine Sonderrolle zu. Auch international anerkannt, konkurrieren sie im Erwartungshorizont der Gesellschaft um einen Heldenstatus (KAP. 3, III.), der indessen mit dem Risiko des immer wieder neuen Scheiterns und Versagens verbunden ist. Um den Status kleiner Heldinnen und Helden konkurrieren die einfachen Bürgerinnen und Bürger, soweit sie sich darum bemühen, den empfohlenen und zum Teil sanktionierten Anti-Corona-Regeln, insonderheit dem zögerlich eingeführten Maskengebot, Folge zu leisten.

Angesichts der von den Corona-Kranken kommenden Ausstrahlung läuft zudem der „epikureische Ansatz" pazifizierender Selbstbeschwichtigung ins Leere. Die durch vielfaches Bild- und Informationsmaterial illustrierte

Gefährdungslage der Infizierten macht den Gesunden deutlich: Wenn nicht da (Epikur), so ist der Tod an den Infizierten zumindest „nahe dran". Eine Absentierung im Sinne Epikurs ist daher kaum möglich.

Es gehört zur Ausnahmelage, dass unter den Bedingungen des Wohlfahrtsstaats das Krisenmanagement der Staatsadministration in vielfältiger Weise herausgefordert wird. Auf die schwierige Gratwanderung zwischen Maßnahmen des Lebens- und Sterbeschutzes einerseits, ihrer Verträglichkeit und Verhältnismäßigkeit andererseits, kann hier nicht eingegangen werden. Im Ganzen besteht die Abweichung von der Normallage in der Corona-Krise darin, dass es zur „Einbürgerung des Sterbens" kommt.

Umgekehrt wird beim Blick auf die Normallage deutlich, dass sich nach überwundener Krise die vertrauten Strategien der „ausbürgernden" Beschwichtigung des Sterbens wieder entfalten können. Wenn es Nachwirkungen der Krise und aus ihr kommende Lernmöglichkeiten gibt, so könnten sie im Folgenden bestehen:

Hat die in der Corona-Krise erkennbare Parteinahme für Kranke und Alte – fundiert durch eine allgemeine menschliche Bedürfnislage und spezielle Bedürfnisse von Sterbenden (vgl. EXKURS A) – im kollektiven Gedächtnis Spuren hinterlassen, so könnte sie zur Stärkung der auf eben diese Bedürfnisse zugeschnittenen Palliativmedizin führen. Von einer Minderheit des ärztlichen und pflegerischen Personals schon jetzt umgesetzt, ginge es darum, die organisatorischen und finanziellen Strukturen, die in den letzten Jahren sowohl innerhalb als auch außerhalb des Kliniksystems geschaffen wurden, weiter auszubauen.

LITERATURVERZEICHNIS

Philosophie/Psychologie/Methodologie/Theologie/Ästhetik des Sterbens

Aichelin, Helmut u. a., 1978: Tod und Sterben, Deutungsversuche, Gütersloh.
Ariès, Philippe, 1982: Geschichte des Todes, München (zuerst: Paris 1978).
Ariès, Philippe, 1984: Bilder zur Geschichte des Todes, München.
Bérkewicz, Ulla 2008: Überlebnis, Frankfurt.
Bitó, László, 2008: Die Kunst des schönen Sterbens. Mit einem Vorwort von Agnes Heller, Leipzig.
Eissler, K. R., 1978: Der sterbende Patient. Zur Psychologie des Todes, Stuttgart.
Illich, Ivan, 1979: Tod contra Tod, in: Ebeling, Hans (Hrsg.), Tod in der Moderne, Königstein/Ts., S. 184–209.
Göckenjan,Gerd/Dreßke, Stefan, Sterben in der Palliativversorgung, in: Knoblauch/Zingerle 2005.
Kelleter, Frank, 1997: Die Moderne und der Tod. Das Todesmotiv in moderner Literatur, untersucht am Beispiel Edgar Allan Poes, T. S. Eliots und Samuel Becketts, Frankfurt/M.
Knoblauch, Hubert/Zingerle, Arnold (Hrsg.) 2005: Thanatosoziologie. Tod, Hospiz und die Institutionalisierung des Sterbens, Berlin.
Landsberg, Paul Ludwig, 1937: Die Erfahrung des Todes, Luzern.
Moody, Raymond A., 2001: Leben nach dem Tod. Die Erforschung einer unerklärlichen Erfahrung, Reinbek bei Hamburg.
Nassehi, Armin/Weber, Georg, 1989: Tod, Modernität und Gesellschaft. Entwurf einer Theorie der Todesverdrängung, Opladen.
Nassehi, Armin/Saake, Irmhild, 2005: Kontexturen des Todes. Eine Neubestimmung soziologischer Thanatologie, in: Knoblauch, Hubert/Zingerle Arnold (Hrsg.), Thanatosoziologie. Tod, Hospiz und die Institutionalisierung des Sterbens, Berlin.
Nassehi, Armin/Brüggen, Susanne/Saake, Irmhild, 2002: Beratung zum Tode. Eine neue ars moriendi? in: Berliner Journal für Soziologie, 12, 2002/1.
Pinker, Steven, 1976: Das unbeschriebene Blatt. Die moderne Leugnung der menschlichen Natur, New York.

Safranski, Rüdiger, 1998: Ein Meister aus Deutschland. Heidegger und seine Zeit, Frankfurt/M.

Schütz, Alfred/Luckmann, Thomas 1984: Strukturen der Lebenswelt, Bd. 2, Frankfurt/M.

Searle, John R., 2006: Geist. Eine Einführung, Frankfurt/M.

Sternberger, Dolf, 1981: Der verstandene Tod. Eine Untersuchung zu Martin Heideggers Existenzial-Ontologie, in: Ders., Über den Tod, Frankfurt/M.

Taureck, Bernhard H. F., 2004: Philosophieren: Sterben lernen. Versuch einer ikonologischen Modernisierung unserer Kommunikation über Tod und Sterben, Frankfurt/M.

Taguieff, Pierre-André, 1987: La force du préjugé. Essai sur le racisme et ses doubles, Paris.

Wittowski, Joachim/Strenge, Hans, 2011: Warum der Tod kein Sterben kennt. Neue Einsichten zu unserer Lebenszeit, Darmstadt.

Wuketits, Franz M., 2006: Bioethik. Eine kritische Einführung, München.

Ziegler, Jean, 1975: Les vivants et la mort, Paris.

Theorie und Empirie des Lernens/Sterbenlernens und seine neuronalen Grundlagen

Bear, Mark F./Connors, Barry W./Paradiso, Michael A., 2009: Neurowissenschaften. Ein grundlegendes Lehrbuch für Biologie, Medizin und Psychologie (Hrsg. der dt. Übers./3. Aufl.: Andreas K. Engel), Heidelberg.

Bieri, Peter, 2005: Was macht Bewusstsein zu einem Rätsel? in: Metzinger, Thomas (Hrsg.), Bewusstsein. Beiträge aus der Gegenwartsphilosophie (5. erw. Aufl.), Paderborn.

Byrne, Richard W./Russon, Anne E., 1998: Learning by Imitation: A Hierarchical Approach, in: Behavioral and Brain Sciences, 21 (5), 667–684.

Damasio, Antonio R., 2006/I: Descartes' Irrtum. Fühlen, Denken und das menschliche Gehirn, 3. dt. Aufl., Berlin.

Damasio, Antonio R., 2006/II: Der Spinoza-Effekt. Wie Gefühle unser Leben bestimmen, 3. dt. Aufl., Berlin.

Damasio, Antonio R., 2011: Selbst ist der Mensch. Körper, Geist und Entstehung des menschlichen Bewusstseins, München.

Decety, Jean/Lamm, Claus, 2006: Human Empathy Through the Lens of Social Neuroscience, in: The Scientific World Journal, 6, S. 1147 (Table 1).

Decety, Jean/Batson C. Daniel, 2009: Integrating Social and Neuroscience Approaches, in: Jan Verplaetse et al. (Eds.), The Moral Brain. Essays on the Evolutionary and Neuroscientific Aspects of Morality, Berlin.

Decety, Jean/Ickes, William (Eds.), 2011: The Social Neuroscience of Empathy, Cambridge MA.

Fehr, Ernst/Camerer, Colin F., 2007: Social neuroeconomics: the neural circuitry of social preferences, in: Trends in Cognitive Sciences, Vol. 11, No. 10, S. 419–427.

Frith, Chris D./Frith, Utah, 2006: How we predict what other people are going to do, in: Brain Research 1079, S. 36–46.

Garrels, Scott R. (Ed.) 2011: Mimesis and Science: Empirical Research on Imitation and the Mimetic Theory of Culture and Religion (Studies in Violence, Mimesis and Culture Series), Michigan.

Gasser, Peter, 2008: Neuropsychologische Grundlagen des Lehrens und Lernens, Bern.

Gelernter, David, 2016: Gezeiten des Geistes. Die Vermessung unseres Bewusstseins, Berlin.

Hickok, Gregory, 2015: Warum wir verstehen, was andere fühlen. Der Mythos der Spiegelneuronen, München.

Kandel, Eric R. u. a. (Hrsg.), 2000: Principles of Neural Science, 4. Aufl., Mc Graw-Hill.

Koch, Christoph, 2005: Bewusstsein: Ein neurobiologisches Rätsel, Berlin/Heidelberg.

Ledoux, Joseph, 2002: Synaptic Self. How Our Brains Become Who We Are, New York.

Meltzoff, Andrew N./Decety, Jean, 2003: What imitation tells us about social cognition: a rapprochement between developmental psychology and cognitive neuroscience, in: Frith, C./Wolpert, D. (Eds.), The Neuroscience of Social Interaction, New York.

Metzinger, Thomas, 2010: Der EGO-Tunnel. Eine neue Philosophie des Selbst: Von der Gehirnforschung zur Bewusstseinsethik, Berlin.

Pessoa, Luiz, 2008: On the relationship between emotion and cognition, in: Nature, February, Vol. 9, S. 148ff.

Rizzolatti, Giacomo/Sinigaglia, Corrado, 2008: Empathie und Spiegelneurone, Frankfurt/M.

Rösler, Frank, 2011: Psychophysiologie der Kognition. Eine Einführung in die kognitive Neurowissenschaft, Heidelberg.

Roth, Gerhard, 2003: Fühlen, Denken, Handeln. Wie das Gehirn unser Verhalten steuert, Frankfurt/M.

Roth, Gerhard/Ryba, Alica 2016: Coaching, Beratung und Gehirn. Neurobiologische Grundlagen wirksamer Veränderungskonzepte, Stuttgart.

Singer, Tania, 2006: The neural basis and ontogeny of empathy and mind reading: Review of literature and implications for future research, in: Neuroscience and Biobehavioral Reviews, 30, S. 855–863.

Schleim, Stephan/Walter, Henrik, 2008: Erst das Gefühl, dann die Moral? Hirnscans legen den Verdacht nahe, dass unsere moralischen Urteile weniger auf rationalen Denkprozessen gründen, als vielmehr in emotionalen Intuitionen, in: Gehirn und Geist, 1–2, S. 44–49.

Schleim, Stephan, 2009: Der Mensch und die soziale Hirnforschung. Philosophische Zwischenbilanz einer spannungsreichen Beziehung, in: Ders./Tade, Matthias/Walter, Henrik (Hrsg.), 2009: Von der Neuroethik zum Neurorecht? Göttingen.

Schleim Stephan/Tade, Matthias/Walter, Henrik (Hrsg.), 2009: Von der Neuroethik zum Neurorecht? Göttingen.

Spitzer, Manfred, 2007: Lernen. Gehirnforschung und die Schule des Lebens, Berlin/Heidelberg.

Theorie und Methodologie der Kommunikation

Bloch, Ernst, 1971: Subjekt – Objekt. Erläuterungen zu Hegel, Frankfurt/M.
Debray, Régis, 2000: introduction à la médiologie, Paris
Deleuze, Gilles, 1992: Foucault, Frankfurt/M.
Eribon, Didier, 1991: Michel Foucault. Eine Biographie, Frankfurt/M.
Foucault, Michel, 1977: Überwachen und Strafen. Die Geburt des Gefängnisses, Frankfurt/M.
Foucault, Michel, 1983: Sexualität und Wahrheit, Bd. 1: Der Wille zum Wissen; 1989: Bd. 2: Der Gebrauch der Lüste; 1989: Bd. 3: Die Sorge um sich, Frankfurt/M.
Girard, René, 1978: Des choses cachées depuis la fondation du monde, Paris.
Habermas, Jürgen, 1962: Strukturwandel der Öffentlichkeit. Untersuchungen zu einer Kategorie der bürgerlichen Gesellschaft, Neuwied/Berlin.
Habermas, Jürgen, 1968: Erkenntnis und Interesse, in: Ders., Technik und Wissenschaft als ‚Ideologie', Frankfurt/M.
Habermas, Jürgen,1981: Theorie des kommunikativen Handelns, 2 Bde., Frankfurt/M.
Habermas, Jürgen 1992: Deliberative Politik – ein Verfahrensbegriff der Demokratie, in: Ders., Faktizität und Geltung. Beiträge zur Diskurstheorie des Rechts und des demokratischen Rechtsstaats, Frankfurt/M., S. 349–398.
Jäger, Ludwig, 2004: Sprache als Medium politischer Kommunikation. Anmerkungen zur Transkriptivität kultureller und politischer Kommunikation, in: Frevert, Ute/ Braungart, Wolfgang (Hrsg.), Sprachen des Politischen. Medien und Medialität in der Geschichte, Göttingen.
Lacan, Jacques, 1995: le maître absolu, Paris.
Searle, John R., 1997: Die Konstruktion der gesellschaftlichen Wirklichkeit. Zur Ontologie sozialer Tatsachen, Reinbek b. Hamburg.

Sterbepraxis im Mittelalter

Ariès, Philippe, 1982: Geschichte des Todes, München (zuerst: Paris 1978).
Boockmann, Hartmut, 1983: Leben und Sterben in einer spätmittelalterlichen Stadt. Über ein Göttinger Testament des 15. Jahrhunderts, Göttingen.
Borst, Arno, 1980: Zwei mittelalterliche Sterbefälle, in: Merkur, 34 (390), S. 1081–1098.
Borst, Arno u. a. (Hrsg.), 1985: Tod im Mittelalter, Konstanz.
Buchheit, Gert, 1926: Der Totentanz. Seine Entstehung und seine Entwicklung, Berlin.
Ohler, Norbert, 1990: Sterben und Tod im Mittelalter, München.
Luhmann, Niklas, 1995: Die Realität der Massenmedien, Opladen.

Sterbepraxis in Neuzeit und Gegenwart

Aust, Stefan, 2000: Der Baader Meinhof Komplex, München (zuerst: Hamburg 1985).
Aust, Stefan u. a., „Herbst der Terroristen", Spiegel TV, Videokasette
Ariès, Philippe, 1982: Geschichte des Todes, München (zuerst: Paris 1978).
Améry, Jean, 1976: Hand an sich legen. Diskurs über den Freitod, Stuttgart.
Bauman, Zygmunt, 1994: Tod, Unsterblichkeit und andere Lebensstrategien, Frankfurt/M.
Deutsche Hospiz Stiftung/Emnid-Umfrage, 2003: Was denken die Deutschen über Palliative Care? Neues Konzept für menschenwürdiges Sterben. Zuletzt abgerufen am 14.05.2018 von: www.hospize.de/docs/stellungnahmen/14.pdf (tt.mm.e)
Figge, Horst H., 1986: Medizinische Behandlung als Sterberitual (mit einer schematischen Darstellung des Themenbereichs „Sterben und Tod in der transkulturellen Analyse" als Thema der Ethnomedizin), in: Curare. Sterben und Tod. Eine kulturvergleichende Analyse. Verhandlungen der 7. Internationalen Fachkonferenz Ethnomedizin, Sterben und Tod, Sonderband 4/1985, Braunschweig, S. 59–66.
Göckenjan, Gerd, 2008: Sterben in unserer Gesellschaft – Ideale und Wirklichkeiten, in: Aus Politik und Zeitgeschichte, 21.1.2008, Nr. 4, S. 7–14.
Gronemeyer, Reimer, 2007: Sterben in Deutschland. Wie wir dem Tod wieder einen Platz in unserem Leben einräumen können, Frankfurt/M.
Hart Nibbrig, Christiaan L., 1995: Ästhetik des Todes, Frankfurt/M. u. a.
Jankélévich, Vladimir, 2005: Der Tod, Frankfurt/M.
Knoblauch, Hubert/Zingerle, Arnold, 2005: Thanatosoziologie. Tod, Hospiz und Institutionalisierung des Sterbens, Berlin.
Macho, Thomas/Marek, Kristin (Hrsg.), 2007: Die neue Sichtbarkeit des Todes, München.
Morin, Edgar, 1951: L'Homme et la Mort, Paris.
Noll, Peter, 1987: Diktate über Sterben und Tod. Mit einer Totenrede von Max Frisch, München/Zürich.
Nuland, Sherwin B., 1994: Wie wir sterben. Ein Ende in Würde? München.
Peters, Butz, 2007: Tödlicher Irrtum. Die Geschichte der RAF, Frankfurt/M.
Schäfer, Dierk/Knubben, Werner, 1992: …in meinen Armen sterben? Vom Umgang der Polizei mit Trauer und Tod, Hilden.
Sorlin, Anne, 1990: Récit d'un meurtre ordinaire, in: Esprit, juillet-aout, S. 43–66.
Streithofen, Heinrich Basilius (Hrsg.), 1978: Briefe an die Familie Schleyer. Bekenntnis und Verpflichtung, Stuttgart.
Wittke, Thomas, 1983: Terrorismusbekämpfung als rationale politische Entscheidung: Die Fallstudie Bundesrepublik, Frankfurt/M./Bern/NewYork.
Zachert, Christel und Isabell, 1993: Wir treffen uns wieder in meinem Paradies, Köln.

Inszenierungen und Instrumentalisierungen des Sterbens in den Arenen:
Krieg, Sport, Politik und Film/Fernsehen/Internet

Bach, Martin, 1985: Studien zur Geschichte des Kriegerdenkmals in Westfalen und Lippe, Frankurt/M.

Badinter, Elisabeth, 1992: XY. De L'Identité Masculine, Paris.

Beckmann, Lukas/Kopelew, Lew (Hrsg.), 1993: Gedenken heißt erinnern. Petra K. Kelly, Gert Bastian, Göttingen.

Bellah, Robert N., 1967: Civil Religion in America, in: Daedalus, Vol. 96/Nr. 1, S. 1–21.

Boehlke, Hans-Kurt, 1986: „Pro Patria" – „Mahnung zum Frieden". Vortrag, gehalten auf dem 24. Internationalen Seminar des Volksbundes Deutsche Kriegsgräberfürsorge e. V. am 17. November 1984 in Hilden, abgedr. in: Wolfgang Krüger, Auferstehung aus Krieg und KZ in der bildenden Kunst der Gegenwart, Kassel.

Bortoli, Georges, 1974: Als Stalin starb, Stuttgart.

Bredow, Wilfried v., 1969: Der Primat des militärischen Denkens. Die Bundeswehr und das Problem der okkupierten Öffentlichkeit, Köln.

Bréhier, Thierry, 1993: Pierre Bérégovoy, douze mois à Matignon pour solder douze années aux affaires, in: Le Monde; 30.3.1993.

Calic, Marie-Janine, 1995: Der Krieg in Bosnien-Hercegovina. Ursachen – Konfliktstrukturen – Internationale Lösungsversuche, Frankfurt/M.

Corvisier, André, 1975: La mort du soldat depuis la fin du Moyen Age, in: Revue Historique, 99 Année, S. 3–30.

Domecq, Jean-Philippe, 1994: Senna: Pourquoi ce deuil mondial? In: Esprit, Juli 1994.

Dutschke, Rudi, 1980: Geschichte ist machbar. Texte über das herrschende Falsche und die Radikalität des Friedens, hrsg. von Jürgen Miermeister, Berlin.

Dutschke, Rudi, 1980: Mein langer Marsch. Reden, Schriften, Tagebücher aus zwanzig Jahren, hrsg. von Gretchen Dutschke-Klotz, Helmut Gollwitzer und Jürgen Miermeister, Reinbek b. Hamburg.

Filmer, Werner/Schwan, Heribert, 1992: Wolfgang Schäuble. Politik als Lebensaufgabe, München.

Filmer, Werner/Schwan, Heribert, 1990: Oskar Lafontaine, Düsseldorf.

Friedeburg, Ludwig von u. a., 1968: Freie Universität und politisches Potential der Studenten. Über die Entwicklung des Berliner Modells und den Anfang der Studentenbewegung in Deutschland, Neuwied/Berlin.

Gerbner, George, 1980: Death in Prime Time: Notes on the Symbolic Functions of Dying in the Mass Media, in: Annals of the American Academy of Political and Social Science, January 1980, S. 64–70.

Girard, René, 1992: Ausstoßung und Verfolgung. Eine historische Theorie des Sündenbocks, Frankfurt/M. (franz. Originalausgabe: Le Bouc émissaire, Paris 1982).

Harder, Hans-Joachim, 1985: Traditionspflege in der Bundeswehr 1956–1972, in: Ders./ Wiggershaus, Norbert, Tradition und Reform in den Aufbaujahren der Bundeswehr, Herford/Bonn.

Internationale der Kriegsdienstgegner e.V. (Hrsg.), 1972: Die Kehrseite der Medaille. Dokumente über den Volksbund Deutsche Kriegsgräberfürsorge e.V.

Kapf, Ernst u. a. (Hrsg.), 1993: Kino und Tod. Zur filmischen Inszenierung von Vergänglichkeit, Marburg.

Langguth, Gerd, 1978: Guerilla und Terror als linksextremistische Kampfmittel. Rezeption und Kritik, in: Manfred Funke (Hrsg.), Extremismus im demokratischen Rechtsstaat. Ausgewählte Texte und Materialien zur aktuellen Diskussion, Bonn.

Langguth, Gerd, 1983: Protestbewegung. Entwicklung – Niedergang – Renaissance, Die Neue Linke seit 1968, Köln.

Leinemann, Jürgen, 2005: Höhenrausch. Die wirklichkeitsleere Welt der Politiker, München.

Lurz, Meinhold, 1982: Der Ernst des Heldentodes, in: Journal für Geschichte, Juli 1982 (H.4).

Mitford, Jessica, 1965: Der Tod als Geschäft, Olten/Freiburg i. Br.

Morgenthau, Hans J., 1973: The lessons of Vietnam, in: Gilbert, John H. (Ed.), The New Era in American Foreign Policy, New York

Mosse, George L., 1993: Gefallen für das Vaterland. Nationales Heldentum und namenloses Sterben, Stuttgart.

Münkler, Herfried, 1992: Gewalt und Ordnung. Das Bild des Krieges im politischen Denken, Frankfurt/M.

Negt, Oskar, 1992: Chinesische Wundmale. Zur politischen Bedeutung von Trauer, Tod und Zeit, in: Ders./Kluge, Alexander, Maßverhältnisse des Politischen. 15 Vorschläge zum Unterscheidungsvermögen, Frankfurt/M.

Pesch, Andreas, 2007: „Die Auferstehung des hautnackten Leibes". Legitimationsstrategien der Ausstellung „Körperwelten", in: Macho, Thomas/Marek, Kristin (Hrsg.), Die neue Sichtbarkeit des Todes, S. 371–395.

Puvogel, Ulrike u. a., 1995: Gedenkstätten für die Opfer des Nationalsozialismus. Eine Dokumentation, Bonn.

Reichel, Peter, 1995: Politik mit der Erinnerung. Gedächtnisorte im Streit um die nationalsozialistische Vergangenheit, München/Wien.

Rupps, Martin, 2008: Helmut Schmidt. Mensch – Staatsmann – Moralist, Freiburg.

Schwarz, Hans-Peter, 1991: Adenauer. Der Staatsmann: 1952–1967, Stuttgart.

Schwarzer, Alice, 1993: Eine tödliche Liebe, Köln.

Sturm, Karin, 1993: Ayrton Senna. Das Senna-Imperium – wie geht es weiter, in: Formel 1. Rennsport-Magazin.

Virilio, Paul, 1993: Krieg im Fernsehen, München/Wien.

Völlmicke, Stephan, 2012: Tatort Fernsehen. Die mediale Inszenierung des Todes im Kriminalfilm und der soziale Umgang mit Sterben, in: Schäfer, Daniel u. a. (Hrsg.): Perspektiven zum Sterben. Auf dem Weg zu einer Ars moriendi nova?, Stuttgart, S. 89–102.

Wiggershaus, Norbert, 1985: Zur Debatte um die Tradition künftiger Streitkräfte 1950–1955/56, in: Harder, Hans-Joachim/Ders:, Tradition und Reform in den Aufbaujahren der Bundeswehr, Herford/Bonn.

Woodward, Richard B., 1994: Soul of a Racing Machine, in: Voice (7.6.1994).

Zoll, Ralf u. a. (Hrsg.), 1977: Bundeswehr und Gesellschaft. Ein Wörterbuch, Opladen.

Zoll, Ralf, 1982: Sicherheitspolitik und Streitkräfte im Spiegel öffentlicher Meinungen in den Vereinigten Staaten von Amerika und der Bundesrepublik Deutschland – Eine vergleichende Analyse, in: Ders. (Hrsg.): Sicherheit und Militär. Genese, Struktur und Wandel von Meinungsbildung in Militär und Gesellschaft. Ergebnisse und Analyseansätze im internationalen Vergleich, Opladen.

Ausgewählte Informationen in:

Bild-Zeitung, Hamburg u. a.
Bulletin des Bundespresse- und Informationsamtes der Bundesregierung, Bonn.
Frankfurter Allgemeine Zeitung, Frankfurt/M.
Frankfurter Rundschau, Frankfurt.
General-Anzeiger, Bonn.
Le Monde, Paris.
Le Nouvel Observateur, Paris.
Der Spiegel, Hamburg.
Süddeutsche Zeitung, München.
Die Zeit, Hamburg.

Menschliche Bedürfnisse und spezielle Herausforderungen des Sterbens (Körperliche Beschwerden/Ausgeliefertsein/Trennung/Angst)

Ariès, Philippe, 1984: Bilder zur Geschichte des Todes, München/Wien.
Bauer, Joachim 2007: Prinzip Menschlichkeit. Warum wir von Natur aus kooperieren, Hamburg.
Becker, Ernest, 1973: The Denial of Death, New York.
Feifel, Herman, 1959: Attitudes towards Death in Some Normal and Mentally Ill Populations, in: Ders. (Hrsg.), The Meaning of Death, New York u. a.
Foucault, Michel, 1963: Naissance de la clinique, Paris.
Galtung, Johan, 1994: Menschenrechte – anders gesehen, Frankfurt/M.

Kalitzkus, Vera, 2003: Leben durch den Tod. Die zwei Seiten der Organtransplantation. Eine medizintheologische Studie, Frankfurt/M.

Kant, Immanuel, 1903: Metaphysik der Sitten, in: Werke, 4. Bd. (Akademie-Verl.), Berlin.

Maischberger, Sandra, 2003: Hand aufs Herz. Helmut Schmidt im Gespräch mit Sandra Maischberger, Berlin.

Maslow, Abraham K., 1954: Motivation and Personality, New York u. a.

Moeller, Lukas Michael, 1992: Der Krieg, die Lust, der Frieden, die Macht, Reinbek b. Hamburg.

Richter, Horst-Eberhard, 1992: Umgang mit der Angst, Hamburg.

Sternstein, Wolfgang, 1970: Die Befreiung der dritten Welt. Gandhis Konzeption einer gewaltfreien Revolution, in: Ebert, Theodor (Hrsg.), Ziviler Widerstand. Feldstudien zur gewaltfreien Aktion aus der innenpolitischen Friedens- und Konfliktforschung, Düsseldorf.

Tugendhat, Ernst, 1993: Vorlesungen über Ethik, Frankfurt/M.

Tugendhat, Ernst, 2007: Unsere Angst vor dem Tod, in: Ders., Anthropologie statt Metaphysik, München.

Wilson, James Q., 1994: Das moralische Empfinden. Warum die Natur des Menschen besser ist als ihr Ruf, Hamburg.

Wohlmuth, Josef, 2005: Mysterium der Verwandlung. Eine Eschatologie aus katholischer Perspektive im Gespräch mit jüdischem Denken der Gegenwart, Paderborn u. a.

Yalom, Yrwin D., 2008: In die Sonne schauen. Wie man die Angst vor dem Tod überwindet, München.

Beschwichtigung des Sterbens im Abschiedszeremoniell (Abschiedsanzeigen/Abschiedsreden/palliative Begleitung)

Baum, Stella, 1980: Plötzlich und unerwartet. Todesanzeigen, Düsseldorf.

Dirschauer, Klaus, 1973: Der totgeschwiegene Tod, Bremen.

Fuchs, Werner, 1969: Todesbilder in der modernen Gesellschaft, Frankfurt/M.

Hennezel, Marie de, 1996: Den Tod erleben. Mit einem Vorwort von François Mitterrand, Bergisch Gladbach.

Groethuysen, Bernhard, 1927: Die Entstehung der bürgerlichen Welt- und Lebensanschauung in Frankreich, I. Bd.: Das Bürgertum und die katholische Weltanschauung, Halle/Saale.

Knoblauch, Hubert/Zingerle, Arnold (Hrsg.) 2005: Thanatosoziologie. Tod, Hospiz und die Institutionalisierung des Sterbens, Berlin.

Kübler-Ross, Elisabeth, 1969: Interviews mit Sterbenden, Stuttgart.

Lenz, Rudolf, 1984: Leichenpredigten als Quelle historischer Wissenschaften, Bd. 3, Marburg/Lahn.

Pesch, Andreas, 2007: „Die Auferstehung des hautnackten Leibes". Legitimationsstrategien der Ausstellung „Körperwelten", in: Macho, Thomas/Marek, Kristin (Hrsg.): Die neue Sichtbarkeit des Todes, München, S. 371–395.

Schaeffer, Andrea, 2008: Menschenwürdiges Sterben – Funktional differenzierte Todesbilder, Berlin.

Stein, Husebo/Mathis, Gerhard (Hrsg.), 2017: Palliativmedizin: mitbegründet von E. Klaschik (6. Aufl., Taschenbuch), Berlin.

SACHVERZEICHNIS

A

Abschied, lokaler 64–66
Abschiedsanzeigen 21, 35, 63, 67 f.,
  69 f., 73, 77, 81, 84, 124, 141, 171,
  199
– andere 170–172
Abschiedsreden 84, 118, 124 f., 126 f.
Abschiedszeremoniell 66 f.
Abtreibung 33
Aktenzeichen XY-ungelöst 107
Als-ob-Behandlung Sterbender 65
Altersheldentum 83, 115–117
Angst 15, 18, 26, 52, 139, 148, 153, 164,
  198
– Lernen von Angstzuständen
  Sterbender 55
Attentatsheldentum 116 f.
Ausgeliefertsein 17 f., 24, 52, 139, 143,
  148–151, 161, 164, 198
– lernen von 54 f.

B

Bedürfnisforschung 157–160
Bedürfnisse,
– „pazifizierungsnah" vs.
  „heroisierungsnah" 160 f.
Benetton,
– Werbung und – 129–131
Beschwerden, körperliche 18, 25, 139,
  148, 151 f., 164, 198

– lernen von 19, 23, 55, 188
Beschwichtigung des Sterbens
– erfülltes Leben guter Menschen 69
– heroisierende 19–21, 74 f., 84–109
– in lokalen und globalen
  Sterbenetzwerken 37–41
– materiell-monetäre Vorsorge 68
– pazifizierende 63–82
– Selbstbeschwichtigung 20 f., 76–80
– Verlustanzeigen 68 f.
Bestattungsgewerbe 131–133
Bestattungskultur, Umgang mit Leichen
  76 f., 79 f.
Bindungssystem 55
„Biologische Hypothese",
– Überlebenswunsch (-kampf,
  -wünsche) und – 15, 17 f., 18 f., 24,
  31, 37, 52, 98 f., 100, 136, 144, 149,
  152, 157, 163
„Bottom-up-Signale"
– „Top-down-Signale" und – 56 f.
Bundeswehr, Aufbau 90–95

C

„christliches Schema"
– „säkulares Schema" und – 35, 40,
  70–74, 82, 113, 127
Corona-Krise 137, 186–190
– Folgen 190
– Heldinnen und Helden 189

- Nah-Kommunikation 188
Cortex
- Anteriorer Cingulärer (ACC) 50, 52
- Frontallappen (Stirnhirn) 48 f., 56 f., 154, 181
- Insula 49
- Orbitofrontaler (OFC) 57
- Parietallappen (= Scheitellappen) 42
- Präfrontaler (PFC) 49, 189
- Temporallappen (= Schläfenlappen) 49

D

Denkmäler 92 f., 94, 112
- andere 170 f.
Diskurs („discours") 38, 58 f., 125, 188, 195 *(siehe auch Medien)*
Dopamin 160

E

Emotionalität,
- Intellektualität/Rationalität und – 53
Emotionen 28, 30, 52, 135, 176
Empathie 54 f., 60, 144, 146, 153, 158 f., 193 *(siehe auch Lernen, Nachahmung)*
- gedankliche und emotionale (neuronale Grundlagen) 47–52
Empathie-Forschung,
- Nah-Kommunikation und Fern-Kommunikation 176
Empathie-Mix 51 f., 142, 147
epikureischer Ansatz 78, 82, 181, 186, 189
Erfolgsbilanz, heroisierte 148–154
Ethikrat, deutscher 182 f.
Evolutionsbiologie 50, 56
Fairness 158 f., 161, 169, 172
- Faszination, Autorennen und – 113 f.
- im Sport 95–98

- des Sterbens in der Corona-Krise 187
- zwei Spielarten der F. des Sterbens 54 f., 175 f.
Fern-Kommunikation
- Nah-Kommunikation und – 50, 60 f., 142, 147
Fernseh-Dokumentation 108 f.
Gehirne, neuronale Lernapparaturen 42 f.
- Lernkommunikation und – 60
- neuronale Apparaturen der Nachahmung 44 f.
- synaptische Subjektivierung/Bahnung und – 43 f.
Geiselnahme, erpresserische 12, 123
- Technik der 123
Geist, Körper und (Geist-Körper-Problem) 52 f.,
Geschichte des Todes 22 f.
Golfkrieg 87–90, 96
GSG 9 (Anti-Terror-Einheit) 13, 124

H

Heldenfriedhöfe 141
Heldenideal 87 f., 166
Heldenmut 74, 149
„Heldensyteme" 158
Heldentum,
- „Ermittlungsheldentum"/"Rettungsheldentum" 106–108
- soldatisches 112
Heldinnen/Helden 101, 121
Hermeneutik *(siehe methodologische Zugriffe)*
Heroisierung *(siehe auch Beschwichtigung des Sterbens)*
- in der Corona-Krise 189
- Kriegsheldentum und – 20, 86 f., 91, 95, 113, 168

- Pazifizierung und – 21, 23, 40 f., 63, 161, 169 f., 173, 189
Heroismus
- Heroismusdruck 35, 139, 140–143, 161, 172
- Heroismusdruck, Wirkungen 153
- Heroismusdruck, Zusammenspiel von Nah- und Fern-Kommunikation 142 f.
- Pseudo-Heroismus 156, 161
- Pseudo-Heroismus, Kritik 162–167
- Pseudo-Heroismus, Korrektur 168–174
Hirntod 33, 182
Hospizarbeit 16

I
Imitation 46, 60, 192 f. *(siehe auch Empathie/Lernen, Nachahmung)*
Imitationslernen 143
Instrumentalisierung
- von Abschiedsanzeigen (-reden) 124–127
- von Opfertod und Kriegsgedenken 111–113
- in der Politik 115–123
- im Sport 113 f.
Instrumentalisierung,
- Nicht-Instrumentalisierung und
- 158 f.
Instrumentalisierungs-Streit 84
Internet 21, 39, 41, 137, 140 f., 182, 196
- heroisierende Beschwichtigung 109
- pazifizierende Beschwichtigung 75 f.

J
Journalistinnen/Journalisten, andere 172
Jugoslawien, Krieg (1991) 85–87

K
Kapitalismus, Vorstellung vom Sterben im 157
Körper, Geist und (Geist-Körper-Problem) 52 f.
„Kommando Hausner" 127
Kommando, terroristisches 127
Kreislauf, Sterben/Sterbenlernen 154 f.
Krieg, Kriegsgedenken/Vorausschau auf 84–95, 111–113
Kriegsberichterstattung 98
Kriegsheldentum *(siehe Heroisierung)*
Kritische Aufklärung
- über Organtransplantation (KAO) e.V. 182
Kunst des Sterbens 61, 81, 197 f.
Kunstfiguren, skurrile 64, 77 f.

L
Leben, lebenswert 15
Lebensphase, letzte
- heroisierte Erfolgsbilanz vs. pazifizierte Leidensbilanz 148–153
- pazifizierte Leidensbilanz 24–26
- spezielle Herausforderungen 17
Lebensrettung vs. Sterbenlassen 143–148
Lebensschutz 188
Leichenschau 79 f.
Leistung
- Arbeit und – 135
- berufliche 72, 171
- (Höchst-) L. 140 f.
- Menschsein und – 100
- soldatische 27, 93 f., 112, 134 f.
Leistungsheldentum 134
Leistungsreligion 134–136
Lernen *(siehe auch Sterben/Imitation)*
- nachahmendes (neuronale Grundlagen) 47–52

Lernen
- nachahmendes Sterbenlernen (neuronale Grundlagen) 53–58
- Sterbenlernen zwischen „Bottom-up-Signalen" und „Top-down-Signalen" 56–58
- Sterbenlernen der Nachlebenden 33 f.

Lernergebnisse, Mix von 143
Lernkommunikation 60
Lernprozesse, bewusst und unbewusst (Beispiel Fußball) 28 f., 62
Lernstoff des Sterbens *(siehe auch Sterben/Sterbenetzwerke)*
- überwiegend heroisierend 83–138
- überwiegend pazifizierend 63–82
- bewusste und unbewusste Verarbeitung 28 f.
- lebenslange Verarbeitung 29
- mediale und neuromediale Verarbeitung 154
- Neurobiologie und – 26

Lernstoff-Mix 139
Lufthansamaschine, Entführung 13, 57 f., 67, 124 f.

M

Macht, kommunikative 62
Märtyrer 102
Medien 20, 119, 141, 146, 168 f., 173, 183, 188, 194 *(siehe auch Diskurs / „discours")*
- „leblose Vermittler" vs. „belebte Vermittler" (Debray) 20, 38 f., 63, 95, 140, 172
- Mediologie, Neurobiologie und – 154

Metaphorik, unzulängliche 58 f.
Methodologische Zugriffe auf das Sterbethema
- empirisch-analytisch in neurobiologischer Perspektive 26–31, 33–35
- hermeneutisch pazifizierend 21–24

Mimikry 45, 54
„moral senses" 158 f.

N

Nachlebende, Sterbende und – 18–21, 25 f., 33 f., 40, 44, 69, 71, 73, 113, 120, 132 f., 141, 171, 174, 178, 182, 185 f., 188
- nahestehend vs. distanziert 18 f.

Nah-Kommunikation, Fern-Kommunikation und – 50, 60 f., 142, 147 *(siehe auch Empathie/ Lernen)*
Netzwerke *(siehe Öffentlichkeit, Sterben, Sterbenetzwerke)*
Neurobiologie
- Entdeckungen 60
- Mediologie und – 154
- neurobiologischer Blick 26–31, 62

Nicht-Instrumentalisierung, Prinzip der Verhältnismäßigkeit und – 159
Öffentlichkeit (öffentliche Meinung) 38 *(siehe auch Medien, Sterben, Sterbenetzwerke)*
- bürgerliche 40
- demokratische 60
- „hergestellte" 40
- lokale und globale 61, 113, 129, 140, 154, 186

Orbitofrontaler Cortex (OFC) 57
Oxytozin 160

P

„Palliative Care" 142
palliative Sterbebegleitung 166 f.
Palliativstationen 166 f.
Pazifizierung *(siehe auch Beschwichtigung des Sterbens)*

- Heroisierung und – 21, 23, 40f., 63, 161, 169f., 173, 189
Politik, Sterbeszenen in der 99–105, 115–123
Präfrontaler Cortex, vmPFC 189
„Protestakteure" 84, 102

R

RAF-Gefangene 13 *(siehe auch Terroristinnen/Terroristen)*
Ratgeberliteratur 81
Reality-TV 106–108, 130
Reizverarbeitung, neuronale 52f.
Rollstuhl, Politikerkarriere im 116f.
Rote Armee Fraktion (RAF) 12–14

S

Sarajewo 86
„Säkulares Schema"
– „christliches Schema" und – 35, 70–72, 82, 113, 127
Salienz 56, 143
Schmerzensmann 94, 151
Selbstbeschwichtigung des Sterbens 20f., 76–80
Selbsttötung 13, 32, 83, 103f., 115, 118, 121
Soldatenfriedhof 113
Soziobiologie 157
Spiegelneuronen, Streit um 45–47
Sport, Sterbeszenen und – 95–98, 113–114
Sprache, bewusste und unbewusste Verwendung 30f.
– soldatisch gefärbte 136–138
„Staatsakteure" 101f.
Stadtguerilla 123
„Sterbebilder" 128–130, 169
Sterbehilfe 33

Sterben *(siehe auch Lernen)*
– abruptes 162f.
– Ergebnis eines lebenslangen Lernprozesses 27–29
– Evolutionsbiologie und – 187
– individuelles neuro-mediales Lernen 41–57
– Instrumentalisierung (Kalküle) 113–133, 169f.
– kommunikatives 60–62, 82
– Kreislauf 154f.
– Kunst 61
– Leistung zeigen 149–151
– „menschenwürdiges" 163f.
– neuro-mentale und körperlich-emotionale Herausforderungen 30
– Phasen 163
– philosophisch-theologische Tradition 80–82
– „Sichtbarmachung" und Verstecken 176f.
– Tod und (Definition) 32f.
– Vermarktung 169f.
– wildes („mort sauvage") 162f.
Sterbende, „Leistungsträger" 157
Sterbenetzwerke, lokale und globale 37–41 *(siehe auch Beschwichtigung des Sterbens)*
– lokale 64f.
Sterbethema, „Einbürgerung" des 186, 189
Subjekt-Objekt-Verhältnis von Hegel u. a. zu Foucault und Habermas 58f.
Subjektphilosophie, hermeneutische 22
Sündenbock 111
Symbole 38
Sympathie, Empathie und – 158
synaptische Bahnung (priming), Subjektivität/Plastizität und – 43f.
synaptische Strukturen, „heroisierungsfreundlich" vs. „pazifizierungsfreundlich" 143

T

Tatort 80
Techno-Heroismus 88–90, 141
Terrorismus, Anti-Terrorismus und – 123 f.
Terroristinnen/Terroristen 123 f., 127, 195
„Top-down-Kontrolle" 35, 57 f., 154 f.
„Top-down-Signale",
– „Bottom-up-Signale" und – 43, 56 f.
Totentanz (-tänze) 77 f., 187
Trauer 27, 52, 67, 75, 119, 195, 197
Trauer, öffentliche 121 f.
Trauerarbeit 100
Trauernde, andere 173 f.
Trennung 18, 25, 54, 152, 198
– lernen von Trennungszuständen Sterbender 55
„Trennungsheroismus" 152

V

Vaterland, Tod für das 111 f.
Verdrängungsthese 175
Verhältnismäßigkeit,
– Nicht-Instrumentalisierung und – 159
Verlustanzeigen 68 f.
Virus, lebensbedrohender 187
Volksbund deutscher Kriegsgräber e.V 91 f., 95, 197
Volkstrauertag 92
Werbebranche 129–131
Werkfortsetzung 73, 81, 113, 120, 125, 127 f., 140 f.

Z

Zivilreligion 134
– heroisierend 168
Zombies 79, 141

PERSONENVERZEICHNIS

A

Adenauer, Konrad 127, 170, 197
Aichelin, Helmut 115–117, 191
Albertz, Heinrich 102
Améry, Jean 32, 195
Ariès, Philippe 22f., 40, 63f., 70, 163, 194, 198
Aust, Stefan 124, 195

B

Baader, Andreas 15, 123, 192
Bach, Martin 93, 196
Badinter, Elisabeth 134, 195
Bahr, Egon 126
Bastian, Gert 116, 118, 120f., 196
Bastian, Till 120
Batson C. Daniel 57, 192
Bauer, Joachim 46, 157, 160f., 198
Baumann, Zygmunt 66, 195
Bear, Mark F. 50, 192
Becker, Ernest 157f. 198
Beckmann, Lukas 120, 128, 196
Bellah, Robert N. 134, 196
Bérégovoy, Pierre 84, 103–105, 115, 118f., 196
Bergman, Ingmar 79
Bérkewicz, Ullah 163, 191
Bieri, Peter 39, 192
Bito, László, 191
Bloch, Ernst 58, 194

Bocaccio, Giovanni 12, 23, 25
Boehlke, Hans-Kurt 93f., 196
Boockmann, Hartmut 68, 194
Borst, Arno 11f., 23, 64, 81, 194
Bortoli, Georges 128, 196
Brandt, Willy 84, 125–127
Braunmühl, Gebrüder von 84, 127f., 173f.
Bredo, Wilfried v. 91, 196
Bréhier, Thierry 96, 104
Bridgeman, Percy 165
Brüggen, Susanne 81, 191
Byrne, Richard W. 45, 192

C

Calic, Marie-Jeanine 85, 196
Camerer, Colin F. 48, 192
Conners, Barry W. 50, 192
Corvisier, André 112, 196

D

Damasio, Antonio R. 30, 42, 52f., 59, 192
Daniel, Jean 173
Darwin, Charles G. 157
Debray, Régis 20, 34, 37–39, 194
Decety, Jean 45, 47–50, 56f., 192
Deleuze, Gilles 58f., 194
Diana, Prinzessin 187

Dirschauer, Klaus 70, 74, 92, 199
Domecq, Jean-Philippe 97f., 196
Dreßke, Gerd 177, 191
Dutschke, Rudi 84, 101f., 116, 121–123, 196

E

Eissler, K.R. 102, 191
Ensslin, Gudrun 13
Enzensberger, Magnus 87
Epikur 20, 35, 76, 80f., 163, 189
Eribon, Didier 58, 194
Eser, Albin 164

F

Fabius, Laurent 119
Fehr, Ernst 48, 192
Feifel, Hermann 162, 198
Figge, Horst 65, 195
Filmer, Werner 100, 196
Foucault, Michel 34, 38f., 44f., 58f., 194
Freund, Sigmund 157, 175
Friedeburg, Ludwig von 102, 121f., 47, 193
Frisch, Max 14, 161, 169
Frith, Chris 47, 50f., 57, 192f.
Frith, Utah 47, 50f., 57, 192f.
Fuchs, Werner 54, 69f., 74, 199

G

Galtung, Johan 27, 160, 198
Gandhi, Mahatma 159
Garrels, Scott R. 47, 193
Gasser, Peter 44, 193
Gelernter, David 30, 193
Genscher, Hans-Dietrich 127
Girard, René 46f., 111, 194, 196

Göckenjan, Gerd 142, 177, 191, 193
Grien, Baldur 77
Groethuysen, Bernhard 81, 135, 199
Gronemeyer, Reimer 61, 163, 175, 195

H

Habermas, Jürgen 22f., 34, 40, 59, 62, 194
Hackethal, Julius 165
Hagens, Gunther von 80, 131
Hahn, Alois 142, 175f.
Harder, Hans-Joachim 91f.,197f.
Hart Nibbrig, Christiaan L. 65, 78, 195
Heidegger, Martin 21f., 58, 60, 82, 191f.
Hennezel, Marie de 166, 199
Hermine (Haushälterin) 24f., 116–118, 144, 151–155, 166
Heuß, Theodor 91
Hickok, Gregory 46f., 193
Hitchcock, Alfred 78

I

Ickes, William 46, 192
Illich, Ivan 78, 191

J

Jäger, Ludwig 40, 62, 194
Jankélévich, Vladimir 32, 195
Jarman, Derek 79, 169
Jarmusch, Jim 79, 169
Jauch, Günther 86f.
Jens, Walter 162, 164–166, 170
Jonas, Hans 165f.
Jünger, Ernst 112

K

Kandel, Eric 56, 193
Kalitzkus, Vera 182, 199
Kant, Immanuel 159
Kapf, Ernst 78, 109, 197
Kelleter, Frank 60, 191
Kelly, Petra 115, 120 f., 128, 196
Klaschick, Eberhard 200
Kluge, Alexander 102, 197
Knoblauch, Hubert 81, 191
Knubben, Werner 65, 195
Koch, Christoph 56, 193
Kohl, Helmut 13, 31, 113, 126 f., 145
Kopelew, Lew 120, 128, 196
Kübler-Ross, Elisabeth 23, 199
Küng, Hans 162, 164–166

L

Lacan, Jacques 34, 58, 194
Lafontaine, Oskar 99–101, 116 f., 196
Lamm, Claus 48, 192
Landsberg, Paul-Ludwig 61, 191
Langguth, Gerd 122 f., 197
Ledoux, Joseph 43, 193
Leinemann, Jürgen 100, 116,147, 197
Lenz, Rudolf 72, 199
Lorenz, Peter 123 f., 145
Luckmann, Thomas 19, 192
Luhmann, Niklas 20, 45, 62, 195
Lurz, Meinhold 92 f., 94, 112, 197

M

Macho, Thomas 35, 77–79, 110, 131, 176 f., 195
Mahler, Horst 123
Maischberger, Sandra 148, 199
Marek, Christin 35, 77–79, 110, 131, 176 f., 195
Marti, Kurt 162

Maslow, Abraham K. 23, 160, 199
Mathis, Gerhard 167, 200
Meinhof, Ulrike 123, 195
Meltzoff, Andrew N. 48–50, 56 f., 193
Merkel, Reinhard 183
Metzinger, Thomas 23, 192 f.
Mitford, Jessica 77, 131–133
Mitterand, François 104 f., 113, 119
Moeller, Lukas Michael 157, 199
Montaigne, Michel Seigneur de 14, 80
Moody, Raymond A. 32, 191
Morgenthau, Hans J. 85, 87, 197
Moro, Aldo 149
Mosse, George L. 92, 197
Münkler, Herfried 112, 197

N

Nassehi, Armin 21 f., 76, 80–82, 175 f., 191
Negt, Oskar 102, 197
Niethammer, Dietrich 164 f.
Noll, Peter 14 f., 18, 24 f., 144
Nuland, Sherwin 195

O

Ohler, Norbert 81, 194
Ohnesorg, Benno 84, 101 f., 121, 123

P

Palmer, Boris 188
Paradiso, Michael A. 50, 192
Parin, Paul 121
Patschkowsky, Alexander 23
Pesch, Andreas 131, 197
Pessoa, Luiz 42, 193
Peters, Butz 125, 144, 195
Pinker, Steven 50, 91

Ponto, Jürgen 148
Puvogel, Ulrike 94, 197

R

Radtke, Peter 100, 169
Raspe, Jan-Carl 13
Reagan, Ronald 113
Reichel, Peter 92, 197
Richter, Horst-Eberhard 26, 119. 199
Riedl, Erich 193
Riehl-Heyse, Herbert 100, 116
Rizzolatti, Giacomo 46, 193
Rösler, Frank 21, 193
Roth, Gerhard 30, 43, 65, 193
Rupps, Martin 147,
Russon, Anne E. 45, 192, 197
Ryba, Alica 30, 193

S

Saake, Irmhild 81, 175, 191
Saddam Hussein 87
Safranski, Rüdiger 60, 191
Schäfer, Dierk 65, 195
Schaeffer, Andrea 167, 200
Schäuble, Wolfgang 99, 100 f., 116, 169, 196
Scheel, Walter 75
Schleim, Stephan 51, 53, 193
Schleyer, Hanns Eberhard 13, 144
Schleyer, Hanns Martin 12–14, 21, 24 f., 31 f., 74 f., 116, 123 f., 128, 149–153, 174, 195
Schleyer, Waltrude 24, 150
Schmidt, Helmut 57 f., 124, 139, 144–148
Schmidt, Loki 148
Schmidt, Ulla 179
Scholz, Olaf 137
Schütz, Alfred 192

Schumacher, Michael 113 f., 168
Schumann, Jürgen 125
Schwan, Heribert 100, 196
Schwarz, Hans-Peter 117 f., 135, 197
Schwarzer, Alice 120 f., 197
Searle, John 34, 43, 192, 194
Senna, Ayrton 96 f., 113–115
Singer, Tania 49–51, 193
Sinigaglia, Corrado 46, 193
Sontag, Susan 137, 192
Sorlin, Anne 16 f., 151, 195
Spinoza, Baruch 27
Spitzer, Manfred 193
Sternberger, Dolf 33, 60, 80, 192
Sternstein, Wolfgang 159, 199
Strauß, Franz Josef 90
Streithofen, Heinrich Basilius 13, 74 f., 150, 195
Strenge, Hans 192
Sturm, Karin 114 f., 188, 197

T

Taguieff, Pierre André 27, 192
Taureck, Bernhard H.F. 61, 192
Tugendhat, Ernst 19, 23, 157, 199

U

Unseld, Siegfried 163

V

Virilio, Paul 89, 197
Vogel, Hans-Jochen 128
Volmer, Ludger 128
Völlmicke, Stephan 80, 198

W

Walter, Henrik 51, 193
Weber, Georg 21, 76, 80f., 175, 191
Weber, Max 44
Wegener, Karl Heinz 124
Wetti (Benediktinermönch) 11f., 23
Wiesemann, Claudia 183
Wiggershaus, Norbert 91, 197f.
Williams, Robbie 110
Wilson, James Q. 157f., 199
Wittke, Thomas 13, 195
Wittowski, Joachim 192
Wörner, Manfred 136
Wohlmuth, Josef 26, 199
Woodward, Richard, B. 96f., 198
Wuketits, Franz M. 50, 192

Y

Yalom, Yrwin 26, 199

Z

Zachert, Christel 15, 150f.
Zachert, Isabell 15f., 18, 24 f., 30f., 144, 150–153, 161, 166
Ziegler, Jean 78, 192
Zimmermann, Eduard 107
Zingerle, Arnold 81, 191
Zoll, Ralf 90f., 198